NARRATIVA

926

Cathryn Kemp

# L'AVVELENATRICE DI UOMINI

Romanzo

TRADUZIONE DI
VALENTINA ABATERUSSO

NORD

Titolo originale
*A Poisoner's Tale*

ISBN 978-88-429-3609-1



In copertina: illustrazione © Giuseppe Quattrocchi/@gatsby_books
Progetto grafico: PEPE *nymi*

# L'AVVELENATRICE DI UOMINI

*A Leonardo*

# PROLOGO

*Roma, 5 luglio 1659*

Siamo finite sul patibolo. Tutte e cinque bendate, con il capo rasato, vestite di iuta, tremanti sotto la forca. Ognuna con un cappio, lasco e pesante, intorno al collo.

Giovanna, la « sordida strega ».

Graziosa, l'« infida fattucchiera ».

Maria, la « turpe tentatrice ».

Girolama, la « sgualdrina del diavolo ».

E io, l'« avvelenatrice di Palermo ». Colei da cui tutto ha avuto inizio e la cui fine è stata già diramata negli « avvisi », i bollettini del patibolo, benché io sia ancora viva, e ancora respiri, e aspetti.

Per anni, a Roma, nessun uomo è stato al sicuro. Per anni ho preparato la pozione, dispensandola alle mogli e alle meretrici dell'Urbe. Ho agito nell'ombra, eludendo l'Inquisizione e il suo occhio di falco; i suoi armigeri sguainati come artigli sui postriboli dei bassifondi. Per anni ho protetto mia figlia e la mia cerchia di avvelenatrici. Ma, ora, la nostra incerta fortuna si è esaurita.

Fiaccate dal supplizio della strappata, ce ne stiamo ricurve come cinque corvi neri. Poi il brusio della folla si placa e io mi figuro sul punto di entrare in scena, il cerone sciolto dalla vampa delle fiaccole, davanti a un pubblico in attesa della battuta iniziale; al pari di un Arlecchino assorto e silenzioso, prima che dalla sua bocca comincino a volteggiare parole.

Tuttavia, questo non è un palcoscenico, bensì il luogo dove termina la mia storia, nell'afrore dei corpi lerci e latranti, ammassati in Campo de' Fiori per assistere alla fine della nostra sorellanza nel fulgore di mezzogiorno. Quei cronisti che imbrattano di osceno giubilo le pagine degli avvisi non accennano alla mia vita né al mio cuore. Non sanno nulla di me né di noi. Narrano della mia persona senza averne domandato l'assenso né ascoltato la voce.

Le nostre parole restano mute, sovrastate dal chiasso della città, dal fruscio delle penne d'oca, dal rintocco delle campane. La nostra storia è tramandata ai posteri da scribacchini che, non avendoci conosciute, trascurano di dire che siamo esseri in carne e ossa che hanno vissuto, prima di morire per arbitrio degli inquisitori. Siamo donne senza futuro, condannate a pagare con la morte l'aver affrontato a modo proprio la vita.

Di tutti i segreti dispiegati in quelle pagine, non ve n'è uno che risponda al vero o sia stato vergato di nostro pugno. Ma il tempo è scaduto. La folla freme. Il sole inonda la piazza. Gli istanti si consumano e l'ora estrema si avvicina.

Riprendono a tuonare i tamburi. Le preghiere che mi è stato imposto di recitare si smorzano sulle labbra. La corda si tende.

# PARTE PRIMA

*Extremis malis, extrema remedia.*
A mali estremi, estremi rimedi.

MASSIMA LATINA

# 1

*Palermo, 1632*

Lo scalpiccio risuona sul pavimento in marmo. Si fa più vicino, poi l'uscio della stanza si apre e rivela mia madre che, dapprima esitante, si decide infine a entrare richiudendo i battenti dietro di sé.

«Mamma», dico, grata dell'interruzione.

I punti sull'imparaticcio che ho in grembo sono così lenti da essere già mezzi scuciti. Una mosca solitaria ronza nell'aria afosa della tarda estate e sbatte contro il vetro di una finestra.

Sulle prime, mia madre resta in silenzio. La osservo avanzare tra il ticchettio dei tacchi e il fruscio delle gonne, mentre sbadiglio annoiata dalla tirannia del ricamo.

«Serbo un segreto.» Si ferma, con lo sguardo su di me e le mani raccolte sulla pettorina, e di nuovo tace.

Lo sapevo, o almeno lo sospettavo.

Sovente, di notte, mentre gli altri dormono, mi aggiro per gli anditi e le stanze della villa; irrequieta, ansiosa, incapace di riposo. Benché il latte della sera sia infuso di lavanda, non cedo al suo effetto soporifero. Sbadigliando, mi alzo dal letto, abbandono il baldacchino, i guanciali e le lenzuola di lino sottile, per vagare in pianelle di seta. Non di rado passeggio per i giardini in cerca delle piante seminate per uso medicinale. Il profumo della salvia, del finocchio, del basilico e dei limoni mi conforta. La loro natura selvaggia e discreta, in contrasto con la bellezza formale e addomesticata del resto, ha il potere di rasserenarmi.

È in notti come queste che, celata nell'ombra, ho osservato tante volte mia madre infilare la porta della servitù per inoltrarsi da sola nel buio di Palermo. E ogni volta ho aspettato il suo rientro, sempre prossimo all'alba, prima di fare ritorno nella mia stanza per rimuginare sulla meta e sulle ragioni di quelle fughe.

A messa, l'ho osservata dispensare boccette di vetro, colme di un liquido simile all'acqua, a donne che bisbigliavano i propri affanni perché io non potessi carpirli, e scambiare con costoro complici sguardi d'intesa. Donne che non abbiamo più incontrato e sul cui conto, o sul tipo di commercio con esse intrattenuto, sono stata lasciata all'oscuro. Quand'ero bambina, una prugna candita bastava a comprare la mia distrazione e ad archiviare all'istante ogni mia domanda. Ora, tuttavia, a tredici primavere compiute, ho smesso di chiedere. Altre preoccupazioni m'impegnano la mente.

Dunque, cosa la porta da me, adesso?

Ricamo un punto con il filo rosa mentre aspetto. Ma aspetto cosa? Più i secondi passano e meno sono certa di volerlo sapere.

« Amore mio, mi hai chiesto spesso del rimedio che preparo e finora ho eluso la domanda. Ma ormai sei grande abbastanza per conoscere la verità. »

Il battito accelera. Il corpo, come riscosso da un sogno, repentinamente si rianima. D'un tratto vorrei essere ovunque tranne che qui. Benché, nel profondo di me stessa, conosca già il segreto di mia madre Teofania, preferirei sbagliarmi. Mi sollevo di scatto e la tela sciupata scivola dalle gonne e si accartoccia al suolo.

Subito lei si avvicina. S'inginocchia e prende le mie mani tra le sue, scortandomi con lo sguardo mentre mi risiedo. I nostri occhi s'incontrano, identici. Verdi come il fiume Oreto che dai monti serpeggia verso il mare.

Da tempo il suo segreto per me non è più tale. Non ho potuto fare a meno di osservare che le donne cui mia madre presta aiuto poi vestono il lutto della vedovanza.

«Conosci già tutto, Giulia. So che hai intuito il servigio che rendo a coloro che non possono aiutare sé stesse in altro modo.»

«Procurate loro qualcosa di malefico, è così?» Sono le prime vere parole che pronuncio dacché è entrata nella stanza. La mia voce è arrochita. La gola così secca che deglutisco a stento.

«Stanotte saprai tutto, amore mio.»

Le parole vorticano sulle nostre teste come zanzare su un acquitrino. Il trenzale tra i suoi capelli sfavilla d'oro ai raggi che penetrano dalle finestre e io raccolgo un riccio color grano, sfuggito alla leggiadra acconciatura, e mi premuro di sistemarglielo dietro l'orecchio, proprio come farebbe lei con me. Il filo rosa si annoda e lo tiro per sbrogliarlo, ma si spezza in due monconi sfrangiati.

Mia madre alza lo sguardo e io avverto un senso di straniamento, quasi che la stanza si restringesse e risuonasse di un sibilo acuto e prolungato. Abbasso le palpebre per riavermi e, in luogo degli stivaletti di pelle pregiata, sotto l'orlo delle mie gonne scorgo due piedi nudi e insanguinati. Un tanfo di acqua stagnante, marciume e decadimento mi assale le narici e mi sento mancare. Il freddo mi riempie le vene, vorrei impennarmi e correre come un cavallo imbizzarrito, ma poi, così com'è arrivata, la sensazione svanisce. I piedi tornano a calzare pelle pregiata, la stanza riacquista le dimensioni originarie, e di nuovo si permea del profumo caldo e dolce di frangipane in boccio e polvere di cortile.

Mia madre continua a guardarmi. «Cos'è stato? Hai avuto la *visione*?»

Si riferisce a un prodigio che ci sfugge. Un sapere ineffabile. Una dote premonitoria. Un dono che secondo lei possiedo dalla nascita senza saperlo. Ma il futuro è fuori della mia portata. Talvolta ne avverto tracce e sussurri, poco più. Per questo, sebbene il tremito stavolta sia stato così intenso da mozzarmi il respiro, non vi ripongo troppa fiducia. Potrebbe significare tutto oppure niente.

« Non ho nulla, mamma. Sono solo stanca », mento a labbra fredde.

Lei abbassa lo sguardo. Si rialza poggiando una mano sul bracciolo imbottito della mia poltrona e annuisce, benché sia visibilmente incredula. L'incanto si è spezzato. Siamo ciò che eravamo: madre e figlia, moglie e figliastra, ed è tempo di tornare alle occupazioni utili al governo della villa di un ricco mercante.

« Quando hai finito con il... ricamo, raggiungimi nelle cucine. Valentina ha bisogno delle erbe per la minestra di stasera. E mi raccomando, Giulia. »

« Per cosa, mamma? » Vorrei averle raccontato il contenuto della visione. Ora la distanza tra noi è tangibile e si estende fino ai margini della stanza, dove vasi dipinti poggiano su tavolini di noce.

È tornato il silenzio e mantengo gli occhi bassi. Mi sento sola e come gravata da un doppio fardello. Quella visione, quel tremulo miraggio, quello spiraglio sul futuro mi ha suscitato spavento.

« Non fare parola con nessuno di questa conversazione. E stanotte... » D'un tratto appare dubbiosa, quasi volesse tornare indietro e recitare daccapo la scena. Peccato che, nei teatri, i commedianti possano abbandonare il palcoscenico, rimangiarsi le battute e ridere e pavoneggiarsi dei propri errori. A noi, invece, nulla di ciò è concesso. Siamo ormai prigioniere di un dramma che andrà avanti nonostante gli schiamazzi del pubblico, gli inciampi degli attori e le dispute accese tra i personaggi.

« Stanotte t'insegnerò come si prepara. »

# 2

È notte fonda quando mia madre mi viene a svegliare.

Strofino gli occhi, abbagliata dalla candela, pallida in viso e ancora mezza assopita. Deve mancare poco al Mattutino. Non si ode suono, eccetto i rumori di assestamento della casa. Regna ovunque quel silenzio di velluto che si protrae per il tempo in cui dalle alte mura di recinzione della villa alle cucine poste sul retro, dal giardino delle erbe alle stanze vuote che affacciano sul cortile centrale, tutto resta fermo, immobile, quieto.

« Alzati, amore mio. È ora di andare. Del lavoro ci attende. » La voce di mia madre è appena percettibile.

Restia a disobbedire, cerco a tentoni la sopravveste e, con dita impacciate, ne sovrappongo la stoffa pesante al lino sgualcito della camicia, mentre infilo le braccia dentro le maniche di raso a sbuffo.

Mia madre aspetta con in mano un mantello, che adagia sulla coperta per venire ad allacciarmi in fretta il corsetto. « Andiamo, abbiamo poco tempo », sospira.

La seguo fuori della stanza e scivolo con lei lungo i gradini, sotto gli sguardi dei ritratti appesi alla parete. Giacché Francesco, il mio patrigno, è un uomo privo di lignaggio e nobiltà, i quadri non raffigurano altri che lui. E i suoi occhi dipinti sembrano riconoscerci: ogni pennellata, ogni tratto di pigmento diluito nell'olio, pare scortarci nella discesa.

Giunte in fondo alla scala, trattengo il respiro nel percepire un movimento, una scia rossastra; è il passaggio furtivo di Gattino, il micio della villa, che si ferma e si volta a fissarci con occhi vitrei color ambra, prima di distogliere lo sguardo felino e ripartire sinuoso a caccia del pasto serale.

Riprendo fiato e provo a chiedere: « Dove stiamo andando? »

« Sstt! Presto lo scoprirai, resta accanto a me », mi zittisce mia madre.

Costeggiando il cortile, raggiungiamo la porta della servitù, che finora non ho mai adoperato. Senza l'ausilio di una lanterna, incespico nel buio. Lei mi prende la mano, ruota la serratura e dal nulla ci ritroviamo fuori, nell'angusto vicolo su cui affacciano i maestosi portoni della villa. Mai prima di adesso ero uscita di notte. Mai avevo messo piede sulle basole esagonali senza la scorta dei bravi, armati di alabarde. Di solito, ad aspettarmi, c'è una carrozza che irrimediabilmente s'incastra ai lati, essendo la sua cassa appena più stretta del viottolo. Per me, quei budelli rappresentano l'ignoto.

Intuito il disagio, mia madre sospinge il mio corpo tremante.

Ci inoltriamo nell'oscurità, per stradine e strettoie deserte. Di tanto in tanto avvertiamo rumori - colpi di tosse, risa, alterchi -, poi di nuovo il silenzio. Disturbata dal nostro passaggio, un'anziana mendicante, al riparo sotto un portone, solleva il capo da un mucchio di stracci per inveire. Non faccio un passo senza inciampare nelle asperità del selciato.

Ma ecco che arriviamo davanti a una chiesa incastonata nelle viuzze tortuose. La riconosco, è Sant'Agostino. Di giorno ci rechiamo qui, in carrozza, per aiutare le suore laiche a integrare i loro guadagni. Veniamo nelle vesti di guaritrici e speziali, con il benestare del mio patrigno. Pratichiamo l'arte che viene tramandata di madre in figlia da secoli e che da poco è giunta fino a me; la scienza delle piante e dei rimedi semplici, o almeno così pensavo. Facciamo il nostro ingresso attraverso il portale sormontato da un rosone scolpito, e aiutiamo le suore a preparare tinture e unguenti, a sminuzzare le erbe officinali e le spezie per comporre sciroppi e pozioni contro i comuni malanni - il mal di denti, le febbri, i dolori articolari e i fastidi della dentizione nei lattanti - o a realizzare creme per addolcire la pelle e pomate per lenire i lividi.

Ma oggi, poco discosta dall'ingresso della chiesa, in via Sant'Agostino, sulla soglia di un ingresso laterale cui finora non avevo badato, è appostata in attesa una giovane con il capo coperto. Sono confusa, diffidente. Mi guardo intorno circospetta, mentre mia madre saluta la sconosciuta. Poi la raggiungo a passo svelto e in preda a un batticuore che spero di essere la sola ad avvertire.

Mia madre raspa tre volte sull'uscio con le unghie, più delicata di un topo, e ancora dubito che qualcuno possa aver sentito quando d'un tratto la porta si apre. Dentro, il buio è assoluto. Poi appare un volto coperto da un lungo velo monacale. La donna ci fa cenno di entrare e io riconosco suor Clara che, sebbene sia sempre stata affabile con me, ora nel vedermi ha un sussulto.

«Sì, stanotte c'è anche Giulia», interviene mia madre. «Vieni, dobbiamo sbrigarci prima che suonino le campane del Mattutino.»

La suora, un viso comune e un'età più vicina a quella di mia madre che alla mia, guarda oltre la mia spalla. «Qualcuno vi ha viste arrivare?» domanda, chiudendo la porta, che cigola sui cardini prima di ammutolirsi.

Mia madre si toglie il cappuccio. «Non ci ha seguite nessuno. Non preoccuparti, Clara. Grazie per l'aiuto. Non faremo altro che possa metterti in pericolo.»

Anche la giovane che era sull'uscio getta indietro il cappuccio svelando il volto.

«Faustina!»

L'aiutante di mia madre annuisce senza dire nulla.

«Fate piano! Le sorelle sono a letto, ma molte di loro non dormono. Dovete stare in silenzio», dice la suora a bassa voce.

Veniamo condotte negli oscuri recessi dell'adiacente convento. Non si avverte suono eccetto lo scalpiccio sul pavimento in pietra. Capisco subito dove ci sta conducendo Clara: nella spezieria che affaccia sul colonnato del chiostro, piantumato ad alberi di palma in grado di offrire refrigerio nella torrida calura estiva. Il luogo in cui vengono preparati i rimedi. Ecco allora dove va mia madre quando il mio patrigno dorme in pace i suoi sonni. D'un tratto vorrei impietrirmi come un cavallo che abbia scorto una serpe attorcigliata tra le canne di un greto.

È l'istante cruciale. Il momento, che rievocherò per il resto della vita, in cui tutto sta per fondersi in un'alchimia, le onde del fato mi lambiscono le estremità e l'avvenire comincia a disvelarsi. Avrebbe potuto essere diverso? Ancora lo ignoro.

Le lastre del pavimento sono fresche. Lungo le pareti si susseguono file di albarelli contenenti resine, corteccia, erbe e spezie, una pila di ricettari dagli angoli arricciati e, infine, il nostro armamentario per distillare e polverizzare: ampolle di vetro, un alambicco completo di cucurbita e collo di cigno, ciotole di terracotta, un grande mortaio con il suo pestello. E poi bottiglie di aceto, olio e alcol allineate sopra banchi di legno.

Me ne sto in disparte a osservare mia madre che versa l'acqua in una pignatta di terracotta. Poi prende un drappo di lino e me lo avvolge intorno al viso, coprendo naso e bocca. Il mio cuore tuona come i tamburi durante la festa della patrona. Lei opera senza guardarmi, getta piccole sfere grigie nell'acqua e copre il tutto con un coperchio di rame. Faustina accende il fuoco sotto la pignatta, poi entrambe si voltano a guardarmi.

« È ora che tu conosca la nostra vera attività, Giulia », dice mia madre.

Faustina annuisce.

« Quello che sto per raccontarti può costarci l'impiccagione, ma è un rischio che corriamo con coscienza. »

Deglutisco.

«Facciamo qualcosa che libera le donne dai cattivi matrimoni o dagli uomini che le maltrattano», dice Faustina.

«Giulia, noi fabbrichiamo un veleno.»

A queste parole di mia madre, balenano fiamme vivide e ambrate. La candela barbaglia e proietta ombre che danzano e ondeggiano tutt'intorno. Demoni grotteschi e ghignanti prendono ad aggirarsi ai bordi della stanza. Satana in persona sguscia arcigno da un angolo. Le ombre si levano, le campane rintoccano e i gatti selvatici s'inarcano e soffiano. La pratica che compiono trascende la comune medicina, e io sposto lo sguardo tra mia madre e la sua aiutante senza trovare le parole per replicare.

Ben presto un odore metallico di polvere da sparo riempie la stanza. Non l'ho ancora inalato e già mi sento svenire. L'aria asfittica, l'afa notturna, le visioni infernali mi stordiscono e io vacillo annebbiata. La testa fluttua e le membra tremano, benché non spiri un solo refolo. Faustina mi guarda e sorride mentre la osservo, a distanza, armeggiare con un altro ingrediente: viticci di aristolochia per alleviare i dolori del parto.

«Vieni, Giulia. Avvicinati», mi fa cenno mia madre.

Respiro a fatica. So che ha richiesto la mia assistenza, tuttavia non riesco a muovermi. Il terrore mi paralizza, scorre caldo e fluido nelle vene. Eppure ne sono profondamente affascinata.

«Giulia, questo è il nostro rimedio più importante. Vi ricorro solo in casi estremi. È un farmaco da usare con moderazione e oculatezza.»

Guardo mia madre, il suo volto protetto dalla benda, le sontuose gonne coperte da un grembiule stinto e macchiato.

Di rimando, i suoi occhi scuriti di malinconia mi scrutano fin dentro il cuore e vedono tutto: lo scarso animo, la crescente curiosità, l'assoluta confusione. «Hai paura, figlia mia?»

Incerta su cosa dire, rimango in silenzio, a gola secca, incapace di mettere in fila le parole.

« Giulia, è del tutto normale. Quando mia madre mi mostrò il procedimento per preparare l'Acqua, io mi rifiutai di apprenderlo. Ero spaventata. Non volevo affrontare il pericolo, e solo la profonda convinzione con cui mi disse che stavamo rendendo un buon servigio - un buon servigio alle donne - mi persuase ad applicarmi e a proseguire la pratica. Per questo ora la tramando. È il tuo destino, così com'è stato il mio. »

Torno a guardarla mentre si allontana per lasciarmi assimilare il suo racconto. Siamo una stirpe di avvelenatrici. Ho conosciuto appena mia nonna - è morta quando ero piccola - e, benché sapessi della sua maestria con le erbe, ignoravo quale eredità ci avesse lasciato. Un'eredità che non sono affatto sicura di voler raccogliere. Potrei tornare gambe in spalla alla villa. Fingere di non saperne nulla. Raccontare tutto al mio patrigno e dimenticare questa nottata. Eppure so che non lo farò.

« Ma perché, mamma? Perché lo fate, se è così pericoloso? »

Per un istante, lei non dice nulla. Da fuori arrivano le voci della notte. Il belato di una capra. Il pianto di un poppante. Un flebile latrato di cani.

« Devo aiutarle, Giulia. Non posso lasciarle sole. Dovresti saperlo meglio di ogni altra giovane di Palermo. »

Io.

Meglio di ogni altra giovane di Palermo.

« Lo so bene, mamma. » Vorrei avere un tono provocatorio, invece la paura lo rende corrucciato.

Mia madre scambia uno sguardo con Faustina. Intravedo i suoi occhi verde oliva dietro la benda che le avvolge il viso, le folte trecce castane, l'unica ruga leggera che si forma quando inarca le sopracciglia. La conosco da due anni ormai. Perché non mi ha mai detto nulla? Prima che riesca a rivolgerle la domanda, Faustina torna al suo preparato. Quest'ingiustizia mi fa male, mi ferisce. Lei lo sapeva e io no. Mia madre esercita una pratica che ci mette tutte in pericolo e io ne ero all'oscuro. Nondimeno, adesso che mi hanno coinvolta e mi considerano grande abbastanza per essere messa a parte del segreto, dentro di me avverto una strana sensazione; come un barlume di desiderio, un fremito che non riesco ancora a decifrare.

« Abbiamo un dovere verso il nostro genere, Giulia. Non so dire perché sia nostro destino aiutare le donne maltrattate di questa città, ma ci è toccato in sorte. Senza dubbio è pericoloso. Ma cos'altro potremmo fare? Ignorarle? »

Potrei rispondere di sì. Invece scuoto la testa.

Mia madre annuisce. Si dirige verso lo stipo in cui sono tenuti sotto lucchetto i preziosi ingredienti e io la guardo, stupita, prendere la chiave per aprirlo ed estrarne un albarello su cui è tracciato un segno, un simbolo che non riconosco.

« Ora facciamo bollire l'antimonio », dice, tornando al liquido gorgogliante, dopo aver posato il recipiente di ceramica sul tavolo. « Deve sciogliersi nell'acqua. Sta' attenta a non toccarlo. Non è letale al tatto, ma è comunque nocivo. »

Mentre la osservo, una consapevolezza si fa strada dentro di me. Quel liquido è una materia mortale, in grado di togliere la vita: un potere che è appannaggio di Dio. Ne sono al contempo estasiata, terrorizzata e attratta. Vedo mia madre con occhi nuovi. La credevo docile e sottomessa al marito. La quintessenza della brava sposa di un ricco mercante, una moglie ineccepibile in tutto. Invece adesso scopro di dovermi ricredere. Ora la ribellione è un segreto che ci lega, un agire che ci definisce; madre e figlia, avvelenatrice e allieva.

Per una giovane donna come me, la cui vita è soggetta ai vincoli del rango, è inebriante ricoprire un ruolo non preordinato alla nascita. Quando non devo recarmi al convento, passo le giornate a decifrare testi in latino, imparare salmi a memoria, ricamare stoffe o prendere lezioni di danza. Una condizione ben lontana dalla libertà di cui godevo da piccola, che pure tante pance vuote invidierebbero.

Il vapore aumenta. La temperatura, già alta, si fa soffocante. Per un attimo la stanza ondeggia di fronte ai miei occhi e avverto un senso di familiarità, come di qualcosa già visto e conosciuto.

La voce di mia madre rompe l'incantesimo. « Passami il recipiente con l'arsenico. Non lo scoperchiare. Allontanati quando avrai fatto quello che ti dico. »

M'impartisce ordini come a una fantesca.

Ma, mentre prendo l'albarello con la polvere bianca e cristallina, accade qualcosa di strano. Il martellio del cuore si placa e il panico si dissolve.

« Quanto ne occorre? » Per un motivo che ignoro, non porgo il vaso a mia madre.

Lei mi guarda come se fosse la prima volta. « Mezza libbra. »

Annuisco. Verso io stessa la polvere, a mano ferma, nel bilancino, avendo cura di non rovesciarla sul tavolo di legno martoriato di graffi e macchiato di tinture e distillati. Attraverso la benda, avverto il sapore amaro del piombo mentre il calore agisce. Mi avvicino al liquido ribollente facendo barcollare appena il piattino pieno di polvere, ma poi, tra lo scoppiettio di una candela, sento che il braccio è di nuovo saldo mentre indico a mia madre di sollevare il coperchio.

Travaso l'arsenico nella pignatta, come lei mi ha insegnato. Guardo la polvere sciogliersi e gli ingredienti mortali combinarsi tra loro in una fusione potente e silenziosa.

Poi le orecchie intercettano un suono appena udibile.

« Lo sentite anche voi, mamma? » chiedo, incuriosita da quel ronzio che ora sembra intensificarsi e riverberare intorno al mio corpo; una vibrazione bassa, lieve come un frullo d'ali.

Mia madre mi guarda quasi fossi un pulcino sul punto di lasciare il nido, ansiosa di vedere se sarò in grado d'involarmi o precipiterò al suolo.

Ora è lei ad alzare le spalle. «Non sento niente, figlia mia.»

Socchiudo gli occhi, certa che dica la verità. A quanto pare, solo io sento la voce del veleno che si genera e ribolle, decanta e s'infonde. Riporto lo sguardo sul mortifero elisir. «Che cosa faccio adesso? È pronto?» dico, per nulla intenzionata a staccarmene.

Segue un momento di pausa.

«Ora aggiungi l'essenza di belladonna. Ne bastano poche gocce.» Fa per prendere un flacone del succo di quelle bacche cresciute all'ombra ma, più veloce di lei, la precedo. Stavolta so come maneggiarlo. Molte fanciulle che smaniano di attirare uno spasimante vengono da noi per procurarsi l'estratto di questa pianta infida e ammaliatrice. Glielo forniamo in piccole ampolle, per una dose consigliata di una sola goccia per pupilla, da impiegare con parsimonia e non ingerire, a scanso di sviluppare febbri e fitte dolorose.

Lascio cadere dall'alto una goccia, due, infine tre nell'intruglio, poi mia madre sussurra di fermarmi. Le stille vorticano e svaniscono. Arretro nell'udire di nuovo la nota bassa emessa dal liquido in mutazione. Il brusio si alza, la frequenza aumenta, e d'istinto, come per un respiro o un battito di ciglia, so che il rimedio è pronto.

«È fatto», dico a mia madre, che di nuovo mi osserva interdetta.

«Sì, figlia mia, è fatto.»

Uno strano silenzio s'insinua tra noi. Qualcosa è cambiato. L'ago del potere si è spostato.

Insieme travasiamo la soluzione, l'aroma amaro e soffocante riempie la stanza dalle pareti in pietra. L'una dopo l'altra, reggo tremante le boccette, fino a che tutte quante non sono riempite, chiuse ermeticamente e riposte al sicuro nello stipo accanto ai contenitori di arsenico ed estratto di belladonna.

Questa volta, nell'avvicinarmi, noto il grande libro rilegato in pelle che giace sulla mensola.

« Prendilo. Portalo sul tavolo. Sarà l'ultimo insegnamento per stanotte », dice mia madre.

Dalla voce capisco che è stanca, e non posso fare a meno di notare la differenza rispetto a me, che invece non mi sono mai sentita così vitale, quasi che ogni vena pulsasse e vibrasse con rinnovata intensità.

Il volume è pesante. Lo appoggio sul legno solcato da graffi e segni di coltello, mentre spazzo via i rimasugli di belladonna.

« Aprilo. »

Le pagine sono di pergamena spessa, per più di metà ricoperte dalla grafia di mia madre. Strizzo gli occhi. Alla luce fioca mi sembra sulle prime un ricettario di cucina, ma poi scorgo gli ingredienti, i nomi delle clienti, le cifre corrisposte per ogni medicamento.

« Questo è il libro mastro, amore mio. Io lo chiamo libro dei segreti, poiché contiene il nome di ogni donna che ho aiutato, di ogni rimedio che ho preparato contro un malanno o una condizione, e il prezzo cui l'ho ceduto. Come vedi, molte delle prestazioni sono gratuite. »

« Mamma, perché annotate tutto? E se finisse nelle mani sbagliate? » dico sfogliandolo. « Ci sono stati diversi... »

« Perché è il mio lavoro. Il lavoro di tutta una vita, dacché ho avuto l'età per comprendere la scienza delle erbe. Queste donne non hanno nome, non c'è nessuna traccia riguardo alle loro vite, alle ingiustizie e alle malefatte che hanno subito. I loro nomi non figurano da nessuna parte, eccetto forse nei registri delle nascite, dei matrimoni e delle morti. Nulla mai è stato scritto sulle loro persone, sui loro acciacchi, sulle loro afflizioni, tranne in questo libro. Sì, lo so, è pericoloso, ma non negherò loro la dignità di essere impresse in nero su una pagina. Per molte, sarà l'unica prova della propria esistenza. »

Noto adesso la presenza di una grafia diversa sulla copertina. Più incerta e tremolante, meno leggibile. « Di chi è questa scrittura? » chiedo.

Mia madre esita un istante, poi risponde: « Di tua nonna. Ho preso il suo libro mastro quando sono partita. È stato l'unico ricordo di lei che ho potuto portare con me ». La sua voce ha cambiato timbro, si è fatta più grave.

La notte si avvita intorno a noi come il fumo di una fiamma morente. Scorro il dito sulle parole che adesso mi appaiono sbiadite, le pagine viranti all'ocra.

« È tardi, Giulia, dobbiamo andare », dice mia madre in un sussurro.

Chiudo il libro. Lo tengo stretto mentre mi accingo a riporlo nello stipo perché venga custodito sottochiave, celato e al sicuro come vorremmo essere anche noi.

Più tardi, nella solitudine della mia stanza, dispongo sul tavolo i tarocchi dorati e lisi, dono di una prostituta della sorellanza di mia madre nella terra da cui siamo partite.

Il gatto della villa, formidabile cacciatore di topi e mio unico amico, fa le fusa e si strofina contro la mia mano mentre sgambetta sulle carte, si stiracchia e si mette comodo per leccarsi le zampe. Deve aver mangiato bene stasera. Le fusa sono profonde, gutturali, sazie.

Come sempre, ho desiderio di sentire i tarocchi pulsare della loro potenza segreta. Pesco la prima carta in cima al mazzo, *La Fortuna*, e la rovescio sul palmo. Su una ruota in movimento sono raffigurate l'ascesa di un servo prostrato e sottomesso e la discesa di una figura regale. Chi prima era in basso sale in alto e chi era in alto scende in basso.

Avverto un brivido, una consapevolezza ancora vaga, come nebbia che si avviluppa sul mare.

# 3

Quando la notte seguente mia madre torna a svegliarmi, io la sto già aspettando.

Furtive come volpi, sgusciamo fuori della villa sospirante, mentre Francesco ronfa, la cuoca Valentina sogna e il garzone si rigira su un paglericcio che gli graffia le terga.

Questa volta, mia madre si dirige verso il porto. « Per di qua », dice.

A passo veloce, evitiamo le strade principali in favore dei vicoli che tratteggiano la città. Di tanto in tanto incrociamo un lume o una fiaccola, ma tutt'intorno prevale il buio denso che occulta chi intende sottrarsi agli sguardi.

Riconosco il nome di una via solo per averlo orecchiato dalle chiacchiere della cuoca. Siamo vicine al porto, un luogo noto per i postriboli e le taverne. La brezza del mare e l'odore di salsedine sovrastano il fetore animale che permea le strade.

Si aggirano uomini, in gran parte marinai ubriachi che ci additano grossolani, a dispetto dei nostri mantelli. Due arabi avvolti in caftani pallidi si fermano a guardarci, schioccano la lingua e mormorano parole che non afferro. Nell'aria aleggia il profumo delle arance e dei limoni scaldati dal sole.

D'un tratto mia madre svolta in un vicolo nero come la pece e il mio cuore prende a battere così forte che temo che altri possano sentirlo. Poi ferma il passo.

« Che cosa c'è, mamma? » sussurro, mentre mi guardo intorno senza scorgere nessuno.

Prima che lei possa rispondere, una porta si apre e proietta il bagliore di una candela sul muro dirimpetto. « Entrate, presto », dice una voce, e io seguo mia madre da così vicino che quasi inciampo nel suo mantello.

All'interno, donne variamente discinte ricambiano lo sguardo dal perimetro della stanza. Alcune tornano alle loro conversazioni bisbigliate, altre continuano a scrutarci, le labbra colorate di belletto cremisi, le palpebre annerite di kajal. Altre indossano vesti simili a tuniche e io capisco tardivamente che siamo nel retro di un bordello.

Di colpo mi sento rassicurata.

Sono cresciuta in un luogo simile, anche se le nostre stanze erano alloggiate negli sfarzosi palazzi di re Filippo a Madrid e la nostra improvvisata famiglia di reiette era costituita da cortigiane al servizio di nobili impettiti. Mia madre era una di queste. E, mentre lei sollevava le gonne per denaro, io ero lasciata libera di sgambettare tra membri della corte e della servitù, prostitute che mi educavano a suon di rimbrotti e confetti, gentiluomini che mi regalavano nastri e cuoche che mi sculacciavano bonarie quando m'intrufolavo nelle cucine a trafugare una pagnotta appena sfornata.

Riesco ancora ad assaporarla, soffice e fumante come allora, se chiudo gli occhi e mi concentro. Ha il sapore dell'infanzia e della libertà.

Seduta vicino al camino spento c'è una donna, forse dell'età di mia madre, che guarda altrove come se non ci avesse sentite arrivare. Intorno a lei l'aria è intrisa di sudore e profumo. I capelli le arrivano fino alla vita e gli zigomi alti le donano un'aria quasi regale.

« Caterina? » dice mia madre.

La donna si volta, e io non riesco a trattenere un sussulto.

Dove prima c'era la curva della guancia, ora uno sfregio frastagliato le solca il viso dall'occhio scuro fino al mento. La ferita è fresca. Nonostante la penombra, essuda sangue che pare nero. È una donna bellissima, o meglio lo era.

« Siete venuta », dice. Siede in modo così dignitoso e composto per quel tugurio con i soffitti bassi e spioventi e il fruscio dei topi negli angoli.

«Certo che siamo venute.» Mia madre si avvicina con il paniere dei rimedi e le prende la mano. Io m'inginocchio al suo fianco.

Un'unica lacrima sgorga dall'occhio illeso della donna e ne percorre il viso. «Ha promesso che mi ucciderà», sussurra in un soffio.

«Che *figghiu di buttana.*» Una delle presenti sputa sul pavimento. Avrà all'incirca la mia età, ma la sua espressione è più amara, il suo volto più grave.

Nella stanza si leva un mormorio di approvazione.

Dentro uno specchio appoggiato sopra la mensola del camino, colgo il mio riflesso. Ho gli occhi sgranati come quelli di Gattino, il volto pallido. Quando torno a guardare Caterina, percepisco come un ostacolo tra noi, forse la consapevolezza delle differenze che separano le nostre persone e le nostre vite, e mi assale il bisogno di spiegarle chi sono. Ma infine ripiego nel silenzio.

«Che cos'è successo?» Mia madre prende altre bende pulite dal paniere. All'interno c'è tutto il necessario: unguenti, pozioni lenitive, muschio per tamponare i sanguinamenti.

Caterina sobbalza quando le tocca il viso. «Dice che la prossima volta mi taglierà la testa e mi appenderà alle travi.»

Com'è giunta a questo punto?

Tutti gli sguardi convergono su di lei. Tutti i battiti accelerano. Eppure la sua voce resta calma. «Ha preso a calci la pancia e ucciso il bambino.» Si porta una mano sul grembo. «Poi mi ha fatto questo perché non dimentichi.» La donna torna a girarsi verso il camino vuoto. «Come se potessi dimenticare...»

Una porta si apre e da qualche parte all'interno dell'edificio ne trapela un baccano improvviso: risa, lo strimpellio di una viola da gamba, brindisi, battibecchi. Poi l'uscio viene richiuso e la stanza ripiomba nel silenzio sospeso di prima. Da una bugia riluce un'unica fiamma, che la corrente fa danzare.

«Contesta il vostro modo di vivere, Caterina.»

Si diffonde un silenzio attento e solidale intorno alle parole di mia madre, che ora prende un vasetto di unguento. Riconosco la miscela densa di calendula e fiorrancio che ho preparato ieri.

La donna annuisce e un'altra lacrima scorre lenta lungo il solco che le attraversa il viso, mentre mia madre comincia ad applicare la crema sulla ferita.

«Dice che adesso non ci sarà più nessun uomo disposto a pagare per me, ma quando gli chiedo: 'Come faremo a mangiare? Come sopravvivremo se non lavoro?' non c'è mai una risposta. Finisce di bersi tutto il mio denaro, dopodiché scompare, a volte per giorni o persino settimane. Solo che poi ritorna sempre, e a quel punto...» Si ferma a prendere fiato. «Dice che, se lavorerò ancora, pagherò con la testa. Dice che sono sua e sua soltanto», conclude con voce incrinata.

Il moccolo ormai spento sprigiona un odore bestiale di sego fuso. La stanza piomba nell'oscurità. C'è un movimento, poi un altro uscio si apre, lasciando trapelare una lunga scheggia di luce ocra e la stessa confusione di prima. Una donna lo varca, per rientrare nella stanza dopo pochi secondi. Davanti ai capelli sciolti, regge la fiamma di una nuova candela che posa vicino a Caterina, prima di tornare a sedersi.

Ridisceso il silenzio, mia madre mi fa cenno con il capo. «Giulia, passami la pezza di lino, per favore.»

Obbedisco all'istante. Grata del compito che mi ha assegnato, rovisto nel paniere in cerca delle bende pulite. La mano tocca qualcosa di piccolo, freddo e solido, forse un'ampolla di vetro, e subito comprendo perché mi trovo lì, circondata da prostitute, in un luogo dimenticato da Dio. Dovrei sentirmi spaventata, fare il segno della croce, rifuggire quella pratica sacrilega, ma non è così. Al contrario, mi sento calma e serena, come un fiume che scorre verso il mare. Posso constatare con i miei occhi perché mia madre dispensi il veleno. Mi guardo intorno e lo leggo nei volti attoniti delle donne, nel viso sfregiato di Caterina, nei suoi occhi lucidi. Tutto mi appare chiaro.

Nonostante la giovane età, sono in grado d'intuire come finirà questa vicenda; con un cadavere squartato e le sue gonne fluttuanti nelle acque del Papireto, dove un tempo crescevano i giunchi e dove ora i cacciatori di fortuna pescano corpi rigonfi di donne come lei e di altre sfortunate, uccise per trafugarne il borsellino. Forse le autorità cittadine la troveranno con le gonne fradicie e pesanti, il volto livido e chiazzato, e andranno in cerca dei familiari per accordarle la dignità di un funerale. Ma più probabilmente ciò non avverrà. Una prostituta morta non vale un solo scudo. Tanto meglio che Palermo si sbarazzi di simile gentaglia, si mormora in giro.

A sorpresa, una delle donne che finora erano rimaste zitte si rivolge a mia madre. «Siete una *fattucchiera*? Potete far sparire quell'uomo?» Il suo petto ansima, mentre parla. Avverto la sua paura come fosse la mia.

Lancio uno sguardo allarmato a mia madre. La parola è pericolosa; e la domanda, una da cui le guaritrici come noi si ritraggono. Restiamo sedute, in trappola fra i respiri delle astanti. Il viso della donna è avvolto nell'oscurità, al margine della stanza.

Mia madre si limita a scuotere il capo, sono io a parlare per lei. Neppure in mezzo alle prostitute possiamo permetterci di essere additate come streghe.

«Non facciamo incantesimi, né lanciamo maledizioni», dico con voce tremante.

Gli occhi di tutte convergono su di me. Non si aspettavano che fossi io a rispondere.

«Ogni medicina che mia madre vi procura è fatta con le materie che Dio e solo lui ci ha messo a disposizione.» Forse neppure io sono convinta di quel che dico. Sebbene noialtre abbiamo credenze pagane e veneriamo gli dei della terra e del mare, anziché un padre celeste, ora mi ritrovo a invocare la sua protezione.

« Eppure disponete della medicina che può curare il male della nostra amica e liberarla dal demonio... » La donna si fa avanti con la sedia e finalmente riesco a vederla. È magra, ha i capelli che le ricadono lunghi ai lati del collo e una certa fierezza nello sguardo.

Sento mia madre venirmi accanto. Non so dire se vorrebbe che fossimo in grado di compiere un maleficio contro quell'uomo oppure no.

« Abbiamo sentito che ve la intendete con le donne di fuori, le fate... » aggiunge la donna con espressione amara.

Ora appare speranzosa, timida ma inquisitoria. La vedo per quello che è sotto le vesti da prostituta e il belletto: uno spirito puro, fantasioso, convinto che intratteniamo rapporti con il sovrannaturale. Mi ritraggo dal suo sguardo, di nuovo timorosa.

« Non siamo fattucchiere. » Stavolta è mia madre a parlare, con tono autorevole e deciso. « Siamo qui per aiutarvi a guarire dai mali di cui soffrite. Somministriamo soltanto rimedi benefici e naturali. Non adoperate simili parole nel riferirvi a noi. Basterebbero da sole a scagliarci addosso l'ira divina. E chi altro potrà aiutarvi, dopo? »

Si avverte uno stormire, un sussurrare unanime.

Caterina afferra le mani di mia madre. « Dice la verità. Solo loro possono liberarci, e io non desidero altro. »

Noto che include anche me nella frase.

« Voi non ci avete mai viste. Noi non siamo mai state qui. Promettetelo », esclama mia madre, lo sguardo rivolto tutt'intorno.

« Lo prometto, lo promettiamo tutte », risponde la donna sfregiata.

Senza che mi sia stato chiesto, avvicino il paniere intrecciato. Le caraffine tintinnano mentre ne sollevo una avvolta in una pezza di lino. La passo a mia madre con mano appena tremante. Ci scambiamo uno sguardo rapido, di grave intesa. Ora non sono più solo un'osservatrice, un'apprendista; sono una complice. Eppure in me ogni paura è svanita, ogni dubbio è scomparso. Quello sfregio ha reso tutto chiaro come il sole in una mattina d'inverno. Nitido, luminoso, assoluto.

« Versate una goccia del rimedio nel suo vino stasera, poi aspettate », dice mia madre, prendendo l'ampolla dalla mia mano. « Inizierà a stare male, a vomitare. Non fate altro finché non gli passa. Chiamate il medico. Comportatevi come farebbe una moglie. Aspettate una settimana e poi versatene un'altra goccia nella minestra o nell'acqua e limone. Seguite questo consiglio e avrà una fine rapida, ma tempo a sufficienza per riappacificarsi con Dio. Subirà una buona morte e voi sarete liberata dal vostro aguzzino. »

C'è un silenzio circospetto, un sospiro. Poi un fremito attraversa la stanza, come un'onda che increspa il mare. La donna torna a guardarmi. « Lui verrà a saperlo? Se lo scopre, mi ucciderà. »

Riesco a sentire appena Caterina. Da qualche parte un gatto salta, un topo fugge, un cane abbaia. Da qualche altra, suo marito si rigira nel sonno, tasta le lenzuola in cerca del corpo di lei accanto al suo, poi si riaddormenta tra un ronfo e un sospiro.

« È insapore. Come l'acqua, proprio come l'acqua », replica mia madre. Si alza in piedi e io la imito, raccogliendo il paniere. « Poche gocce e il problema sarà risolto. Stategli accanto. Occupatevi di lui. Nel giro di un mese sarà morto. »

Caterina rovista tra le pieghe delle gonne e ne estrae un sacchetto di velluto che mi porge. Mia madre però scuote il capo e io respingo la mano con il denaro. Ho ancora molto da imparare sulle modalità di questi scambi. Il nostro è un commercio ma, come presto scoprirò, si paga con il segreto più che con il denaro. Non è una grande novità per me. In fondo, vivo in una casa di segreti e ho imparato a custodirli.

« La solidarietà tra amiche non ha prezzo », dice mia madre mentre ci rassettiamo le gonne e ci apprestiamo a congedarci.

L'alba è vicina. Fuori il cielo è striato d'arancio. Camminiamo in silenzio: mia madre verso la cappella della villa per compiere le devozioni mattutine, come prescritto dal consorte, io nella mia camera per riposare un po' prima che le campane richiamino alla preghiera. Oltre la porta trovo disseminati tanti piccoli resti. L'ala di un uccello, i suoi artigli, il biancore dei suoi intestini: sono gli avanzi del banchetto di Gattino che, acciambellato sul letto, agita la coda al mio ingresso. Non solleva la testa, ma aguzza le orecchie, guardingo come dovrei essere io. M'infilo sotto le coperte, il tepore del suo pelo, il peso languido del suo corpo, e so già che non dormirò.

Ogni notte ormai, prepariamo l'elisir nella spezieria del convento, vegliate da una statuetta lignea di santa Rita, patrona delle cause impossibili, dei miracoli irrealizzabili. Da lì, la voce attraversa la piazza, il mercato, il lavatoio, le case della città. Si muove come brezza, sfiorando le donne che sfregano il bucato, conciano le pelli, cucinano, rammendano, puliscono il pesce. I bisbigli s'insinuano come spire di fumo, penetrano tra i palazzi decorati, i giardini odorosi. Oltrepassano le mura alte delle ville e delle residenze patrizie per giungere alle orecchie di quelle donne palermitane che, pur ricoperte di abiti sfarzosi e rubini, sono prigioniere di matrimoni combinati dai loro padri e fratelli, tanto quanto quelle che filano la lana o abitano in miseri tuguri, sposate ad animali da taverna. A nessuna di esse è concesso il divorzio, privilegio esclusivo dei mariti scontenti. Perciò devono ricorrere ad altri mezzi per porre fine a un'unione infelice, provvedere in altro modo alla riconquista della libertà agognata, purché siano disposte a correre il rischio.

La notizia del nostro veleno viaggia inarrestabile; Faustina se ne occupa in prima persona. La diffonde a messa, quando il prete intona i salmi. La sussurra alle bottegaie quando va a comprare pane, olio o pomodori, ed esse la recepiscono senza domandare. La mormora per i vicoli, le taverne, le piazze e perfino quando si reca a lavare i panni. Le sue parole sorvolano Palermo come corvi che, a frotte gracchianti e colpi d'ala, oscurano il sole, per poi atterrare a destinazione.

Ogni notte, un'uscita furtiva, un raspare di dita sull'uscio, talvolta un passaggio di monete.

Ogni notte, una caraffina, o anche due, ogni consegna annotata nel libro dei segreti, dov'è trascritto ciascun nome, ciascun rimedio.

Ogni notte, un uomo in meno intento a ronfare nel proprio letto. Ma chissà?

Può darsi, invece, che andrà avanti a grugnire e russare, digrignare i denti e borbottare, sognare l'amante, guadagni o debiti, gioie o dispiaceri. Che si rotolerà e sfilerà un braccio o una gamba. Strattonerà le lenzuola impigliate fra gli arti robusti. Sospirerà e si stiracchierà, per poi, quando il gallo canta, destarsi dal sonno, urinare nel vaso e andare in cerca di cibo, per spezzare il digiuno prima che la giornata inizi. Lei lo guarderà uscire, gli occhi sulla boccetta di vetro riposta sul comò intarsiato o sul pavimento di terra battuta. Oppure ancora stivata tra le pieghe delle gonne. O innocuamente mimetizzata tra le creme per la pelle, i profumi e gli unguenti allineati sulla toletta, se la famiglia è abbiente.

Una volta confezionata e affidata in mani altrui, la nostra pozione è imprevedibile, come ignoto è il suo potere, il suo raggio d'azione. Chi può dire chi sarà la prossima vittima? Chi può indovinare in quale vino o minestra cadranno le sue gocce? In ogni caso, raramente tale commercio prevede uno scambio in denaro. La maggior parte delle donne non ne ha alcuna disponibilità.

Settembre 1632

Caterina, buttana, unguento di calendula
e fiorrancio per curare le ferite, una caraffina
di Acqua (Teofania)
Nessun compenso

Alba, tessitrice, unguento di borragine
per curare i lividi, una caraffina
di Acqua (Teofania)
Nessun compenso

Hortensa, buttana, due caraffine di Acqua
per il padre e il fratello (Teofania)
Nessun compenso

# 4

Dicono che siamo nate sotto l'influsso della luna nera, o così sostiene Valentina, la cuoca, quando è d'umore vendicativo.

«Oh, la luna che scompare e lascia il cielo nero come il membro di Satana è un presagio di malaugurio», proclama, compiaciuta della propria cattiveria. «Non può portare altro che sciagura», aggiunge, gli occhi ammiccanti come per sfidarmi a ripeterlo a mia madre.

Ma io non riferirei mai a nessuno le parole pronunciate dall'irrequieta lingua della cuoca, né i deliranti scampoli di pettegolezzi che, dalla messa e attraverso il mercato, volano fino alle nostre cucine come mosche addosso a una carcassa. Mai le darei questa soddisfazione.

Oggi è domenica e presto ci toccherà andare a messa, ma il primo fresco autunnale mi ha spinta a rifugiarmi nelle cucine per scaldarmi vicino al focolare. Al mio arrivo, Valentina si è accigliata. Io non le ho badato e sono andata in cerca di un cannolo da accompagnare al latte fresco. Il consueto mugugnare stavolta non deve averla appagata, poiché dirige l'attenzione verso di me per darmi il tormento. Si pulisce la bocca dalle briciole e m'indirizza un'occhiata stramba.

«Cosa c'è?» chiedo tra un boccone e l'altro. I cannoli di Valentina, ripieni di mandorle, ricotta e miele, valgono bene un tributo al suo focolare e al suo perenne malanimo.

«Girano voci...» comincia sollevando le sopracciglia.

Io scrollo le spalle. «Le voci girano sempre», replico, addentando la cialda croccante.

«Non come queste di adesso. Queste qui sono di un tipo che le donne come voi e vostra madre dovrebbero ascoltare.»

Le donne come me.

E come mia madre.

A Valentina trema il mento mentre parla. È indignazione o gioia? Difficile stabilirlo per ora, così non mi pronuncio.

Qualunque cosa dirà, sarà sicuramente una cattiveria.

Tuttavia, non le do la soddisfazione di domandare chiarimenti, poiché senza dubbio non ne ricaverei nulla di buono.

Il silenzio è interrotto dal garzone - o Capro espiatorio, come lo chiamo io -, che ricurvo in un angolo tossisce e sghignazza fissandomi troppo a lungo, tanto che gli lancio un'occhiataccia e lui arrossisce e distoglie lo sguardo.

Sospiro e mi accorgo di quanto stia costando caro, a Valentina, trattenersi. È come una diga colma d'acqua fino all'orlo. Se continua a tacere, esploderà. Mi fa così pena che, seppur controvoglia, allontano il cannolo dalla bocca. «Ti prego, dimmelo. Cosa dovremmo sapere?»

Ha gli occhi singolarmente piccoli rispetto alle dimensioni ragguardevoli del capo, accentuate dal fazzoletto che porta avvolto intorno alla chioma. È una donna fatta per sostenere le dure mansioni da cuoca: impastare la farina, rimestare il latte cagliato, trasportare sacchi di grano, disossare costati di manzo o torcere il collo alle galline. Ha braccia da marinaio e fianchi così larghi che deve mettersi di traverso per entrare in una stanza.

I suoi occhi saettano astuti in ogni direzione, registrando tutto ciò che vedono. Le sue orecchie sono più affilate di quelle di un falco. Conosce dettagli delle vite degli altri che essi stessi ignorano.

«Si racconta in giro che voi e vostra madre siate sgualdrine del diavolo e che nessuna gentildonna onesta si degnerebbe di mettere piede tra queste mura.» Valentina parla con voce precipitosa e giuliva, a conferma che il mento tremolava di gioia.

Sospiro di nuovo. «Non è una novità. Siamo forestiere.

Sono figlia di una cortigiana che ha acquisito rispettabilità grazie alle nozze con il mio patrigno. Lo sanno tutti. E con ciò? »

Valentina appare delusa. Poi, come per un ripensamento, prosegue: « In città si parla di stregoneria. Di un veleno in grado di uccidere lentamente un uomo in salute con poche dosi ».

Questa volta le sue parole vanno a segno. L'impatto è rapido, lacerante.

Dispone le dita nel gesto scaramantico delle corna contro il malocchio. Potrebbe essere licenziata sul posto per aver riportato pettegolezzi raccolti al mercato della Vucciria.

Deglutisco e mi tampono le labbra.

Lei mi guarda e c'è qualcosa di nuovo nei suoi occhi. Forse teme di essersi spinta troppo oltre.

Viviamo a Palermo da due anni. Saremmo sorde e cieche se non sapessimo quello che le mogli di questa città pensano di noi: la buttana del re e la sua bastarda senza padre ammesse in società. Saremmo stupide se credessimo di poter essere accettate, un giorno, ma queste nuove voci vanno ben oltre. Gettano l'ombra del sospetto sulla nostra casa. Esprimono paura. E il fatto che Valentina si sia spinta a tanto, che abbia avuto l'audacia di riferirle, mi riempie di spavento.

Cerco di non darlo a vedere. Ma d'improvviso il cannolo s'incastra nella gola e mi sale la nausea, tanto che getto nel fuoco il boccone avanzato.

« Allora forse dovresti stare attenta a ciò che mangi », dico a Valentina, mentre la guardo in tralice e la gratifico con una risposta piccata.

Lascio in fretta le cucine, ma le sue parole mi sciamano addosso e pungono come calabroni.

La mia luna è nera. La mia vita, dannata.

Scendiamo dalla carrozza e ci avviamo verso il sagrato di Santa Maria Nuova di Monreale. L'aria è fresca e limpida sull'altura che svetta sopra i miasmi di Palermo.

I sussurri cominciano prima ancora che noi tre mettiamo piede all'interno della maestosa cattedrale. All'ingresso, io, Francesco e mia madre separiamo la folla dei fedeli come Mosè le acque del mar Rosso. Mantengo la testa alta, la schiena dritta, mentre le mogli e le figlie dei notabili della città voltano dall'altro lato le teste velate, e i loro mariti e padri tossiscono e agitano i piedi. Tante volte mi sono avvilita davanti al loro disprezzo in passato, ma oggi è diverso. Da quando, nelle ultime settimane, ho fatto da assistente a mia madre, ho acquisito una nuova consapevolezza, mi sono sentita investita di fiducia, divenuta parte di qualcosa. È un'emozione nuova che, nonostante l'avvertimento di Valentina – se di questo si trattava –, mi ha rafforzato.

C'è un silenzio rotto solo dalle suole dei nostri stivaletti sul pavimento in marmo. Il mio patrigno Francesco fa per posarmi una mano in fondo alla schiena, ma io mi sottraggo al tocco mentre raggiungiamo i banchi lungo la navata centrale. Il trepestio riecheggia sulla volta dorata, tra gli angeli che ci sovrastano. Le gonne frusciano, gli occhi scrutano l'assemblea piena d'indignazione per la nostra famigerata famiglia, composta da un uomo notoriamente devoto, la consorte cortigiana e la sua figlia bastarda.

Eppure, a quest'ora, dovrebbero essersi abituati a noi.

Siamo approdate sull'isola – tra lo strepito dei gabbiani in cielo e le sferzate di vento sul viso – ormai più di due anni fa. Ma, a quanto pare, da queste parti non dimenticano. Non ci ammetteranno mai in società. Mia madre è troppo bella, troppo scandalosa, perché le donne la accettino, e i loro mariti ci puntano entrambe come segugi al guinzaglio. Ho imparato a fingere noncuranza quando ci scherniscono. Dalle loro occhiate sprezzanti intuisco di aver ereditato la bellezza di mia madre, accresciuta dallo splendore della giovinezza. So di avere una chioma color del sole, fluente come un campo di grano, l'incarnato rosa tenue e un bocciolo purpureo al posto delle labbra. Ho tutto questo ed è una benedizione – e una condanna – con cui sto imparando a convivere. Siamo finite nel viperaio della buona società palermitana e, ogni volta che le serpi si disattorcigliano e mordono, non ci resta che affrontarle con lingua bifida e sibilante.

Quando attiro lo sguardo della figlia di un ricco mercante e lei lo distoglie altezzosa come la madre, avverto tutto il peso dell'esclusione, della diversità. Eppure, oggi, reagisco con sprezzo. *Guardate da questa parte, se avete il coraggio! Lanciateci i vostri improperi! Deteniamo segreti che vi sbigottirebbero più della mia ignobile discendenza da una genitrice sgualdrina.*

Prendiamo posto nella nostra fila. Mia madre apre la Bibbia tra le mani guantate. Io osservo tutt'intorno le donne e i loro abiti sfarzosi, i gioielli scintillanti, il pizzo fine e pregiato delle pettorine che si alza e si abbassa al ritmo del respiro. In fondo, l'altare maggiore è ammantato d'oro e d'arredi, tra cui una ricca croce affiancata da tre candele per lato. Nel mosaico dell'abside, sulla Madonna con Bambino circondata dagli arcangeli Michele e Gabriele, troneggia un Cristo che pare stia aggrottando la fronte.

Mi volto verso mia madre e scopro che pure il suo sguardo è peregrino. Lo seguo e riconosco Caterina, anche se la ferita sul suo volto è nascosta da un velo di pizzo nero. Seduta in disparte in un punto in penombra della navata, appare di mezza testa più alta, con le *chopines* ai piedi e i capelli neri acconciati in due crocchie torreggianti, alla moda delle prostitute. La vedo ricambiare lo sguardo di mia madre sorridendo e un brivido mi percorre la schiena.

Quel sorriso può significare un'unica cosa. Che l'atto è stato compiuto, le gocce sono state somministrate, il rimedio è stato propinato. Mi accorgo soltanto adesso che è vestita a lutto. È la prima volta che incontro una cliente che è ricorsa alla nostra pozione. È vero, ho contribuito anch'io a procurarla, ma una cosa è fornire un'ampolla a una donna maltrattata, ben altra cosa è rivedere, settimane dopo, la stessa donna abbigliata da vedova.

Il bagliore delle candele si sfoca. Sto per cadere in deliquio.

Mi aggrappo al banco per reggermi. Mia madre sembra notarlo e mi sussurra qualcosa che non afferro. Mi prende la mano e d'improvviso mi ricordo che tutti ci osservano, siamo in pubblico, non posso crollare svenuta. Non posso mostrare altro che il muto contegno che è richiesto in chiesa. Al contempo, la stretta della sua mano mi dà animo. Rammento la ferita di Caterina. Mi sforzo di figurarmi ogni sua lacrima, il taglio, il sangue rappreso, ma, fatti salvi il senso di nausea e lo spavento, l'orrore verso lo squarcio sul suo volto e verso l'uomo che glielo ha procurato mi ha anestetizzata. Dovrei provare rimorso o senso di colpa, invece, mentre densi pennacchi d'incenso riempiono l'aria, mi accorgo di non avvertire nessuno dei due.

A mano a mano che mi riprendo, mi sento pervasa da uno strano entusiasmo, una specie di palpito. Giustizia è stata compiuta, seppure nell'ombra. La portata del fatto mi lascia senza fiato e, benché la messa sia iniziata e i sussurri e i tramestii, i ghigni e le occhiate sembrino cessati, sono distratta da queste nuove sensazioni e da questa bizzarra euforia, mentre un'onda di silenzio si propaga sull'assemblea.

Le teste si chinano, come piante che avvizziscono all'ombra. Mi prostro anch'io, ma dentro di me sorrido.

Un alto crocifisso bardato di collane e tempestato d'oro e pietre preziose sovrasta le teste dei fedeli mentre viene condotto lungo la navata, seguito dal sacerdote, che agita il turibolo, e da uno stuolo di chierici in processione.

Mentre il mio braccio destro si muove in sincrono con quello di tutti gli altri per disegnare il segno della croce, noto con la coda dell'occhio che, come sempre, Francesco mi sta fissando. Mi scruta come se volesse divorarmi e di colpo mi ridesto dai pensieri. Mia madre, in mezzo a noi, forse si è accorta del suo sguardo perché, nel sedersi, si volta per sussurrargli qualcosa. Lo vedo distogliere gli occhi da me e portarli su di lei, spargendo una scia di lascivia. Mi osserva mentre mi segno la fronte, per controllare che lo faccia secondo i suoi dettami, nel modo corretto, consacrato. Mi studia come se volesse arrivare a perlustrarmi oltre la pelle. Come se desiderasse squarciarla e, tra le viscere sanguinolente e pulsanti, assicurarsi che, al suo interno, il mio cuore sia puro.

Quando mi accorgo che le mie mani sono scosse da un tremito, seppur lieve, con il pensiero mi ritraggo, per sottrarmi all'esame e lasciare che le sue attenzioni si limitino al guscio, alla corazza. Penso a tutte le volte che Gattino si acciambella addormentato su una calda panchina di pietra nel giardino ornamentale e affonda la testa nel pelo soffice. Ogni tanto sbircia intorno per vedere chi c'è, annusa l'aria e muove le orecchie avanti e indietro per poi riaccomodarsi, pur restando vigile e all'erta. Anch'io, come lui, sono brava ad annusarmi intorno per capire che aria tira. È la mia unica salvezza, oltre all'amore di mia madre.

Infilo le mani nelle gonne in cerca dell'inseparabile sacchetto in cui custodisco ciondoli e talismani. Non hanno nessun valore, eccetto per me. La penna di un merlo, nera e lucente; una conchiglia donatami da un venditore d'olio a Madrid, quand'ero bambina; un ramo di rosmarino, noto antidoto contro il malocchio. Nel mio cuore, questi tesori pagani - tesori che la Chiesa bandisce, sebbene siano innocui - rappresentano l'ormai evanescente ricordo della libertà di cui godevo nell'infanzia trascorsa alla corte del re di Spagna, quando scorrazzavo tra opulenti anditi costellati da nobili ritratti, dipinti a olio e incorniciati d'oro, e gallerie fiancheggiate da sontuose specchiere fiammeggianti.

Più tardi, quando finita la messa i fedeli si apprestano a lasciare la chiesa con la benedizione del Signore, avvisto di nuovo Caterina. Mentre avanza verso l'uscita, le cade il velo. La cicatrice rosso scuro che le percorre il viso è ancora corrugata, ma l'unguento di fiorrancio ha sanato l'infiammazione e cicatrizzato la ferita. Ha il collo spoglio di ornamenti e le gote e gli occhi truccati. Quando mi scorge, mi sorride di nuovo prima di avvolgersi nello scialle. Ad aspettarla c'è un giovane africano che immagino essere il suo valletto. Le porge il braccio e, fianco a fianco, benché lei lo sovrasti in statura, si avviano dondolanti alla piccola carrozza che di lì a poco riparte in direzione del porto.

«Mamma, mamma, è lei», dico, mentre in attesa della vettura sfuggo per un istante al controllo tenace e indefesso di Francesco, che si è allontanato per raggiungere i mercanti e i nobili che se ne stanno impettiti come corvi davanti all'ingresso del duomo. Nessuno di loro osa avvicinarci in sua assenza. Le loro consorti, scortate dai valletti, ci osservano da lontano, raccolte in piccoli capannelli variopinti.

«Sì, è lei», risponde.

«Mamma...» riprendo, ma subito m'interrompo, incerta su come proseguire.

Lei scruta guardinga tutt'intorno e, a quel gesto, io trattengo me stessa e le mie domande. Comprendo che non è un gioco e che sarei pazza a dire di più. Torno invece agli sguardi sprezzanti, finché anche l'ultimo non è stato distolto. Forse è peccaminoso esibire bellezza e orgoglio, sebbene entrambi siano doni di Dio. Evidentemente, i doni sono qualcosa che l'alta società palermitana non accetta di buon grado.

Di ritorno alla villa, Capro espiatorio conduce via i cavalli e, mentre ci apprestiamo a scendere dalla carrozza, noto che si è voltato a guardarmi. Valentina sta già sbraitando, perché l'arrosto di selvaggina è andato in fumo. Alle mie spalle, come sempre Francesco mi segue da troppo vicino con la sua figura segaligna e, quando mi chino per smontare dalla vettura, il mio stomaco si rivolta.

«Valentina, eccomi. Cosa succede?» sospira mia madre, mentre segue la cuoca che si dirige bellicosa verso le cucine.

«Parlo io con il ragazzo, lascia fare a me...» prosegue più fioca la sua voce allontanandosi.

È chiaro che, tanto per cambiare, c'è stato un litigio tra il garzone e Valentina. Quei due non sono in grado di convivere pacificamente, come del resto nessuno qui. Questa è una casa in cui dominano la discordia, i silenzi pesanti e le parole affilate. Una casa in cui siamo costretti a fingerci vicendevolmente ciechi, sordi e muti.

Francesco mi posa una mano in fondo alla schiena e lì la trattiene finché non ho disceso il predellino.

# 5

Avevo dodici anni quando il mio patrigno mi ha rubato la verginità.

Pochi mesi dopo il nostro arrivo a Palermo, finalmente ho compreso perché non mi staccava gli occhi di dosso, sbavando dalle labbra affilate. Non appena siamo sbarcati in Sicilia, la sua infatuazione per mia madre è come svanita e le sue attenzioni sono confluite su di me. Il desiderio maschile non mi era del tutto sconosciuto. Non si può crescere tra le cortigiane e ignorare cosa accada tra un uomo e una donna. A Madrid, nascosta dietro le tende della stanza di mia madre, avevo sbirciato membri eretti e i loro nobili titolari spagnoli intenti nella copula. Abbacinata, avevo osservato mia madre profondersi in gemiti e cinguettii mentre i nobiluomini, in vari stati di ebbrezza o desiderio, le saltavano addosso e lei li accoglieva a gambe larghe, la testa nascosta dietro lo schienale di una *chaise longue* riccamente arabescata.

La prima volta che avevo notato i suoi affaccendamenti notturni, avevo pensato che la stessero aggredendo. Strappata di colpo agli abissi del sonno infantile, confusa e ancora mezza addormentata, avevo udito dei gemiti e pensato che fossero espressioni di dolore. Che qualcuno fosse così spaurito da ansimare e grugnire. Di solito mia madre era al mio fianco mentre dormivo, il suo caldo corpo abbracciato al mio. Ma, adesso, dove si trovava? Perché ero sola e terrorizzata?

Con le mani che strofinavano gli occhi e stringevano la

camicia da notte, ancora immersa nel torpore, avevo raccolto tutto il coraggio ed ero scivolata a tastoni oltre la tenda per raggiungerla. Chissà che aspetto avevo mentre, con il volto deformato dal barbaglio della candela e il cuore martellante, lasciato il giaciglio nascosto mi ero avventata sull'assalitore di mia madre, elevandomi, giovane e fiera, a sua paladina. La paura aveva ceduto il posto - o forse la guida - alla pura collera, nel vederlo accanirsi su di lei. Ho ancora davanti agli occhi la reazione di stupore di colui che aveva osato metterle le mani addosso. Stupore che presto si era tramutato in ilarità.

«Tua figlia ringhia! Tienila a bada, *señorita*», aveva biascicato il signorotto, un sopracciglio inarcato e la sua virilità ancora gonfia e congestionata nella mano.

Mia madre si era alzata per venire a prendermi in braccio e riportarmi sul groviglio di lenzuola che avevo abbandonato in tutta fretta. Aveva richiuso la tenda e, stringendomi a sé, aveva preso a carezzarmi i capelli. «Giulia, amore mio, a quest'ora dovresti dormire. La mamma sta lavorando. Nessuno mi sta facendo del male. Sono felice che ti preoccupi per me, piccolina, ma devi rimanere dietro la tenda, come ti ho sempre detto.»

Non mi ero data per vinta.

«Ci penso io a lui, mamma!» Mi ero divincolata, avevo strattonato un lembo di tenda e preso a ringhiare, ora per davvero, a quell'uomo che sghignazzava disteso sulla *dormeuse*. Forse avevo mostrato perfino i denti. Solo dopo essermi assicurata che mia madre non correva alcun pericolo, finalmente mi ero tranquillizzata.

I grugniti avevano accelerato, per poi spegnersi di colpo. Il tintinnio delle monete e lo scroscio dell'acqua mi avevano informato che, per quella notte, mia madre aveva finito. Quando poi quella sequenza di azioni - sospiri, grugniti, strepiti, tintinnio, scroscio - si era ripetuta identica la notte seguente e quelle dopo ancora, avevo capito in fretta in che modo si svolgevano le cose tra le donne come mia madre e gli uomini che le compravano.

Sicché, quando molti anni dopo, in una notte buia, mi sono svegliata di soprassalto nella mia nuova casa, con Francesco che mi premeva una mano enorme sulla bocca, mentre con l'altra armeggiava al buio con l'allacciatura delle braghe, tutto mi è stato chiaro all'istante.

Gli ho affondato i denti nella mano e lui ha urlato come un maiale sulla via del macello.

«Ferma, *buttana*!» imprecava verso di me, che ancora speravo di potermi divincolare da un uomo aduso a cavalcare per giorni e giorni attraverso lande straniere.

«No! Lasciatemi stare!» gridavo io, già sfiancata. Agitavo le gambe esili, mi contorcevo e urlavo, gli sputavo in faccia e lo maledicevo come un demonio, ma serviva a ben poco. Lui era un uomo e io solo una bambina. Lo sono ancora adesso. «Lasciatemi stare...»

I singhiozzi si sono strozzati in gola quando, per un lembo della camicia da notte, mi ha attirata sul letto. Il fiato gli puzzava di vino e gli è bastato un unico manrovescio per avere la meglio. Ero accartocciata sotto di lui, quando con il ginocchio mi ha bloccato una coscia e ha fatto ciò per cui era venuto. È stato come se mi stesse squartando. Ho urlato di dolore e di sdegno. Come osava farmi questo! Ma ho dovuto ricacciare quel pensiero quando, nel tentativo di reagire, non ho fatto che eccitarlo ancora di più. Osava, e a buon diritto. Era – ed è tuttora – il padrone della casa, di sua moglie e della mia persona. Poteva fare tutto ciò che voleva, e io non ero in grado di fermarlo.

Ricordo con quale assoluta convinzione pensavo che qualcuno sarebbe arrivato a interrompere quell'assalto. Che un'anima buona avrebbe sentito e mi avrebbe tratta in salvo.

Ho udito dei passi. Il rumore della porta colpita dai pugni. Poi la voce di mia madre, dapprima incollerita, infine implorante.

«Fermatevi! Prendete me», urlava. «Prendete me e lasciate stare mia figlia. È solo una bambina.»

Francesco l'ha ignorata. Ha mormorato qualcosa d'indistinto, poi ha ripreso da dove aveva lasciato. Io ho pianto tutte le lacrime di una bambina terrorizzata. Ho smesso di combattere. Avevo male ovunque: alla gamba schiacciata sotto il suo ginocchio; alle intimità che sentivo lacerarsi; al polso stretto nella morsa della sua mano. Ancora qualche spinta, poi ha smesso. Si è staccato da me con un grugnito e non ha proferito parola mentre si rassettava le braghe stropicciate, la camicia di lino sgualcita, i capelli viscidi di sudore. Mi sono allontanata da lui, fatta più piccola che potevo e ho aspettato che se ne andasse. Ho ascoltato il suo respiro placarsi. Senza nessuna fretta, ha rivestito i panni del Francesco mercante, ricco cittadino e cristiano timorato di Dio. Il letto si è riavuto del suo peso e sono seguiti alcuni passi. Il rumore di una chiave. Lo stridio del metallo contro altro metallo. A quanto pareva, si era chiuso nella stanza con me, nel sonno non me n'ero avveduta. Dallo scatto della serratura, ho capito che se n'era andato.

In quel breve spiraglio, è penetrata nella stanza la voce di mia madre, per poi attutirsi al richiudersi della porta. Io non mi sono mossa. Immobile oltre le lacrime, oltre il dolore, mi sono limitata ad ascoltare. Lei ha inveito, singhiozzato, certamente si è scagliata contro di lui, ha battuto i pugni sul suo petto, artigliato il suo viso con le unghie. Mi piace pensare che abbia fatto tutto questo.

Poi ogni rumore è cessato e io mi sono ripiegata ancora di più su me stessa. Non udendo più la sua voce, non mi sono chiesta come l'avesse ridotta al silenzio, poiché dentro di me lo sapevo già. I lividi gialli e neri che l'indomani le ricoprivano la pelle erano lo specchio dei miei, e allora ho compreso che l'infanzia, così come l'avevo conosciuta fino a quel punto, aveva subito una fine improvvisa e brutale.

Dopo la messa, seguo mia madre nelle cucine per non restare da sola con Francesco.

Valentina sta ancora armeggiando con le pentole. Capro espiatorio è nascosto da qualche parte in cortile, forse nel locale dov'è conservato il vino. All'interno c'è un bel tepore. Il fuoco crepita e i succhi gocciolano dall'arrosto. Mia madre si allaccia un grembiule di lino sugli abiti della messa, le mani già imbiancate di farina.

Il garzone riappare sulla porta, imbarazzato. Valentina lo rimprovera e lui sgattaiola via sogghignando. Guardo mia madre e insieme sorridiamo. La cuoca torna alla cedevole palla d'impasto che riposa sul tavolo. Con le mani arrossate la raccoglie, poi pesca una manciata di farina dal sacco di iuta e la sparge sul legno, tra le scodelle, un panetto di burro morbido e un vassoio di uova fresche ancora punteggiate di piume. Con la stessa mano si deterge la fronte, disegnando una striscia di polvere bianca, poi, tra i mugugni, comincia a impastare. Ma ben presto i grugniti che emette, nel tirare l'impasto e sbatterlo per incordarlo, si trasformano nelle note di uno stornello. Rompe le uova in una ciotola, mentre Capro espiatorio trascina all'indietro un altro sacco di farina sul pavimento in pietra.

È tornata una parvenza di armonia.

Mia madre spinge la ciotola verso la cuoca, si pulisce le mani e si slaccia il grembiule. Mi fa segno di seguirla nell'orto delle erbe per raccogliere il timo e l'aglio selvatico e, scacciando un pollastro dalla sua strada, mi precede nella luce del giorno.

«Mamma», dico mentre le vado dietro.

«Cosa c'è, amore mio?» Si siede a una panchina sotto il loggiato. Il sole è caldo, sebbene l'estate abbia ceduto il posto all'autunno. Dalle cucine continuano ad arrivare i suoni di prima: lo stornello di Valentina, il fischiettio di Capro espiatorio, il cigolio metallico dello spiedo. Francesco dev'essere nel suo studio. Qua fuori, ci siamo solo noi due.

L'idea non mi è venuta durante la messa. Abita i recessi della mia mente fin dalla prima notte nel convento, quando ho imparato come si prepara il veleno di mia madre. Da allora si è fatta sempre più pressante, tanto che le parole sgorgano come un fiume in piena. «Potremmo usare la vostra Acqua, mamma. Se la somministriamo al mio patrigno, lui non verrà più a farmi visita di notte.»

Nel giardino, l'aria è calma, come sospesa. Gli ulivi si sono ammutoliti. Il getto di una vicina fontana sembra rallentato. E io mi accorgo di avere il respiro fermo.

In un sussurro appena percettibile, mia madre risponde: «Non credere che non ci abbia pensato, figlia mia. Tante notti ho desiderato... somministrargli... il rimedio per placare le sue pulsioni snaturate».

Mi guarda come se volesse proseguire, ma tace.

«E cosa vi trattiene?» le dico, voltandomi verso di lei e afferrandole le mani. «Sarebbe semplice. Lo facciamo per le altre donne, perché non per noi... per me?»

Mia madre mi osserva e la sua bellezza non smette di sorprendermi, di cogliermi alla sprovvista. Ha gli occhi di un perfetto verde acqua, la pelle come panna appena scremata, le labbra rosse e carnose. Incede dritta come una regina, con un portamento più nobile di quello delle tante diavolesse che siedono intorno a noi durante la messa. Mi basta un istante per notare la pietà nel suo sguardo.

La sua mano si scioglie dalla stretta per accarezzarmi il viso. «Potrebbe essere uno degli inquisitori. Anzi, lo è senz'altro. Se solo gli capitasse qualcosa...» Fa una pausa. «Ci sarebbero delle indagini. Non è un conciatore, un locandiere o un manovale qualunque. È un uomo d'alto rango. Nuocergli metterebbe noi – e le nostre compagne – in serio pericolo, equivarrebbe alla nostra condanna a morte, non avremmo scampo. Per questo dobbiamo sottostare. Per questo non posso agire. Se solo ci fosse un altro modo... »

« Un altro modo dev'esserci, mamma. »

Lei mi attira a sé con dolcezza e mi culla tra le braccia, mentre dice la verità sulle nostre vite. « Non possiamo scappare, figlia mia. Siamo beni di sua proprietà. Se fuggissimo, ci darebbe la caccia per il resto dei nostri giorni. »

Immagino Francesco e i suoi uomini come segugi dalla dentatura sguainata e salivante.

« Saremmo ridotte alla miseria, Giulia, e io non voglio provare mai più i morsi della fame. Non lo vorresti neanche tu, se solo li avessi sperimentati. »

L'ascolto in silenzio, incapace di comprendere sino in fondo la sua logica, mentre una lacrima mi percorre lenta il viso. Mi ha raccontato ben poco della sua vita prima che facesse ingresso alla corte di Filippo di Spagna. So che è nata a Roma, ma in seguito l'ha lasciata per sposare un soldato spagnolo e trasferirsi con lui a Madrid. Da allora, ha dovuto affrontare miseria, scelte impervie, avversità. E, quando lui è morto durante una rissa da taverna, è stata costretta a diventare prostituta per sopravvivere. La svolta è arrivata dopo l'incontro fortuito con un nobile, che l'ha elevata al ruolo di cortigiana. Tutto il resto lo ignoro e posso solo cercare di figurarmelo. Un'ondata di emozioni, come l'alta marea, mi travolge e mi pervade; provo un misto di rabbia, impotenza e molto altro. Una durezza in grado di rifrangere la luce come il diamante.

Avverto tutta la sua angoscia. Comprendo quanto le costi sapere quello che il marito infligge alla sua bambina. Dev'essere intollerabile, per lei, eppure lo sopporta. E, in un istante di netta e amara lucidità, capisco che dovrei seguire il suo esempio.

# 6

Qualcosa dentro di me sta cambiando.

Da settimane il corpo mi comunica un mutamento. Provo un anelito profondo quanto indefinito. Un inedito interesse per il mondo fisico circostante. Allorché al mattino, nel lavarmi, sfrego la pelle con le garze imbevute, assaporo ogni tocco, ogni sensazione: il tepore dell'acqua, la lieve scabrosità del tessuto, il freddo dell'aria invernale. Tutte le volte che mi concedo una passeggiata in giardino, avverto come fosse la prima volta lo scricchiolio della ghiaia sotto le suole, il tepore del sole sopra la nuca. D'un tratto, il mondo e tutti i suoi doni mi appaiono più luminosi e vividi. Passo le mani sui frutti dei limoni e degli aranci, il loro profumo corroborante e intenso mi regala un viaggio dei sensi. E il tutto non fa che accrescere il mio bisogno di sottrarmi alla prigionia.

Ora che ho assaporato la dolcezza delle nostre peregrinazioni proibite, le mura della villa mi sembrano quelle di un carcere. Sogno di scalarle, di arrampicarmi a cavalcioni sulla pietra fredda e immergermi nelle strade brulicanti di vita, anche se temo che il fetore e il trambusto mi ricaccerebbero presto nella mia gabbia dorata.

Il ventre ha iniziato a dolermi e sono consapevole di ciò che mi attende. È in atto la mia transizione da bambina a donna. Presto compirò quattordici anni e quelli che avverto sono i sintomi del menarca. Non provo timore o spavento come le figlie di buona famiglia che sono state tenute all'oscuro riguardo al loro corpo. Io so da dove nascono i bambini e come sono finiti in quel luogo. So che, quando eravamo a corte, ogni mese mia madre si asteneva dall'intrattenere i gentiluomini nella settimana in cui lei sanguinava e la luna si vestiva d'argento. La metamorfosi - da bambina a donna - è compiuta.

Anche mia madre l'ha intuito. Sarebbe stata poco avveduta altrimenti. Stiamo sminuzzando le erbe nella spezieria del convento, quando d'improvviso mi sento svenire. Da un mese Francesco è in viaggio per procacciarsi carichi di erbe e non farà ritorno a casa prima di alcune settimane. Io e lei siamo tornate a vivere secondo le nostre regole, tutte e due in pace.

«Siediti, Giulia. Ti preparo un tonico. Finocchio, valeriana e agnocasto allevieranno i crampi. Ci vorrà poco, tu intanto riposati. Prendi alcune pezze dal paniere. Ne avrai bisogno quando il mestruo arriverà.»

Le sorrido.

«Ormai sei una donna», aggiunge.

Stavolta arrossisco.

Faustina, che regge in grembo una sporta piena di sacchetti di erbe essiccate e ridotte in polvere, interrompe il lavoro per accarezzarmi i capelli con la mano libera. «Sarai una donna bellissima. Avrai molti corteggiatori, dovrai scegliere saggiamente.» Si allontana sorridendo e io e mia madre ci scambiamo un lungo sguardo d'intesa e trepidazione. D'un tratto la vita ci appare come un filo che lentamente si dipana e ricade alle nostre spalle. Quando si esaurirà?

Trascorre una settimana e non abbiamo più notizie di Faustina.

«Sua madre è peggiorata?» chiedo, mentre prepariamo il lavoro che ci aspetta. È tardi. Le sorelle stanno tutte dormendo, eccetto suor Clara. È la prima volta che torniamo al convento dopo il mio menarca. Clara ci aveva inviato un messaggio per informarci che stavano per ricevere la visita di un importante esponente del clero e non potevamo rischiare di esporci.

Mia madre scuote la testa. « Le ho inviato la medicina e non ho ricevuto risposta. Non è da lei scomparire, ma forse è stata impegnata e ha dimenticato di rispondere. Ha molti fratelli e sorelle cui badare, oltre a sua madre. »

È plausibile, eppure, quando torno al mio lavoro, avverto un brusio nelle orecchie. Come un ronzio di sottofondo, mentre misuro la polvere bianca. Devo scuotere il capo per respingerlo e farlo arretrare, come la marea dalla riva.

Stanotte prepariamo i nostri rimedi in silenzio. I pensieri, se ci sono, restano inespressi.

Due giorni dopo, Valentina se ne sta accigliata, con le mani sui fianchi, a un angolo del cortile. Sta fissando Capro espiatorio, che sembra raggelato sul posto. Al rumore dei miei passi, si voltano entrambi. Quando scaccio un pollastro che m'intralcia il passaggio beccando, Gattino avvista lo scarno pennuto, ma decide di proseguire per la sua strada a coda ritta.

« Mia madre domanda se occorre aiuto », dico torva alla cuoca, strizzando gli occhi al sole invernale.

Valentina indica con un braccio il garzone, che ci guarda stancamente. « La padrona dovrebbe procurarmi di meglio. Cosa me ne faccio di un incapace come lui? Mi viene da piangere quando vedo il latte che si caglia perché gli sfugge di mano la legna per la stufa. Oh, Vergine santissima, che cosa ho fatto per meritarmi un simile imbecille? » conclude, alzando gli occhi lucidi al cielo.

« La giro io la rotula. Tu va' a raccogliere il resto della legna », ordino a Capro espiatorio, sospirando.

Lui si avvia ciondolante, ma non prima di avermi lanciato un'occhiata di pura malvagità.

« Quant'è vero Iddio, prima o poi me ne torno a Piana, sui monti, a vivere con mia sorella. Me lo ha detto tante volte, e va a finire che un giorno... » La cuoca continua a borbottare e a lamentarsi da sola, mentre ci avviamo insieme verso il tepore delle cucine.

All'interno aleggia una nebbia di odori succulenti; un maialino da latte abbrustolisce sullo spiedo, mandorle si tostano in padella, una minestra ribolle nella pentola. Da oltre le mura arrivano i rumori di strada che incorniciano le nostre vite: le voci del venditore d'olio, dell'erbaiolo, dei contadini di ritorno dalla campagna, il muggito del bestiame, il rintocco delle campane. Un tempo, in compagnia di mia madre, potevo vagare liberamente per i larghi viali di Madrid, davanti a cattedrali e taverne, mercati e botteghe, in cerca di stoffe e merletti, o dei profumi preferiti dalle donne della nostra cerchia. Ora mi sento in gabbia come uno dei passerotti del mercato. A volte bramo ardentemente quello che c'è oltre l'alto recinto della villa e so che mia madre percepisce la mia frustrazione; forse ne prova altrettanta. Così, quando nessuno guarda, mi stringe tra le braccia con foga improvvisa, quasi tentasse, con il suo amore, di spremermi via quell'impulso azzardato.

Le cagliate sono sode e lattiginose, già odorose del formaggio che diventeranno. Prendo il manico della rotula per rimestare il contenuto della tina, mentre mi guardo intorno per vedere cosa resta da fare. Valentina si lamenta del pesce che ormai sarà marcio e intanto maneggia un'altra sfera d'impasto sul grande tavolo di legno. Sbuffi di farina riempiono l'aria come spore disperse da un fungo, a mano a mano che prosegue a lavorare la massa vigorosamente. Capro espiatorio ha riparato nella legnaia. Sotto lo spiedo, la cenere si è annerita.

D'un tratto interrompo ogni azione. L'aria si assesta intorno a me e io capisco che lui è tornato. Nessun rumore o tramestio lo ha annunciato, ma è come se gli dei me lo avessero sussurrato all'orecchio; lo percepisco nella pancia, il suo ritorno improvviso. Finché non odo una voce maschile che invoca attenzione.

Non sono mai pronta al suo arrivo. Mollo la rotula, indietreggio di un passo e per poco non rovescio un orcio di creta colmo di cereali. La voce grida di nuovo, autoritaria, smaccatamente virile. Ordina che il suo cavallo venga abbeverato e strigliato a dovere con la saggina. Domanda dove sia il suo vino. E perché i servi, e sua moglie, non siano lì ad accoglierlo.

Valentina smette di borbottare. Abbandona l'impasto, si pulisce le mani sul grembiule e corre in cortile. Io resto al mio posto tremebonda. È tornato prima del tempo. Il suo viaggio d'affari dev'essere andato male. Cosa comporterà per noi? Ci saranno percosse per i famigli? Per mia madre? O si limiterà a sogghigni, sospiri e occhiate torve?

Provo a deglutire, ma la gola è recalcitrante. Provo a muovermi, ma il corpo è agghiacciato. L'odore di lievito maturo esalato dal latte si fa di colpo oppressivo. Avverto la voce di mia madre in lontananza e pochi istanti dopo la vedo comparire in cerca di pane, vino, sale. Mi lancia un'occhiata che dice: *Zitta, non ti muovere, rimani nascosta, per ora.* E, come se non mi avesse vista, avanza battendo le mani per esortare i servi a esaudire gli ordini del padrone.

Molte volte mi sono chiesta come abbia fatto a scegliere così male il suo pretendente. Se avesse avuto sentore delle reali intenzioni di Francesco, non avrebbe mai acconsentito a sposarlo. Almeno di questo sono sicura, mentre resto nelle cucine, immobile come una lepre avvistata dalla volpe. Forse i dolci sussurri di lui le avranno impedito d'intuire la verità, le dichiarazioni d'amore le avranno sedato l'istinto.

O forse sarà stata l'arroganza a spingerla a scambiare la sua proposta per una gemma preziosa, lucente e scintillante alla luce del sole spagnolo. Sposando qualcuno di ceto più alto, a dispetto di tutti i codici religiosi e sociali, si era aggiudicata una grossa vittoria per una della sua risma e al confronto di ogni moglie rispettabile e trascurata. Come aveva fatto a non accorgersi che lui aveva messo gli occhi su di me? Come aveva potuto non vedere che si leccava i baffi come un lupo sul punto di azzannare la preda?

# 7

A cena, Francesco mastica lento.

Mia madre siede immobile come una statua di marmo. Valentina indugia dietro il padrone, spostando il peso da un piede all'altro nervosamente. Io tengo gli occhi bassi sul piatto. Non riesco a mangiare in presenza di lui. Il silenzio riempie lo spazio, si spande intorno a noi, interrotto solo dal metodico lavorio con cui le ganasce del mio patrigno triturano la carne.

Sulla tavola troneggia un succoso maialino da latte ancora tenero e fumante. Il pomeriggio è trascorso frenetico tra le mille attività della cuoca, ansiosa di allestire una cena degna del ritorno del padrone. Ai lati giacciono vassoi colmi di uva e olive, e un tremolante budino alla vaniglia.

Francesco solleva lo sguardo, come dimentico della nostra presenza. Fa una pausa, prosciuga il bicchiere. « Portatemi altro vino », ordina con un cenno a Valentina, e la sua voce risuona nell'aria, nonostante le dimensioni contenute della stanza.

Senza proferire parola, la cuoca porta la sua mole nelle cucine, lontano dal silenzio teso e ansioso che circonda la tavola e i piatti ingombri, le sedie e i loro occupanti, la cera giallognola delle candele e gli stoppini anneriti.

Francesco deglutisce e noi aspettiamo in silenzio. Lo guardiamo agitarsi sulla sedia, le terga doloranti per la lunga cavalcata, gli stivali ancora imbrattati di polvere.

Grugnisce. Fa scivolare gli occhi dal suo piatto alla moglie, poi, attraverso il tavolo, fino a me.

Io abbasso di nuovo lo sguardo, troppo adagio per non cogliere nel suo una specie di bagliore, come un barlume di piacere per l'imbarazzo suscitato. La forchetta di mia madre produce uno stridio metallico sul piatto. Passano lunghi istanti prima che Valentina accorra con una caraffa colma di vino, beccheggiante come il suo passo.

Lo rovescia sul tavolo nel versarlo, ma Francesco la congeda con apparente noncuranza. Riaccomodatosi contro lo schienale della sedia intagliata, si asciuga il grasso dalle dita lunghe e affilate. Poi, reggendo il bicchiere tra le falangi ripulite, lentamente allunga le gambe davanti a sé.

«Com'è andato il viaggio? L'affare si è concluso come speravate?» Mia madre rompe il silenzio. La sua voce è dolce, armoniosa. Mi chiedo come faccia a parlargli come fosse uno di noi, come se non fosse *lui.*

Sulle prime, Francesco sembra non aver udito. Poi, con un gesto impaziente del capo, dice: «Non c'è male», prima di alzare le spalle e ingollare un altro sorso.

Sollevo gli occhi e noto il liquido macchiargli gli angoli della bocca, nero su nero contro uno spiraglio di dentatura bianca. Non sento pronunciare altre parole e per un attimo penso che l'argomento sia esaurito.

Sto quasi per tornare a respirare, quando mia madre ricomincia: «Perdonatemi, caro. Siete tornato prima del previsto. Possiamo sapere a cosa dobbiamo questo piacere?»

Non la guardo, ma conosco l'espressione che assume il suo volto in presenza di Francesco; un aspetto di studiata vacuità. La stessa che ho visto sui volti delle mogli degli uomini facoltosi quando accompagnano a messa i mariti, consapevoli che tutta la città è al corrente di ciò che causa loro vergogna: l'amante di lui o i suoi debiti di gioco. È il medesimo sguardo che gli uomini sfoderano in chiesa quando affondano in preghiera la testa nei confessionali intarsiati. Un'espressione che non rivela né comunica niente. Un sintomo di verità nascoste.

Francesco guarda mia madre come se stesse meditando

la prossima mossa e io tengo tutti i sensi all'erta, come un'arvicola nell'erba alta mentre l'ombra di un gheppio le volteggia sopra la testa. Mi arrischio a guardare verso di lui e, a sorpresa, vedo tutta la sua bocca arricciarsi in un sorriso. Sarà un buon segno? Potrebbe voler dire che ha guadagnato una fortuna ed è contento.

Si lecca le labbra nere. « A dire il vero, sono stato richiamato in città. A Palermo è arrivato un nuovo inquisitore dalla Spagna, Fernando Afán de Ribera. È stato incaricato di smascherare gli eretici e i peccatori che lordano Palermo, e ai cittadini è stato chiesto di portare un contributo, ognuno secondo le proprie possibilità. »

Il suo sorriso si espande, segno che la notizia gli procura piacere, ma ha un taglio affilato, come un coltello dopo la molatura. Mi pare di avvertire l'acciaio freddo della lama e m'invade, violento e improvviso, il desiderio che ricada il silenzio. Ma ormai il vaso è scoperchiato e traboccante. Mi tornano in mente le parole di mia madre: *Potrebbe essere uno degli inquisitori. Anzi, lo è senz'altro.*

« Ribera è investito del potere di Dio, della sua forza, perciò il suo compito qui è già iniziato. Lo chiamano il 'Vendicatore del peccato'. È venuto a eliminare coloro che non ascoltano la parola del Signore. A svolgere la santa opera di Dio. » La voce di Francesco è vellutata come il farsetto che indossa. Afferra il bicchiere per versarsi da solo altro vino e lo trangugia in un sorso. Quasi s'illumina, quando parla del peccato, ed è strano, per un uomo di fede come lui.

Non so dire se abbia notato come ci siamo ritratte. Valentina è immobile in fondo alla stanza e sposta gli occhi vigili e accorti su ognuno di noi. Mia madre mormora una risposta che non riesco a cogliere, impegnata come sono a sforzarmi di rimanere seduta. Ogni fibra del mio corpo freme, mentre ondate di panico lo attraversano.

È allora che colgo un odore. Un tanfo ammuffito di foglie marce e acqua stagnante. Una zaffata di decadimento e putrefazione. E, insieme, un tintinnio familiare alle mie orecchie, un rumore prima fioco e poi sempre più assordante, come di campane suonate troppo a lungo e fragorosamente. Sembra che sia la sola a udirlo e lo prendo come un'avvisaglia. Cerco con gli occhi le mie mani raccolte in grembo e, pur riconoscendole, le trovo irruvidite e macchiate di oli o tinture, le unghie frastagliate e sporche. Poi recuperano il loro liscio candore e, d'improvviso, il tanfo scompare, il frastuono si placa e tutt'intorno la stanza riprende l'aspetto consueto. Sul tavolo, la carne emana il suo aroma intenso. La cera delle candele torna a diffondere una fragranza calda e avvolgente.

«Siete sicuro che siamo una città timorata di Dio?» La voce di mia madre è lieve, controllata, ma il suo volto la tradisce, bianco come un lenzuolo nel buio.

Francesco scoppia in una risata in cui non avverto nessuna allegria. Colta di sorpresa, sobbalzo, e lui, notandolo, porta subito gli occhi su di me. Ma, di nuovo, sono troppo lenta e abbasso i miei solo dopo che lui li ha incrociati. Stavolta, però, mi costa fatica. Stringo la presa intorno al coltello nella mano destra. Basterebbe un istante per affondarglielo nel cuore, se non fossi priva di forze, debole come un neonato.

Lui continua a guardarmi come fa sempre, come ha sempre fatto.

«La nostra città è piena di peccato fino all'orlo. Non dovreste saperlo meglio di chiunque altro?» Finalmente, nel rispondere, sposta l'attenzione su mia madre, con un ghigno soddisfatto. Gli piace deriderla per il suo passato, per il suo mestiere, benché lui fosse tra quelli che ne giovava.

Non ho bisogno di guardare l'espressione di lei per capire che l'offesa non è passata inavvertita. La sua replica si fa attendere meno di un istante, il tempo di un'impercettibile esitazione. «Certo, marito caro, giacché voi siete la mia guida per tutte le cose religiose.»

Francesco grugnisce di nuovo. Soddisfatto della risposta, si protende in avanti e inspira come per incamerare tutta l'aria della stanza. «Sono stato richiamato a Palermo per essere testimone di un grande evento, e voi due verrete con me. Dovete essere al corrente di ciò di cui parla tutta la città, perciò ve lo riferirò.»

Di nuovo, una pausa di un secondo.

Mentre aspetto, un brivido mi corre dalla nuca lungo la schiena. È come se sapessi già tutto, ma mi sfuggissero i particolari.

Un ceppo cade sulla griglia, sollevando una pioggia di scintille rosse. Sobbalzo di nuovo e questa volta il mio patrigno scoppia in una risata fragorosa. «Sì, c'è molto da aver paura, mia cara Giulia, se non si percorre la via indicata da Nostro Signore.»

Mi sforzo di non rabbrividire quando ascolto il mio nome. Cerco di pensare alle sue parole come a gocce di pioggia che scivolano addosso e scorrono via come scrosci autunnali. E ancora non alzo la testa.

Forse già stanco di provocare, con un sospiro Francesco prosegue il discorso, anche se ora il tono è più serio. «Il Sant'Uffizio ha tratto in arresto una donna di Palermo di nome Faustina Rapisardi. Una strega.»

Faustina.

La nostra amica.

Quell'informazione, quelle parole prendono a ronzare come mosche al mercato. Le sento procedere a scatti e roteare. E, quando sollevo lo sguardo, mi stupisco di non vedere nulla nell'aria, tranne lo sfolgorio delle candele.

«L'hanno definita 'strega'?» Mia madre ripete quell'epiteto che è di per sé una condanna. Non c'è pietà né rimedio quando una donna o una figlia, una madre o una sorella viene chiamata così. È un marchio indelebile, quanto quello che viene impresso a fuoco sulle carni di una giovenca. Sento che le mani iniziano a tremare.

«Certo», dice Francesco, senza fermarsi a pensare, senza avere una vaga idea del fardello di crudeltà e ingiustizie che ci è toccato in sorte in quanto esponenti del sesso debole.

Un lampo di collera mi trafigge il cuore e mi fa trasalire, tanto sono abituata a fingere obbedienza. Devo stare attenta a respirare adagio, negli spazi tra le sue parole.

«Quella donna, quella *strega*, confeziona diaboliche pozioni che vengono vendute e usate per avvelenare onesti lavoratori della città. È stata colta sul fatto mentre le dispensava al mercato e, perciò, tratta in arresto. Il suo crimine supera ogni immaginazione. Vi risparmierò i dettagli emersi dal suo interrogatorio.» Francesco si pulisce le labbra con il tovagliolo di lino, poi prosegue: «Se ne parla da mesi, naturalmente. Gli uomini di ogni rango si domandano se sono al sicuro. Tengono d'occhio le mogli, persino le figlie...»

Guarda mia madre, poi me, ed entrambe abbassiamo gli occhi, per la dovuta deferenza, ma non solo: soprattutto per non svelare che conosciamo l'imputata.

Lui prosegue, distogliendo lo sguardo: «Sarà torturata, poi andrà incontro al destino che l'attende sulla forca». Si rigira in bocca le parole come un confetto. Poi, colto da un ripensamento, stacca dall'osso un pezzo di carne scura striata di membrana. Lo divide in due frammenti più piccoli e se ne porta uno alla bocca per succhiarne gli umori.

La nostra Faustina.

Guardo mia madre, consapevole che il mio volto rispecchia lo sconcerto che sta provando anche lei e che la mia espressione espone entrambe al rischio.

Il silenzio si fa più denso. La stanza sembra rabbuiarsi, ma è un inganno dei sensi. Le candele continuano a splendere e il fuoco a bruciare.

È mia madre a riaversi per prima. «Il Sant'Uffizio sta compiendo l'opera di Dio.» Questa volta il suo tono è artificioso, ma Francesco non sembra notarlo. Anzi, sbadiglia e scola le ultime gocce di buon vino renano rimaste nel bicchiere.

Non riesco più a controllare il tremore e, nel guardare mia madre, noto che pure lei è pervasa dal panico. Fingendo di non aver colto il mio stato, porge la mano a Francesco per invitarlo a ritirarsi con lei. «Dovete essere stanco, mio caro. Venite a letto. Il vostro lavoro richiede che la mente e il corpo siano riposati.»

Con un altro sbadiglio, Francesco raccoglie la mano tesa di mia madre e scalcia indietro la sedia. «Con piacere.»

Mentre si allontanano, so già che lui si volterà a guardarmi, così fisso il piatto con occhi immobili. Sento l'aria agitarsi e capisco che ha ruotato il capo. Ma non sollevo il mio. Neanche stavolta.

Quando sento la porta richiudersi, tiro un sospiro di sollievo.

Poso le mani sul legno liscio e nodoso del tavolo. Lo sento fresco al tatto, solido e inamovibile. Resto in quella posizione più a lungo del dovuto per respirare, in attesa che il batticuore passi. Davanti a me, la candela si spegne.

Ora la nostra amica porta il marchio della strega.

Ora la nostra amica è una morta che cammina.

Ma ciò che è peggio, mi duole ammetterlo, noi siamo in pericolo. Con una sola parola, Faustina può distruggerci entrambe. Può fare il nome di mia madre. E può fare il mio.

Nel sollevare il capo, noto che Valentina mi sta guardando.

# 8

Più tardi, molto tempo dopo il grido del guardiano notturno, sento un rumore alla porta della camera.

Mia madre entra e si richiude adagio l'uscio alle spalle, trattenendo la maniglia finché non torna in posizione. Poi restiamo come sospese. Il suo respiro è più agitato del solito. La fiamma tremula che ha in mano avanza verso di me. I suoi occhi sono sgranati, le pupille dilatate.

« Mamma, cosa possiamo fare? Come mai hanno arrestato Faustina? » Non riesco a contenere le domande.

« Sstt, non parlare. Non possiamo rischiare che qualcuno ci senta. »

Sbuffo sprezzante al solo pensiero. A quest'ora, Valentina starà ronfando sul paglericcio e Capro espiatorio se la sarà svignata alla volta di bordelli e taverne. Quando la notte non riesco a dormire, esco dalla stanza e mi metto in ascolto dei suoi passi, i più leggeri di tutti. Lo osservo sbucare dalle tenebre del palazzo come uno spiritello avvolto nel tabarro. Mi diverte vedere come si consideri un mago del sotterfugio mentre lo scruto dal mio nascondiglio. Non fa ritorno in villa che alle prime luci dell'alba. C'è dunque poco da stupirsi che si appisoli durante le preghiere del mattino, attirandosi gli scapaccioni di Francesco. Ma non per questo desiste. Ogni animale in gabbia brama la libertà, a qualunque costo.

« Non possiamo rischiare che *lui* ci senta. » Mia madre richiude i pesanti drappi di damasco intorno al baldacchino, come se questo potesse proteggerci.

«Cosa le faranno?» Mi mordo il labbro e assaporo il sangue.

Lei apre la bocca come per parlare, ma s'interrompe. Nel silenzio immoto che segue, capisco che non intende spaventarmi. L'espressione del suo amato volto è indecifrabile. Un'unica candela illumina la stanza. Prende una ciocca di capelli che sfugge alla mia treccia e, come se fossi ancora una bambina, me l'avvolge dietro l'orecchio. Mi viene in mente che, ovunque abbiamo vissuto - e sono molti i luoghi in cui abbiamo fissato dimora, dai tuguri dei bassifondi di Madrid allo splendore della corte spagnola -, finora siamo sempre state insieme, io e lei. Nel nostro minuto universo. Nel nostro piccolo tempio. Ma ora le onnipresenti insidie del confusionario mondo esterno danzano intorno a noi. Riesco quasi ad avvertirne il respiro affannoso.

«Non so cosa ne sarà di lei. Solo in pochi resistono a...» S'interrompe di nuovo, poi prosegue: «Al rigore... degli interrogatori condotti dagli ufficiali del Sant'Uffizio. Dobbiamo pregare, figlia mia. Dobbiamo pregare che Faustina non parli. Dobbiamo pregare che trovi presto il dolce sollievo della morte».

«E se invece parlerà? Se farà i nostri nomi?» insisto. La paura si spande dentro di me come inchiostro versato sulla pergamena. «Che cosa accadrà se ci vengono a cercare?» Afferro la mano di mia madre. «Non possiamo starcene qui ad aspettare che il destino si compia. Dobbiamo andare. Dobbiamo fuggire via.»

Lei non dice niente e saperla priva di un rimedio mi provoca una dolorosa frustrazione. Distoglie di nuovo lo sguardo, benché non ci sia nulla da osservare eccetto i drappi pesanti, nulla da respirare eccetto l'aria soffocante. Forse intravede l'ombra scura del terrore, la sua pesante mole immobile. «Giulia, non possiamo scappare», esclama poi. «Francesco ci cercherebbe ovunque. Ci sguinzaglierebbe un esercito alle calcagna, e il suo furore, dopo che ci avrà trovate, sarebbe un prezzo troppo alto da pagare per quella parentesi di libertà.»

«Ma possiamo nasconderci, mamma. In città, molte donne ci sono fedeli. Loro ci proteggerebbero.»

Mia madre scuote la testa. «Non lo farebbero mai, e a buona ragione. Sarebbero perseguitate a loro volta e, se si scoprisse che ci hanno aiutate a fuggire, metterebbero in pericolo anche le loro vite. Non possiamo scappare. Perlomeno, al momento godiamo della protezione di mio marito. Questo deve rassicurarci. Prega, Giulia. È l'unica cosa che possiamo fare, oltre a tacere. Non parlare con nessuno. Non ammettere niente. E forse, un giorno, tutto questo passerà.»

«Ma Faustina era... *è* nostra amica», mi correggo, rendendomi conto di averla già condannata. «Ci deve essere un modo per aiutarla.»

«Nessuno ha più amici quando varca la soglia delle prigioni. Preghiamo per lei, Giulia, amore mio, non possiamo fare altro.»

Non posso credere che non esista un modo. Socchiudo le labbra per protestare ma, prima che possa proferire parola, mia madre soffia sulla fiamma, immergendoci nel buio. Si alza, scosta i drappi e si dirige a passi impercettibili verso il talamo che divide con Francesco.

La porta si è richiusa.

Il nostro piccolo tempio è infranto.

# 9

*16 febbraio 1633*

Oggi assisteremo alla morte della nostra amica.

Ha albeggiato da poco. Capro espiatorio ci porta il necessario per lavarci. Oltre i drappi di velluto, sento i suoi passi goffi avanzare sul pavimento e l'acqua fluire dall'orlo della brocca. Non ho dormito. Ho trepidato tutta la notte. Non solo in vista dell'esecuzione di Faustina, ma anche per l'ansia di sapere se i nostri destini sono intrecciati. Se i nostri segreti eromperanno come farina da un sacco squarciato dalla lama del fornaio. Potrei interrogare i tarocchi, ma non li sfioro per paura di ciò che potrebbero rivelare. Ho scelto di non sapere, benché sia una precauzione del tutto illusoria.

La mattinata sarà lunga e difficile in attesa del segnale per partire. Possibile che ci tocchi sempre aspettare? È destino delle donne esistere negli intervalli vuoti, nelle pause tra le azioni degli uomini. Gattino avverte la mia inquietudine e, smanioso, dapprima si strofina contro la mia mano per farsi accarezzare, poi di colpo le si avventa contro in un turbine di artigli e canini. Spazientita, lo lascio cadere sul pavimento e lui se ne va sdegnato, con le orecchie all'indietro e la coda ritta e svirgolante.

«Pregate per me», proferisce Faustina tra le labbra insanguinate. «Pregate per me perché ho peccato.»

La voce della nostra amica si coglie appena, tra il clamore della folla accorsa per assistere all'esecuzione, neanche fosse uno spettacolo teatrale. Tra gli spettatori circolano *siminzari* e strilloni con fasci di avvisi. Al passaggio di questi ultimi, mi faccio da parte e distolgo lo sguardo, nauseata dai loro titoli urlati, ma sono in molti ad afferrare una moneta per accaparrarsi uno di quei sottili fogli di pergamena.

È mezzogiorno e il sole invernale splende tiepido in cielo. C'è aria di festa, come nei tanti giorni comandati che la nostra fetida città dedica al culto di santa Rosalia, la debellatrice della peste. Quando furono offerti al cielo, dieci anni addietro, i sacri resti della nobildonna fermarono la pestilenza che aveva colpito Palermo, anche se per mesi le strette vie della città erano state piene dei corpi rigonfi e putridi dei morti. Perlomeno questo mi ha raccontato Valentina, con gli occhi infiammati da una gioia morbosa. A suo dire, i vicoli risuonavano del gracchiare dei corvi, appollaiati sulle membra annerite a beccare i bulbi bianchi e vitrei degli occhi. I topi rodevano i volti, i bubboni suppuravano al caldo. Ma poi, incurante della morte che l'aveva colpita cinquecento anni prima, Rosalia apparve in visione a un uomo e lo supplicò di raccogliere le sue reliquie - la mascella e tre dita - e portarle in processione solenne per le vie di Palermo. Fu così che il morbo maligno fu sgominato e Rosalia fu eletta patrona della città.

Oggi, il fetore dei corpi lerci è soverchiante mentre volgo e nobili si accalcano nel Piano della Marina. Dall'alto, Palazzo Steri e le sue carceri osservano in silenzio le meretrici starsene fianco a fianco con gentiluomini, lavandaie, mogli di contadini e suore. Come noi, tutti sono riuniti per assistere allo spettacolo della sacra giustizia, ma c'è chi ne approfitta per esercitare il proprio mestiere. Come le prostitute, che nella calca corteggiano e ammiccano, affidando agli abiti di raso lucente e alle labbra color carminio la promozione della mercanzia.

«Non guardare.» Mia madre mi osserva distogliere gli

occhi e posarli sulle donne imbellettate e alte in cima alle *chopines*. Quando proseguono su di lei, noto il pallore del suo volto sotto il velo. Nessuna di noi due vorrebbe essere qui, ma il mio patrigno ha preteso che presenziassimo all'evento e non ci siamo potute esimere. Tuttavia, ci è insopportabile guardare il palco eretto per l'occasione e il patibolo svettante verso il cielo. Abbiamo abbandonato Faustina al suo destino, il mio cuore parla chiaro. Lei era nostra amica, *è* nostra amica. Custodisce i nostri segreti più intimi, o almeno prego perché lo faccia. È stata piegata dagli stessi che ora reggono crocifissi sfavillanti d'oro e rubini.

Per fortuna, il mio patrigno non è nei paraggi. Se ci fosse, vedrebbe tutta la nostra agitazione, l'ansia con cui ci tormentiamo le maniche e facciamo di tutto per non posare lo sguardo sulla condannata. Invece, è corso a stringere la mano ai dignitari, coloro che hanno allestito lo spettacolo odierno; gli uomini di Dio che hanno rasato il capo a Faustina, le hanno contorto le membra e inflitto supplizi atroci.

Dalle balconate riservate ai ricchi, godiamo di una visuale paragonabile a quella dei piccioni che si gettano in picchiata sulla frutta marcia, sui rimasugli di frattaglie brulicanti di mosche e sugli altri scarti del mercato giornaliero. Vediamo la folla sgomitare e discorrere, sputare gusci e bisticciare. Un variegato inventario di umanità compresso nello spazio della piazza.

È stato il rullo sommesso dei tamburi ad annunciare l'arrivo della nostra amica, che ora verrà abbattuta come un maiale in vista del pasto serale. Poi è stata la volta delle grida e degli ululati degli spettatori di scorta alla carretta che, dopo aver sfilato per la città, ha sballottato Faustina verso il patibolo. Sciami urlanti l'hanno colpita con sassi e cipolle marce, spintonata e derisa fino all'ingresso nella piazza.

Quando infine il convoglio si è fermato, abbiamo assistito alla sua discesa, l'incedere reso greve e incerto dagli squassi della strappata. La folla, che sembrava infittirsi di minuto in minuto, prorompeva in spinte e insulti mentre Faustina si dirigeva lenta e claudicante verso la scala di legno, con il cappio intorno al collo che le scivolava all'indietro a ogni gradino, finché non ha raggiunto il patibolo.

Ma ecco che cala il silenzio.

Noi restiamo in attesa, incapaci di mantenere lo sguardo come di distoglierlo. Mi tasto il collo e per una frazione di secondo provo a immaginare la sensazione della corda ruvida a contatto con la pelle. È più di semplice immaginazione; è come se quel peso gravasse anche su di me. Il corpo barcolla mentre guardo la donna che mi ha insegnato a usare il pestello e il mortaio e tante volte mi ha carezzato il viso con dolcezza. Ignoro se sua madre sia qui o lo siano i suoi fratelli, ma spero di no. Non è uno spettacolo per bambini, anche se la piazza pullula di faccini arrossati e guance imbrattate di moccio.

Infilo la mano in una tasca cucita fra le gonne per toccare la penna di merlo e la prima carta del mazzo dei tarocchi, due dei miei tesori, dei miei talismani. Come se questo potesse darmi conforto.

Nello stesso istante torna il mio patrigno. I suoi velluti corvini contrastano con le sete sgargianti delle nobildonne, con gli abiti eleganti dei ricchi mercanti e con i ventagli agitati dalle loro mogli. Avvolte nei nostri abiti smorti, io e mia madre roviniamo la scena e per questo ci attiriamo occhiate di disapprovazione da parte di Francesco, che vorrebbe che ci abbigliassimo con eleganza ed esibissimo la sua ricchezza con vestiti sfarzosi. Tuttavia, oggi non abbiamo potuto accontentarlo. Bardarci a festa ci avrebbe fatto ribrezzo, anche se sappiamo che tale intemperanza ci costerà cara.

«Pregate per me. Pregate per me, perché ho peccato.» La voce flebile e stridula di Faustina si spande tra la folla, subito fagocitata da un boato, un clamore e un fragore crescenti, conseguenza di una sua caduta. La fragilità della condannata sembra irritare gli spettatori, che si agitano e si muovono in una massa sinuosa e ondeggiante. Si levano urla, di cui non afferro le parole. Sento i tamburi risuonare nelle orecchie come se li avessi accanto. Mi guardo i piedi e, di nuovo, aspetto di vederli scalzi e insanguinati, tuttavia stavolta scorgo solo la punta degli stivaletti sbucare da sotto le gonne.

Affondo le unghie nel palmo per non svenire. Cerco di deglutire, ma la polvere mi ha seccato la gola. Alla nostra amica restano pochi istanti di vita.

D'un tratto la sua voce risuona: «Ridete pure! Molti di voi verranno con me!»

Lo sgomento è immediato. Circola tra la folla come le correnti turbolente sotto i fiumi cittadini. Il Sant'Uffizio consente solo poche frasi di contrizione all'eretico sul punto di morte. Questo sfogo è inaudito. Scandaloso.

Il boia si guarda intorno in attesa d'istruzioni. Un mugolio si leva dalla piazza. La folla si arrampica sugli spalti per vedere meglio il patibolo. Faustina appare trionfante, ma la sua vittoria ha vita breve. Con una brutalità insolita nei confronti di una condannata nell'ora finale, il carnefice afferra la corda e la stringe intorno al collo. Lei sale i gradini a fatica. La voce del prete recita il Credo degli Apostoli. Gli ultimi attimi della nostra amica si stanno esaurendo. Mi sale la nausea.

«Morì e fu sepolto...» Mentre queste parole lasciano le labbra del prete, il boia assesta un calcio alla scala sotto i piedi di Faustina. Lei cade in modo brusco e scomposto. Soffoca. La folla trattiene il respiro. Poi geme di nuovo, questa volta più fragorosamente. Sembra accalcarsi intorno alla nostra amica appesa al cappio, i piedi penzoloni, le mani inutilmente aggrappate alla fune spessa. L'assistente del boia, da un livello inferiore, salta per afferrare le caviglie e tirarla verso il basso per accelerarne la morte: unico atto di misericordia in mezzo a tanta crudeltà. Si odono altre preghiere, sempre più intense ed estese.

Poi, d'improvviso, un forte schianto. Confusa, alzo lo sguardo e vedo che uno degli spalti sta crollando. Passa un istante prima che gli spettatori che lo occupano se ne accorgano. Dopodiché, gran parte della struttura si fracassa e si levano urla fragorose. Gli spettatori rovinano gli uni addosso agli altri. Entrambi i gradoni di legno, costruiti in fretta e alla buona, si disintegrano sotto il peso di chi si era arrampicato per vedere meglio. Qualcuno dirà che è opera di Faustina, di una strega. Ci sono corpi schiacciati, mutilati al suolo, inerti. Dilaga il panico quando i superstiti cercano di scappare senza riuscirvi e i bambini finiscono calpestati dalla folla.

« La maledizione! »

« La maledizione della strega! »

Il clamore sale. È il verso dei segugi che abbaiano al suono del corno, fiutano la preda nel sottobosco e strattonano per essere sguinzagliati.

Dietro di loro, il corpo di Faustina si contrae, poi si affloscia come un capo di selvaggina pronto per il carniere.

« Dobbiamo andare via. In fretta », dice mia madre.

Io ho gli occhi sgranati dal terrore.

« Andiamo. Subito. » La sua voce è brusca.

La lascio spingermi via dalla bolgia sottostante. Non possiamo fare altro che metterci in salvo. Ci accodiamo ai gentiluomini con le mogli, i figli e le figlie, ai nobili e agli ecclesiastici che si precipitano lesti alle carrozze.

Mentre la nostra vettura si avvia, con gli sportelli chiusi dall'interno, e Francesco grida ordini al cocchiere, dentro di me un pensiero si fa strada, martellante come il battito del cuore: *Avrà fatto i nostri nomi? Anche noi siamo morte che camminano?*

# 10

Sono trascorsi tre mesi da quando l'hanno impiccata.

Tre mesi difficili e inquieti, visto che l'inverno ha lasciato il posto alla primavera, ma noi siamo ancora ferme. Non abbiamo più fatto ritorno nella spezieria del convento. Francesco ha interrotto le nostre visite giornaliere al cenobio con il pretesto che occuparsi di piante ed erbe non fosse un'opera pia, e mia madre ha interrotto l'attività notturna con il pretesto che potrebbe esporci a un rischio eccessivo. Così, siamo tornate ai nostri ruoli di moglie e figlia di un mercante. Io ho ripreso a ricamare, mia madre a ordinare lenzuola e stoviglie pregiate, e a raccogliere fiori appena sbocciati per realizzare nuove composizioni. Non abbiamo fatto altro che aggirarci per la villa come due fantasmi derelitti che si trascinano per le stanze assolate, tra il pulviscolo dei fasci di luce giallo oro.

Ogni istante sembrava contenere una minaccia, o il suo presagio. Ogni istante racchiudeva un ricordo di *lei*.

Di come aveva riso quella volta che avevo confuso il vasetto di tonico per l'incarnato con l'unguento per le emorroidi, e si era messa a mimare un'anziana che si spalmava latte di capra, limone e uova sul sedere.

O di quanto aveva pianto raccontando di quella donna che, al quinto ciclo lunare, aveva perso un grumo di sangue e cartilagine e non aveva mai dato alla luce il suo bambino.

Che tocco lieve e che sorriso contagioso aveva. E quanto è doloroso il ricordo delle sue mani macchiate, irruvidite dal continuo lavare e spazzolare, dello sporco sulle sue suole quando si rifiutava d'indossare gli stivali, della ruga che le si disegnava tra le sopracciglia quando si concentrava sull'esatta dose di una tintura o di un'essenza.

È presente in ogni mio ricordo. Quando mia madre mi disse del veleno, fu da *lei* che mi sentii tradita, ferita per quel segreto che mi era stato nascosto.

E adesso non c'è più.

La sua assenza riempie l'aria che respiriamo, anche se i suoi resti giacciono putrefatti in una fossa comune. Le hanno mozzato la testa, dopo l'impiccagione, così da separare l'anima dal corpo e bandirla dal Regno dei cieli. O così dicono i preti. Ma quelli dicono tante cose.

Forse la vedremo la prossima volta che, a bordo della nostra elegante carrozza, attraverseremo il Ponte delle Teste, così chiamato per i crani mozzati che lo decorano, in modo che la vista dei decollati che hanno lasciato di recente questa terra serva da monito per tutti gli altri. O forse distoglieremo lo sguardo, come abbiamo fatto durante la sua esecuzione.

Francesco ha affilato la vista. Ci scruta attentamente quando svolgiamo le nostre faticose faccende. Si muove di soppiatto nella villa come se volesse coglierci in fallo. C'è un'aria mesta nella casa della discordia. Valentina si fa vedere di rado, rimane tutto il tempo vicino al fuoco delle cucine. Capro espiatorio, quando mi scorge, si volta dall'altro lato, come se il suo vago interesse nei miei confronti, le sue occhiate furtive e i suoi rossori fossero d'improvviso cessati.

Il mio imparaticcio giace spiegazzato in disparte. Il mio maestro di danza dubita che mai riuscirò a eseguire passi aggraziati. Il mio cuore è ancora nella spezieria del convento, circondato dagli effluvi dei nostri preparati, con Faustina che canticchia al mio fianco e mia madre nei paraggi che travasa oli o lega in piccoli mazzi le erbe da essiccare.

Poi, un giorno, l'aria timorosa e dolente del mio respiro d'improvviso erompe torrida, adirata, fumante. Dov'è mia madre? Valentina non lo sa. Distoglie gli occhi da me e li riporta sul coniglio che sta scuoiando e che giace floscio e inerte sul piano del tavolo. Nella mano destra regge un coltellaccio da macellaio imbrattato di sangue bruno. Con un movimento rapido, lo abbassa per tranciare di netto la coscia posteriore destra. Poi fa lo stesso con la sinistra. Usando un coltello più piccolo e sottile, le incide entrambe per staccare la pelle dalla carne grigia e rosa, quindi, passando alla lombata, ne preleva le frattaglie e lascia da parte un misto di muscoli e ossa per il brodo.

Neppure Capro espiatorio sa niente. Sta sudando sette camicie per accatastare la legna davanti alle cucine e non fa che tergersi i capelli neri e dissetarsi alla fontana.

Non c'è traccia di mia madre nelle rimesse, nell'orto delle erbe officinali, nel locale del vino.

Alla fine, la trovo nella falconara in cui il rapace di Francesco se ne sta appollaiato in cima a una pertica di legno. Il volatile, incappucciato, si contorce e si ritrae quando mi sente arrivare. Poi gli occhi si abituano al buio e scorgo mia madre intenta a osservare l'uccello attaccato al palo.

« Mamma? »

« Giulia », esclama sorpresa, come se non mi avesse vista arrivare.

Avanzo piano per non disturbare il falcone, ma quello non smette di strattonare, sbattere, ruotare la testa al minimo rumore.

Le parole si stanno accumulando dentro di me da settimane, e ora è tempo di farle uscire. « Non ce la faccio più, mamma. Qui dentro siamo in trappola! Perché dobbiamo rimanere in questo posto, rinchiuse e sorvegliate a vista? Faustina non lo avrebbe tollerato. Lei sarebbe andata avanti. »

Mia madre schiocca la lingua rivolta al falcone e quello inclina la testa di lato.

« Mamma, ascoltatemi! L'hanno uccisa! L'hanno umiliata! E per quale colpa? Nessuna! Perché ha contribuito a eliminare uomini malvagi? Hanno preso la nostra amica e l'hanno assassinata davanti a tutti.» Non riesco a trattenere le lacrime. Avverto la sua mancanza, ma non è solo questo. Sono arrabbiata, inorridita per quello che le hanno fatto, per quello che potrebbero fare a noi. È andato tutto in malora e, anziché di paura, ora sono piena di fuoco, di una rabbia così feroce che mi brucia il petto. Ma c'è anche un'altra sofferenza che finora non ho voluto vedere. Un altro tipo di lutto, causato dall'assenza del veleno. Mi manca prepararlo. Mi mancano il rituale e il rischio, il suono dolce dell'alchimia che si compie, dell'Acqua che prende forma. È uno struggimento strano, appena percettibile, ma che arriva inesorabile, subito dopo la tristezza e la rabbia. E poi c'è la perdita della libertà, quella libertà che non avevo più provato dal nostro arrivo a Palermo. Mi mancano le uscite notturne. Mi manca il nostro segreto, il pericolo condiviso. Mi sembra di vivere a metà.

«Giulia, basta. Ho già messo a repentaglio la tua vita una volta, non lo farò di nuovo. È troppo rischioso continuare a fabbricare l'Acqua. Lo capisci, amore mio?» Stende una mano per cercare di sistemarmi una ciocca ribelle, ma io mi ritraggo.

«No, non lo capisco! È sempre stato pericoloso! Noi abbiamo Francesco che ci protegge, Faustina non aveva nessuno. Per noi è diverso. Dobbiamo andare avanti per lei!»

«Giulia, è folle pensare che siamo al sicuro!» dice secca mia madre.

Il falcone arruffa il piumaggio e rizza le penne brune screziate di ruggine, per poi riabbassarle adagio.

Arretro di un passo per non spaventare il rapace, ma sono furiosa.

«Vi sbagliate», sibilo. «La nostra obbedienza non fa che giovare agli uomini di Chiesa che l'hanno torturata. Stiamo rendendo loro un servigio, a forza di restare con le mani in mano.» I singhiozzi mi salgono in gola. «Era pieno di inquisitori il giorno della sua morte e non ci hanno rivolto neppure mezzo sguardo! Dobbiamo andare avanti.»

« Oh, Giulia, hai ancora tanto da imparare. Gli inquisitori operano nascostamente. Non arrestano una donna alla luce del sole, di fronte al marito, mentre è circondata dai familiari, dai suoi alleati. Essi agiscono nell'ombra. Prendono le persone di notte. Le portano nei tribunali e nelle prigioni, senza che gli imputati sappiano di cosa sono accusati finché non salgono la scala del patibolo. Amore mio, c'è da avere paura eccome. »

Scuoto la testa e, voltandomi, lascio la falconara. Non accetterò questo verdetto. Sono stanca di aspettare, sempre aspettare.

Quando la porta della gabbia è aperta, gli uccelli all'interno devono spiegare le ali e volare, non fosse che per una breve fuga prima di essere ricatturati. E io non vedo l'ora di librarmi in volo.

Sto dormendo, quando sento la solita mano strisciante percorrermi la coscia e sollevare il lembo della camicia da notte.

All'inizio non mi rendo conto di cosa sta per accadere. Dopo la lite con mia madre, sono piombata in un sonno agitato e ora giaccio avviluppata, contorta, intrappolata tra le lenzuola. Immersa nel torpore, non so che ore siano né dove mi trovi, finché non me lo sento addosso e tutto diventa fin troppo chiaro. Le sue dita sono viscide, il suo alito è pesante. E nel buio della stanza s'infila nel mio letto come se fosse stato invitato.

Ci metto un po' a riavermi dal vortice onirico, ma quando riacquisto lucidità reagisco come di fronte all'assalto di un assassino. « Allontanati da me, *figghiu di buttana*! » grido, ripetendo senza più alcun ritegno un'imprecazione che ho udito al bordello.

Lo schiocco arroventato del suo schiaffo non si fa attendere.

Con la faccia pulsante e tra mille ingiurie, intento una lotta, pur con i polsi bloccati dalla sua stretta. Prendo la mira e gli sputo sul volto un grumo di saliva, che ha l'effetto d'infervorarlo ancora di più.

« Vuoi batterti, piccola selvaggia? » ansima. « Per i denti di Dio, sei diventata forte, *picciridda...* »

Sputo un'altra volta, ma lui sta già armeggiando con le braghe. Cerco di scalciare, ma mi ha inchiodato. Ansimo, non solo di panico, ma per la rabbia che mi scorre ardente lungo il corpo e crepita come un lampo abbattutosi tra i rami. Però è tutto inutile. Lui è più forte di me. Di nuovo cerco di colpirlo, ma ho le gambe immobilizzate.

Poi mi torna in mente un pensiero e di colpo smetto di agitarmi.

« Brava. Imparerai a stare al tuo posto, sgualdrinella », dice compiaciuto, riversandomi l'alito pesante sulla faccia.

Giro il capo e prendo a studiare il damasco dei drappi che adornano il baldacchino. Odorano di stantio; di polvere e sonno. Potrei seguire il percorso che compie il rilievo di fiore in foglia, tra gli altipiani e le valli intessuti elegantemente. Invece, il mio braccio sinistro, liberatosi dal peso del mio patrigno, s'insinua silenzioso e lento sotto il lenzuolo e la coperta di piume. Con il capo ancora ruotato, mi concentro sul mio respiro, mentre la mano va in cerca di ciò che ho nascosto, a ogni pulsazione più vicina, finché non raggiunge la sottile impugnatura dell'oggetto la cui vera natura è dissimulata dietro le parvenze di un crocifisso di legno. Lo sguaino con cautela, mentre Francesco spinge. È il pugnale di una suora. L'ho trovato nel convento, sul basso parapetto in pietra di una delle arcate del chiostro. Non avrei dovuto prenderlo né occultarlo tra le gonne. Avevo giurato a me stessa che lo avrei rimesso al suo posto. Invece, l'ho tenuto con me. Ma non avevo osato servirmene, finora.

Adesso Francesco ansima. È quasi al culmine. Aspetto che il suo volto s'increspi, poi estraggo la lama dal nascondiglio. Ma sono troppo lenta e l'esitazione mi è fatale. Lui mi si accascia addosso con tutto il suo peso. Intercetta l'arma prima che io possa usarla, mi afferra il polso, lo cinge con le dita robuste, sottrae il pugnale alla mia presa e, per estrema cautela, mi schiaffeggia di nuovo.

« *Buttana.* Figlia di un demonio. Come osi! Sono stato io a salvarti! Perché pensi che abbia sposato quella sgualdrina di tua madre? Per avere te, piccola selvaggia. Tu eri il premio. Tu! »

Ridendo, si passa la mano tra i capelli, si solleva le braghe e aggira il baldacchino in cerca del farsetto. Poi, dopo avermi rivolto un ultimo sguardo, esce dalla stanza. Neppure si premura di sottrarmi l'arma. Ma poco importa. Le sue parole, come frecce, sono andate a segno.

Sono stata io.

È stata colpa mia.

# 11

Non mi occorre consultare i tarocchi per sapere cosa accadrà adesso, tuttavia essi mi parlano. Dal loro nascondiglio hanno bisbigliato oracoli che finora ho ignorato, perché ero restia a sbirciare il futuro. Ma ora, ora non ho più scelta.

Scopro la prima carta: di nuovo *La Fortuna*. Stavolta la ruota è orientata nel verso giusto. Le mani del destino hanno spostato in cima la figura regale e precipitato in basso lo sventurato. Mi tremano le dita mentre pesco il secondo arcano, e faccio bene ad avere timore. *La Torre* che si erge in equilibrio precario, poiché dal cielo una folgore ne sta per causare l'incendio e il crollo, è presagio di cambiamento, scompiglio, sventura. Segno che tutto andrà in malora.

Sono trascorse due lune dall'ultimo mestruo. Per la seconda volta, non avevo lenzuola da strofinare nel silenzio del cortile deserto, né camicie da immergere nella liscivia nel cuore della notte. Sapendo che tutto ciò non sarebbe passato inosservato agli occhi affilati di Valentina, mi sono quindi intrufolata nella ghiacciaia per prelevare l'orcio pieno di sangue di maiale e con quello ho imbrattato la biancheria del letto.

Dopo la lotta che ho ingaggiato con Francesco, lui si è tenuto a distanza, ma so bene che la tregua è solo momentanea. Mi aspettavo una punizione, invece non ha mosso un dito. Avrei accettato di essere fustigata, come espiazione della colpa di averlo attirato a noi, ma forse lui l'ha intuito e questo silenzio, questa tregua non sono altro che il castigo che ha scelto d'infliggermi. Se è così, mi conosce meglio di quanto pensassi.

Non ho riferito a mia madre del pugnale e, come me, anche Francesco deve averglielo taciuto. Ora io e lui condividiamo questo segreto e il solo pensiero mi riempie di disgusto.

So che è quasi arrivato il momento d'informare mia madre del bambino che certamente porto in grembo, ma non ho ancora trovato le parole.

Qualcosa mi dice che non saranno necessarie.

Seduta all'ombra delle viti rampicanti che contornano il giardino, tengo in mano una piccola Bibbia senza tuttavia leggerne le pagine, che giacciono neglette e arricciate sotto il sole d'inizio estate. Combatto con l'afa, l'irrequietezza e la nausea, quando mia madre mi siede a fianco, sulla panchina in pietra, agitando un ventaglio.

«Mamma...» esordisco, per interrompermi un istante dopo, colta dalla consapevolezza della crisi che la scoperta della gravidanza scatenerà, e della paura che assale ogni donna chiamata a portare in grembo un bambino e affrontarne il parto. La mia vita, benché non possa ancora dirsi finita, nondimeno sta scivolando in un territorio inesplorato. Non so dire se temo di più i dolori del travaglio, lo sfiorire della giovinezza e della virtù, o l'infamia che mi travolgerà. Certo Francesco negherà di avermi mai sfiorata e io sarò una donna perduta, disonorata. Distrutta.

Ma, ad affliggermi ancor di più, è l'ineluttabile prospettiva di portare in grembo il figlio del mio patrigno, nonché il pensiero disgustoso del suo seme che mi germoglia dentro, sebbene sopravviva in me un barlume di speranza; una dolcezza, uno spazio nel cuore in cui qualcosa sta crescendo di pari passo con la creatura.

«Sei incinta», dice mia madre, senza giri di parole.

«Dunque lo sapete?»

Lei smette di agitare il ventaglio e porta lo sguardo su di me, prima di allargarlo alla villa in fondo alla sezione ornamentale del giardino; alle fronde di palma, alle cascate di fiori, ai cipressi, e a tutto quell'insieme così distante dalla tragedia che si sta consumando nella nostra piccola porzione di città. «Sapevo che prima o poi sarebbe accaduto. Era inevitabile», dice. Ma non lascia trasparire nessun cenno di stupore, disperazione, collera o angoscia. Nulla di ciò che mi aspettavo.

Mi sventolo con la Bibbia neanche sfogliata. Qualunque ragazza, alla mia età, si starebbe preparando alle nozze, a un lungo fidanzamento con un pretendente scelto dal padre. Starebbe ridendo con le sorelle mentre cuce le lenzuola del corredo, vagheggiando di luoghi lontani in cui iniziare una nuova esistenza.

Invece a me sono toccati in sorte questo disonore, questa stortura. Nel mio caso, non si tratta di un inizio, bensì di una fine. Eppure avverto nell'aria una sensazione sottile come la ragnatela. Impalpabili fili di seta mi legano alla nuova vita che mi cresce dentro. Percepisco la presenza del bambino. Anzi, della bambina. E, per quanto la testa mi dica che sono rovinata, perduta, finita, il cuore inspiegabilmente si apre e mi riempie di gioia.

«Figlia mia, io ti aiuterò, te lo prometto», dice mia madre, mentre sorride e mi accarezza i capelli. «Stanotte usa le pezze di lino, come fai di solito. Comportati come se avessi il mestruo. Appena Francesco si addormenterà, ce ne andremo. Nel frattempo, non raccontare a nessuno il tuo segreto.»

Il cuore si risolleva. Stanotte ce ne andremo! All'improvviso mi sento euforica. Forse le carte si sono sbagliate. Forse *La Torre* non preconizzava una sventura, bensì un'opportunità, la fine di questa vita e l'inizio di una nuova.

Quanto al segreto, con chi mai potrei condividerlo? Tutt'al più potrei sussurrarlo alle orecchie pelose di Gattino.

Mia madre si alza, si rassetta le gonne. È splendida con

il suo abito color ruggine, le perle e i rubini intorno al collo, il pizzo pregiato a ornamento del corsetto, anche se, prima che il sole sorga, starà già sarchiando le erbe aromatiche o governando i maiali.

« Ma dovremo fare attenzione », conclude. « In città regna lo scompiglio, le strade sono insicure. Dovremo approfittare del buio. »

Ogni giorno, di ritorno dal mercato, Valentina riferisce di nuove decime imposte dai dominatori spagnoli e racconta accigliata di come, ora in questo ora in quel mandamento, si veda la gente rovesciare i banchi del pane e scagliare fango e sassi in segno di protesta. Tra queste mura noi siamo al sicuro. Francesco continua a sorbire pregiato vino renano in calici d'argento. I suoi cavalli sono bardati con ricchi finimenti di cuoio spagnolo. E ogni sera ci concediamo cene prelibate. Possiamo dirci fortunati. Per quanto abbia scoperto che la fortuna è passeggera.

« Mamma, per noi le strade sono sempre insicure. E ci muoviamo di continuo per vicoli e anfratti bui. » Sospiro e mi addosso allo schienale, immaginando l'ebbrezza di un nuovo inizio, di una nuova casa, o ancor meglio il ritorno in Spagna, nella famiglia di cortigiane che abbiamo abbandonato laggiù, dove io e lei siamo state felici. Prima che nelle nostre vite comparisse Francesco.

Poso una mano sulla pancia e penso che porto in grembo il principio di una nuova vita. Avrà già un minuscolo paio di polmoni, dita e unghie, la prima lanugine sul capo, le ciglia intorno agli occhi, verdi come i miei.

Tra poco, con il primo bubolare dei gufi, con le ultime luci del giorno, lasceremo questo luogo, prenderemo il mare e tutto tornerà a essere come prima.

Quando faccio il mio ingresso nella sala da pranzo, Francesco ha un attimo di esitazione. Il suo sguardo è subito catturato dall'involto che porto legato intorno al collo. Un sacchettino di cuoio pieno di chiodi di garofano, lavanda e petali di rosa sminuzzati, utile a coprire l'odore del sangue mestruale. Ma presto si affretta a distoglierlo, quasi che il semplice guardarmi fosse già peccato. « Ti auguro la buonanotte, figliastra. » Si schiarisce la gola e, nella fretta di andarsene, fa stridere le gambe della sedia sul pavimento in pietra.

Dentro di me rido del suo disagio. Per essere un uomo peccaminoso, è di un pudore imbarazzante. Colta da un moto di trionfo, abbasso lo sguardo come s'impone a una figlia di Eva modesta e timorata di Dio, affinché lui non noti quanta soddisfazione mi suscitano il suo impaccio e la mia piccola vittoria. Sono l'inganno fatto donna.

Nessuna di noi due mangia granché. Io e mia madre ce ne stiamo sedute in silenzio, ognuna assorta nei propri pensieri. Valentina borbotta e sbuffa, risentita per la nostra assenza di appetito mentre ritira i vassoi d'argento colmi di pietanze ancora integre, anche se il cibo che non consumeremo lo rivenderà ad altri attraverso la porta di servizio.

Quando i mugugni di Valentina cessano e Capro espiatorio esce per dare inizio alle sue scorribande notturne - tra uno sventolio di mantello, un barbaglio di candela e un tintinnio di denari -, per noi è tempo di partire. Prendo con me la conchiglia, la moneta, un nuovo rametto di rosmarino, la piuma di merlo e naturalmente i tarocchi, per farmi coraggio e perché sono gli unici tesori che possiedo.

« Vieni, Giulia », dice mia madre. Siamo due donne sole che vagano di notte senza la luce di una lanterna, avvolte in mantelli scuri e con indosso pochi scudi per non fare rumore, in una città che da un momento all'altro potrebbe cadere preda di sommosse e tumulti. Al riparo delle mura della nostra gabbia dorata, abbiamo udito le grida e il fracasso dei vetri infranti. Sappiamo che ci sono disordini. Nondimeno, ci siamo inoltrate nei vicoli bui, armate solo del nostro buonsenso.

Stanotte cammino fiduciosa e di buona lena. Solo quando

mia madre devia dalla strada del porto, mi fermo per chiederle spiegazioni. « Perché andiamo di qua? Il porto e le navi sono dall'altra parte! »

Ma lei aggrotta la fronte e continua a camminare. « Sbrigati, Giulia. Abbiamo poco tempo. »

Allora insisto, stavolta con voce perentoria: « Fermatevi! Dove stiamo andando? Se dobbiamo partire, meglio farlo via mare. Se fuggiamo via terra, saremo troppo lente. Gli sgherri di Francesco ci raggiungeranno nel giro di pochi giorni, se non di poche ore ».

Mia madre è sbigottita. « Non stiamo partendo, figlia mia. Siamo dirette al convento. Clara ci sta aspettando. »

« Ah. » Penso che forse, prima d'imbarcarci, vuole che ci procuriamo qualche erba, di quelle utili per il travaglio o per la preparazione dell'Acqua. Così riprendo a seguirla a passo levato.

Quando udiamo grida dalle vie vicine, cambiamo strada e ci infiliamo in una strettoia e un vicolo che qualsiasi forestiero scambierebbe per cieco. In questo modo allunghiamo il tragitto, ma almeno raggiungiamo Sant'Agostino incolumi.

Mia madre esegue il segnale concordato e la sorella accorre ad aprire. In qualche modo sarà riuscita ad avvisarla del nostro arrivo. Suor Clara ci fa segno di restare in silenzio. Al buio, il suo viso appare cereo. Dalla cappella giungono i canti sommessi del coro notturno. Ci affrettiamo verso la spezieria e suor Clara apre la porta, questa volta affidando la chiave a mia madre, che l'afferra senza esitazione.

La suora invece indugia. « Teofania, devo tornare entro il Mattutino. Non mi posso attardare, la mia assenza sarebbe notata. » È sulle spine. Le sue parole sono brusche, frettolose. « Non potete presentarvi così in prossimità delle preghiere. Finiranno per scoprirci, e se accadrà non potrò più aiutarvi. »

In un gesto che le è proprio, mia madre stringe le mani della suora e le accarezza dolcemente, guardandola negli occhi. Nei mesi e negli anni a venire, ricorderò sempre la premura istintiva e la gentile attenzione che accorda alla sua amica. Sento di aver assistito a qualcosa d'infrangibile che s'instaura solo tra donne.

Sono ancora giovane, ma già consapevole che la nostra esistenza si svolge dietro le quinte, nei recessi bui alle spalle della scena. Mentre gli uomini ostentano e si pavoneggiano, noi ci arrabattiamo nei nostri ruoli di mere comparse nel teatro della vita. Ma essi ignorano che nell'oscurità del retropalco si consolidano la sorellanza, l'alleanza femminile, l'affinità che fiorisce lontano dal brutale sguardo maschile.

Mia madre posa una mano sul viso di Clara. La suora dapprima s'irrigidisce, poi sorride come se si trattasse di un'abilità ritrovata. È destino delle donne consacrate disabituarsi al contatto fisico.

«Grazie, Clara. Sappiamo che per te è un grosso rischio. Ce ne andremo prima delle Lodi, ma avevamo bisogno di tempo a sufficienza per completare il nostro lavoro entro l'alba», dice mia madre.

Si scambiano uno sguardo, ma è troppo buio per intuirne il significato. Per un attimo sono disarmata. Entro l'alba? Non dovremmo partire ben prima?

Mia madre si mette all'opera. La osservo selezionare le erbe: ruta, elleboro nero, prezzemolo, ginepro. Ne conosco l'impiego perché l'ho aiutata a dispensarle e non sono affatto quelle che mi aspettavo. Queste inducono il feto a uscire dall'utero in un ammasso di sangue e cartilagine, ossicini ed esanimi resti. Sono perlopiù le meretrici a usufruirne, ma non solo. Ho visto donne di appena dieci anni più anziane di me implorarne l'aiuto, consumate dai parti e dalla fatica di folte nidiate, per aver dato alla luce un figlio ogni anno dopo il menarca. Noi procuriamo loro le erbe e le istruiamo a ricavarne tisane da bere ogni sera, per indurre il feto indesiderato a disertare il grembo recalcitrante e tornare da dov'è venuto; sepolto in una tomba, o arso in un rogo purificatore insieme con il rosmarino.

Ogni secondo che passa sento il disagio crescere. Finora tentennavo, ma ora non più. Alla vista di mia madre che prende il pestello e comincia a triturare, non posso trattenermi oltre. « Mamma, fermatevi. »

« Non c'è tempo, Giulia. Avanti, indossa il grembiule e aiutami. »

« No. »

Si volta a guardarmi, ma riprende a pestare.

« Fermatevi. » Faccio un passo avanti e le afferro il polso.

Ora capisco perché siamo qui. Non c'è nessuna nave. Nessun ritorno in Spagna, tantomeno alla vita che abbiamo lasciato.

Eppure so che non prenderò la medicina, nonostante la mia sia una risoluzione insensata, del tutto illogica. Se non partiremo, come desidero e sogno da sempre, allora questo figlio non potrà nascere, dovrà essere ricacciato indietro. Tuttavia, mi rifiuto di farlo. Dentro di me sento che è una bambina. Mi pare di avvertire il suo minuto battito. Sembra assurdo, eppure è così. Procuriamo la morte d'innumerevoli creature fin oltre le mura della città, ma giammai condannerei quella che porto in grembo.

Mia madre mi osserva come fossi impazzita. E forse lo sono.

« Credetemi. Non posso farlo. È ingiusto per *lei*... »

« Cosa stai dicendo? » chiede spazientita. Se pure ha notato che ho attribuito un sesso al nascituro, evita di farne menzione.

« Non voglio. »

« Giulia, non dire stupidaggini! Sai bene che non puoi portare avanti la gravidanza! Non accetteranno mai né te né il bambino. Dovrai dire addio a ogni speranza di matrimonio o sistemazione. »

Mi volto dall'altra parte. « Non ho mai nutrito questo genere di speranze! Nessun giovane mi chiederebbe in sposa; certo non a Palermo. Sono una bastarda, l'avete dimenticato? Ma avete ragione, mamma, non posso partorire in questa città. Tuttavia posso farlo in un luogo diverso e più familiare. Ci ho riflettuto a lungo. Possiamo acquistare un passaggio su una nave diretta in Spagna. Vendere i gioielli e comprare i cavalli per raggiungere la corte di Madrid. Sono certa che laggiù si ricorderanno di noi. Potrò partorire lontano da qui e da Francesco... »

« Giulia! » m'interrompe. Lascia il pestello e mi afferra le braccia. « Forse non ti senti bene? Deliri? Non capisci che quello che dici è impossibile? Nessun capitano di nave ammetterà mai a bordo una madre e una figlia non accompagnate da un marito o da un padre! »

A queste parole, la mia pazienza svanisce. « Mamma! Per tutta la vita siete stata usata dagli uomini, avete affidato loro il vostro benessere e la vostra sicurezza! Mai e poi mai ripercorrerò le vostre orme. Lungi da me! Costi quel che costi, camminerò sulle mie gambe! »

Mia madre arretra come se l'avessi schiaffeggiata.

Ci scrutiamo l'un l'altra.

Ansimo per la rabbia o forse per la paura. Per il desiderio di persuaderla di qualcosa che io stessa ignoro.

« Sei una bambina, Giulia. Davvero credevi che potessimo scappare? Che potessimo permettercelo? » chiede con voce arrochita. « No, Giulia. Affronteremo la tua condizione adesso. Ecco perché siamo qui. »

D'improvviso boccheggio, come se stessi soffocando, e mi porto una mano al petto per calmarmi. La camera è ancora avvolta nel tepore del giorno, ma i brividi mi attraversano le ossa. « La mia condizione? »

« Stanotte ricorreremo ai rimedi. Ci sbarazzeremo di quel... di quel demone che ti è stato impiantato dentro contro la tua volontà. »

È forse la prima volta che mia madre scarica su di me la rabbia che cova verso Francesco. Cerca di afferrarmi le mani, come ha fatto con quelle di suor Clara, ma io la respingo. Il freddo mi assale. Da non so dove arriva un odore di disfacimento, un fetore come di bile nera su un tavolo da chirurgo, putrido e fetido come quello di una bara aperta, seguito da una nota acuta che sembra amplificarsi a ogni istante. Metto le mani sulle orecchie per non sentirla, ma il suo stridore non fa che ingigantire.

« Vi sbagliate, mamma. Non c'è nessun demone; dentro di me c'è *mia figlia*, la *mia bambina*. Mi sembra già di conoscerla; è forte e tenace. Desiderosa di vivere. »

Mi sento stranamente salda adesso, come un albero abbarbicato a un pendio spazzato dai venti. La nota è all'apice, ma vi faccio appena caso, impegnata come sono a difendere la vita di mia figlia.

Ora è mia madre a guardarmi inorridita. « Vuoi dire che intendi tenerlo? Giulia, finché il bambino non si muove, non c'è rischio per la tua anima immortale se... »

« Se cosa, mamma? Se la uccido? Se la abortisco con le nostre erbe portentose? Mai e poi mai! » L'ho interrotta e ho preso a gridare, incurante del pericolo di richiamare gente, di farci scoprire e di compromettere la posizione di Clara. « Possiamo guadagnare la libertà! Crearci una famiglia nostra. Possiamo prendere i gioielli e acquistare il passaggio in nave. Marito o non marito, se abbiamo abbastanza oro possiamo fuggire da Palermo... »

« E finire alla mercé dei marinai e di chiunque voglia farci del male durante il viaggio e anche dopo? » interviene mia madre. « Ci ammazzeranno per prenderci i gioielli. Ci annegheranno e il mare sarà la tomba nostra e di tuo figlio. » Le sue parole mi ghermiscono con la velocità di una vipera. « Non puoi tenere il bambino. Immagina lo scandalo. Già ci disprezzano. Finiranno per distruggerci... »

« Disprezzano *te*! » Mi avvio senza aver finito di parlare. Cerco di aprire la porta e batto i piedi finché la chiave non sblocca la serratura. Mi guardo intorno prima di uscire. Vedo le erbe. Vedo dispiegarsi davanti a me un sentiero che non percorrerò. Un sentiero in cui ucciderei mia figlia prima ancora che inizi a respirare, per il solo privilegio di rimanere schiava di Francesco, seppellire ogni speranza di libertà, di vivere una vita lontano da qui: non permetterò che questo sia il mio destino... né quello di mia figlia. Anche se fuggire è una pazzia, è quello che mi accingo a fare, tra l'eco delle suole sul selciato freddo e duro. Lascio mia madre tra le sue piante mortifere e apro la porta laterale senza curarmi di chi potrebbe essere in agguato nel vicolo.

Con il petto ansimante inspiro l'aria della notte. Odora di letame e lische di pesce, di piscio e sudiciume, di strade arse dal sole e salsedine. Odora di un posto che è diventato la mia rovina. Qui sarei ostracizzata. Qui conoscerei la disgrazia, invece di navigare libera attraverso il mare.

L'ira rafforza il mio coraggio. Solco imperterrita le strade buie, con il cuore in tumulto. Corro a denti stretti, ansiosa di raggiungere la mia camera, di tirare i drappi intorno al letto e attendere la tempesta che sta per piombarmi addosso. Dei passi m'inseguono, ma io non mi volto. Fuggo come la preda braccata dai segugi. Forse mi acciufferanno, affonderanno i canini acuminati nel collo e mi squarceranno la gola.

O forse mi avventerò su di loro e, assetata di sangue, infuocherò gli occhi e sguainerò i denti.

# 12

Spalanco la porta della servitù e per poco non finisco addosso a Francesco, che mi sta aspettando in piedi e mi ostacola il passaggio.

« Dove sei stata? »

Indietreggio allarmata e mi guardo intorno in cerca di scampo. Il tintinnio acuto nella testa è implacabile. È come uno scampanellare frenetico e convulso che mi avverte dell'imminente pericolo.

In assenza di una via di fuga, cerco di superarlo, ma lui mi afferra il braccio.

« Lasciatemi! Mi fate male! »

« Dove sei stata? E dov'è mia moglie? »

Intuendo che mi colpirà, mi abbasso e il braccio gli si ferma a mezz'aria, facendolo barcollare. Puzza di vino rancido.

« Sporca testa di verme! » grido, ripetendo, senza di nuovo nessun riguardo, una delle ingiurie preferite della cuoca.

Lui mi afferra per i capelli e mi attira a sé. Mi trascina incespicando sulle basole del cortile e poi sui pavimenti in marmo della villa.

« Che Dio ti maledica », impreco.

« Lo ha già fatto, Giulia! Quando mi ha mandato te e quella sgualdrina di tua madre! »

Mi giro e cerco di mordergli la mano, ma lui stringe così forte che temo mi lascerà calva.

« Mi fai ribrezzo », dico mentre mi trascina in una stanza in cui non ho mai messo piede. Ma presto capisco che si tratta del suo studio. Ci sono un grande tavolo in mogano e una sedia intarsiata dello stesso legno. Un fuoco acceso e un calice vuoto su un tavolino decorato. Pile di pergamene gialle e arricciate. Una penna d'oca dalla punta annerita d'inchiostro e, accanto, una Bibbia rilegata in pelle e tempestata di pietre preziose. Mi massaggio il punto del braccio da cui mi ha afferrata e avvisto un livido già evidente sotto la manica lacera. Lui si dirige verso la porta, gira la chiave e la ripone in una tasca del farsetto, rinserrandoci all'interno.

«Perché hai chiuso a chiave la porta?» Arretro sempre più in fondo alla stanza, a mano a mano che il panico cresce.

Poi mi scatta un istinto e, davanti al suo sguardo spietato, senza rendermene conto, inverto la direzione. Mi slancio in avanti e lo investo con tutta me stessa, scalcio, provo a strappargli i capelli, la pelle e a colpire ogni altro punto vulnerabile. «Fammi uscire! Lasciami!» grido.

Lui mi solleva con le braccia e mi spinge all'indietro su un grande tappeto turco disteso davanti al camino.

Resto accasciata per terra in posizione fetale. Prego che sia disarmato, mentre con il cuore in gola e il fiato corto mi proteggo il ventre.

«*Santu diavuluni*. Stai al tuo posto, sgualdrinella. Sono il tuo signore, o l'hai dimenticato?» dice con un ghigno.

Dentro di me, il fuoco della collera lascia il posto al gelo lento della paura.

Lo vedo frugare in cerca di qualcosa. Poi apre uno stipo con la piccola chiave che ha appena trovato. La sospensione è nefasta. L'odore, tornato più pungente della volta prima, è pervasivo. Mi tiro su, guardinga come un animale assetato che abbia annusato una fonte, ma serbo un ricordo troppo chiaro di quel tanfo per non coglierlo come un'altra avvisaglia. Questa volta è un lezzo rancido, come di carne marcia, e mi permea la pelle, mentre la nota acuta, il suono discorde, mi risuona nelle orecchie. Raccolgo tutte le forze per non ricadere sulle ginocchia e mi afferro la testa tra le mani per placare il clamore. Sto quasi per dare di stomaco quando il mio patrigno si avvicina, ignaro dello strepito e del fetore, brandendo in mano l'oggetto che giaceva riposto: un flagello dalle lunghe code culminanti in nodi sfrangiati.

Dapprima regge in mano la frusta con espressione imperturbabile. Poi sorride come per abbracciare una nipote adorata e arretra il braccio per scagliare quel fascio di corde pensato per mondare dal peccato la carne mortale dei frati. Il dolore è immediato. La violenza con cui i nodi mi squarciano la pelle, crudele; accurata quanto efficace. Il sangue, caldo e vischioso, m'impregna le vesti. Non ho il tempo di reagire e lui ripete il gesto innumerevoli volte.

Le gambe cedono sotto le scudisciate e sento la pelle lacerarsi ogni volta che lo strumento la investe. Il sangue abbonda. Il dolore è arroventato e lancinante. I sensi vengono meno, la stanza ondeggia e le urla si strozzano in gola, quando un rumore improvviso annuncia l'apertura della porta. Né io né lui avevamo sentito mia madre girare la serratura.

Per un istante non succede nulla. Con i lineamenti stravolti dall'ira, Francesco s'interrompe. Mi guarda e la sua faccia è lo specchio del mio stupore.

Mia madre mi corre incontro, mi abbraccia e io la imploro con tutta me stessa che mi stringa forte. Francesco arretra e lascia cadere il flagello che, intriso di rosso livido, macchia il marmo variegato del pavimento e imbratta il tappeto turco.

« Amore mio, amore mio », cantilena mia madre mentre tremo tra le sue braccia. Poi, rivolta a Francesco, grida: « Siete un mostro! La mortificazione della carne è un peccato. Persino la Chiesa l'ha bandita. Perché dunque avete commesso una tale... infamia? »

Come risvegliatosi da un terrore notturno, il mio persecutore comincia a camminare per la stanza, poi la lascia, e dalla fredda superficie di granito si leva il suono dei suoi passi. Mia madre, per terra al mio fianco, mi cinge in un dolce abbraccio.

Restiamo a lungo immobili, tra i singhiozzi. Lei mi accarezza i capelli e sussurra una nenia che mi cantava sempre da bambina, quando non riuscivo a dormire. La storia triste di un uccello preso in trappola da un cacciatore. Una rondinella come tante, dall'anodino piumaggio bruno, gli occhi neri lucenti e il petto bianco, bella solo quando è in volo, che, attratta con l'inganno in una trappola di stecchi per essere venduta al mercato e votata a un destino di prigionia, non ha altra scelta che cantare. Ma il suo è un canto così straziante che il cacciatore, mosso a compassione, la sgabbia. E lei si libra in cielo garrendo di pura gioia.

Da bambina, questa nenia mi confortava, ma stasera risuona come una menzogna. La porta della gabbia è sprangata e tutto mi dice che morirò in questa prigione dorata. Imploro mia madre di smettere di cantare e di lasciare che il silenzio ci avvolga. Il fuoco scoppietta, sputa, spasima. La luna risplende luminosa dalla finestra aperta.

Arranco verso la camera da letto. Mia madre mi deterge le ferite con l'acqua di lavanda. Le cosparge delicatamente di un unguento che io stessa ho preparato, poi mi fascia le braccia, la schiena, le spalle, il collo e il busto con bende pulite. Tampona i tagli tra i capelli facendomi gridare di nuovo. Mentre mi medica, so già che certe ferite non si rimargineranno e prefiguro il nostro destino. Ma, prima che il pensiero prenda forma e si cristallizzi, lei solleva il viso verso il mio.

Mi accarezza la guancia e mi fa sobbalzare, ma non voglio che smetta.

Ci guardiamo l'un l'altra senza parlare e ci stringiamo in silenzio.

Da qualche parte, Gattino è balzato su un topo, lo trattiene tra le grinfie e ci giocola ancora finché non lo uccide.

# 13

*Luglio 1633*

Francesco è morto come ha vissuto: in modo ostentato. Vomitando. Defecando. Gemendo e piangendo. Imprecando Dio mentre si stringeva il ventre squassato da fitte, crampi e bruciori. Mia madre mi ha proibito di entrare nella stanza dell'infermo. Era Valentina a portarci notizie, dopo che saliva le scale in pietra, portando brodo e acqua, e le discendeva con pitali nauseabondi.

I dissidi nelle cucine si sono placati. Giornate ansiose si sono susseguite a notti agitate. Medici sono andati e tornati scuotendo il capo e porgendo la parcella dopo aver praticato salassi e somministrato misture. Per i corridoi e per le scale, ho origliato i loro sommessi pareri su quanto Francesco avesse un aspetto sano e vitale, sebbene stesse morendo. Non saprei dire se il sospetto sia ricaduto su mia madre allora, mentre i nobili della città si presentavano in visita senza tuttavia essere ammessi. Ho passato le mie giornate a leggere in attesa che le mie ferite si rimarginassero e il dolore cessasse, benché ora non ricordi nemmeno una parola di quelle letture. Quanto alle notti, le ho trascorse vicino al focolare fuliginoso di Valentina, mentre il silenzio irreale della villa calava ancora una volta sopra di noi. Giugno ha lasciato il posto a luglio e il caldo è sceso sulla città. I miasmi della stanza del malato si sono diffusi per la casa insieme con un crescente senso d'inquietudine. Ci saranno state voci sul conto di mia madre, benché nessuna sia giunta alle mie orecchie. Ci saranno stati sguardi e congetture sussurrate, infine sospetti.

Francesco è morto la mattina del sesto giorno di agonia. Era considerato forte e robusto, un uomo che aveva percorso la via delle spezie commerciando con profitto. Come poteva essere stato stroncato nel cuore degli anni? Di quale maleficio poteva essere caduto vittima?

Quando mia madre ha lasciato la stanza di morte, con il viso cinereo e priva dell'abituale compostezza, sapevamo già cosa ci avrebbe detto. Che era finita. Che il nostro signore era morto, e con lui la certezza del nostro avvenire, anche se non lo avremmo compianto.

Sono venuti i medici a prelevare il corpo ancora caldo e mia madre non si è opposta, benché sapesse che i nostri destini erano nelle loro mani. La morte improvvisa e inspiegabile di un uomo abbiente non poteva non destare dubbi, anche se ero troppo accecata dal senso di sollievo per rendermene conto. Per me era come se un'immane tempesta fosse cessata, lasciando dietro di sé solo la quiete della sua fine.

Ah, come mi sbagliavo.

Mentre il corpo di Francesco veniva adagiato sul tavolo anatomico e il chirurgo affilava il bisturi, era già stata decisa la causa della morte? Nessun annerimento della membrana linguale, nessuna corruzione o putrefazione degli organi, nessuna traccia di veleno: nulla di ciò che cercavano è stato rinvenuto sul cadavere cereo e rigido del marito di Teofania, una volta che è stato aperto ed esaminato. Me lo ha riferito la cuoca. Come facesse a saperlo, per me resta un mistero, ma ormai non ha alcuna importanza.

In ogni caso, le voci contro mia madre, anziché placarsi, sono cresciute. La scomparsa improvvisa di un uomo importante come Francesco sollevava domande ed esigeva risposte. A uno del suo calibro doveva essere tributata la giusta attenzione. Era naturale che il sospetto ricadesse sulla sua consorte, di cui non potevano essere più tollerati né la bellezza né l'affrancamento dallo squallore.

Sono venuti a prenderla alle prime ore del mattino, appena pochi giorni dopo la morte del mio patrigno, come lei aveva previsto; nel buio, in silenzio, di nascosto.

Non ho sentito gli inquisitori entrare in casa e farsi accompagnare per le scale fino alla sua stanza. Né li ho sentiti prelevarla e condurla alle loro prigioni per interrogarla.

Nelle cucine, la cuoca mi parla mentre cerca qualcosa che non trova. Sul suo viso una specie di stupore contrito ha sostituito la consueta espressione severa. Io mi reggo in piedi a fatica, rifiutandomi di ammettere che mia madre non c'è più, mi è stata sottratta, sebbene le parole di Valentina non lascino adito a dubbi.

«Non hanno fatto nessun rumore, nessuno», singhiozza. «Sono venuti a prenderla poco dopo le campane del Mattutino. Ho aperto la porta a tre uomini incappucciati. Avevano disegnate addosso tre grosse croci, perciò ho capito subito che erano...» S'interrompe perché ha trovato quello che stava cercando: uno straccio per pulire. Si asciuga piano il viso, con una delicatezza per lei inusitata.

«Erano inquisitori del Sant'Uffizio?» chiedo, anche se entrambe conosciamo la risposta.

Mi rivolge lo sguardo e sotto le sue lacrime scorgo un interesse lucente e vigile.

Lo ricambio senza dire nulla. *Sei stata tu? Sei stata tu a denunciarla? Avevamo spie sopra e sotto le scale? Oppure Francesco era davvero un inquisitore?* Me ne vado prima che Valentina possa aggiungere altro.

Non le mostrerò il mio terrore. Non scoppierò a piangere davanti a lei. Io e mia madre non siamo mai state separate prima d'ora. Me la immagino in una cella striminzita, infestata di ratti ed essudante acqua sporca, distesa su un pagliericcio lercio mentre aspetta di essere interrogata, e reprimo l'istinto di urlare. Dentro di me il dolore si scontra con la rabbia. Devo assolutamente fare qualcosa. Ma cosa? Sono rimasta da sola con due servi, uno dei quali potrebbe averci tradite.

La cuoca piange perché non ha più né lavoro né vitto né alloggio, ora che il padrone è morto e la padrona è in carcere. Mi verrebbe voglia di dirle: *Se sei stata tu, non avevi pensato a tutto questo? Ora le tue prospettive sono peggiori e il tuo futuro è incerto. Come mai la tua vita è andata a finire così? Con una padrona rinchiusa in una fetida prigione e un padrone che ha fatto una pessima morte?*

Capro espiatorio è seduto per terra in un angolo della stanza, in preda ai singhiozzi. Piange per il lavoro e le notti di crapula persi, oltre che per il disagio di ricominciare daccapo, al servizio di una nuova famiglia e in un'altra villa.

Quando toccherà a me piangere, sarà per la perdita di tutto quanto.

Valentina si riscuote dalle lacrime. Si avvicina e mi posa una mano sul braccio prima che io raggiunga l'uscita. È la prima volta che mi sfiora. Invece del sarcasmo e dell'esultanza che mi aspettavo dimostrasse per la caduta della sua padrona sgualdrina, sembra mossa a compassione. Questo è il primo gesto affettuoso che mi riserva da quando la conosco. «Giulia, padroncina, non c'è niente che possiate fare. Non c'è speranza per chi viene arrestato. Dovete prepararvi al peggio», dice, e la sua voce è sorprendentemente gentile.

Deglutisco ed esco, inseguita dall'eco delle sue parole. *Non c'è speranza.*

Mi aggiro intorno alla prigione, scrutando la sua facciata compatta e inespressiva. Potrei ingannare uno dei guardiani. Potrei corromperli o attirarli altrove in modo da potermi intrufolare. Le faccio visita ogni giorno. Poso la mano sul muro di pietra scaldato dal sole e prego che lei possa percepire la mia presenza. Ogni giorno cerco un'occasione, una maniera per entrare, finché non concludo con il cuore pesante che non ce n'è alcuna.

Una settimana dopo, con il volto cinereo come il suo focolare vuoto, Valentina sbatte la porta dietro di sé e cerca il mio sguardo.

Mi alzo dal posto vicino al tavolo dov'ero seduta a sgusciare noci, sapendo che le parole che pronuncerà formeranno il fuoco dentro cui la mia vita sarà forgiata daccapo. « Dimmi », esclamo.

Lei deglutisce.

« Avanti », insisto.

Valentina scuote la testa, con una mano si regge il ventre prominente come se fosse rimasta senza fiato, ma non distoglie lo sguardo dal mio. Il mento le trema. Mi avvicino e le afferro il braccio libero. Lo torco con rabbia improvvisa. « Dimmi cos'hai sentito! » La mia voce è dura. La colpirei, se pensassi di poter accelerare la risposta.

« Dicono... dicono che vostra madre, che Dio abbia pietà della sua anima, sarà... »

« Sarà cosa? » la incalzo.

Il mio viso è a un palmo dal suo. Intuisco che ciò che vorrebbe di più, adesso, sarebbe salire su un carro ed essere portata via verso le montagne, verso la sorella che ama e la vita semplice che desidera. Invece è qui, nelle cucine, tra il cesto caduto per terra e il suo contenuto di cipolle, aglio ed erbe aromatiche sparso nella polvere.

« Dicono che è una strega e un'avvelenatrice, e che ha ucciso suo marito, il padrone... Dicono che tra due giorni, il 12 di questo mese, sarà giustiziata al Piano della Marina. »

Lascio andare il braccio di Valentina, come se avessi ricevuto un pugno allo stomaco. Mi piego in avanti e sento un gemito prolungato, come di un animale preso in trappola. È la mia voce e sono incapace di trattenerla. Non mi riesce respirare né pensare. Vedo la stanza colorarsi di giallo.

Uccideranno mia madre.

La impiccheranno come un'assassina e io non posso fare niente per salvarla.

Tutto diventa nero.

Valentina mi rianima portandomi alle labbra un tè alla menta molto zuccherato.

C'è frastuono tutt'intorno, quando mi rialzo da terra. La cuoca si è allontanata e ha preso a raccogliere il vasellame dalla scansia, ad avvolgerlo nel lino con clangore e trambusto, tra sbuffi e mugugni. Capisco che sta raccattando le masserizie per partire. Come biasimarla? Se impiccano la padrona di casa, chi può assicurare che gli inquisitori non puntino i loro occhi di falco anche sulla servitù e sulla figlia, benché la cuoca sia dalla loro parte? Chi può garantire che non ci cattureranno tutti e ci impiccheranno in qualità di complici? L'infuso appena assaporato si raffredda in mano, mentre la guardo.

Ora è passata all'argenteria. «La prendo al posto della paga», dice, indicandola.

Alzo le spalle. Non m'interessano cucchiai, coltelli e candelabri. Può farne quello che vuole. Immagino che li venderà al mercato per pagarsi il viaggio fuori città.

Affondo la testa tra le braccia. «Prendi pure quello che vuoi.»

Per primo arriva lo sgomento provocato dal dolore. Vado avanti per ore a camminare nella mia camera, poi sprofondo nel letto, assente a me stessa. Se mi fossi trovata nel tumulto dei mari che ho attraversato, credo che avrei avvertito le stesse sensazioni. La morsa implacabile del freddo. L'incessante beccheggio dei flutti. La spinta e lo squasso delle correnti. Poi l'abisso. Il dolore travolgente.

È domenica, il giorno più sacro della settimana. Devo aspettare martedì. E devo farlo in una casa vuota, chiedendomi cosa avverrà dopo questo, dopo che lei sarà morta. Devo aspettare finché il fluido nel crogiuolo non ribollirà come lava e traboccherà bruciandoci tutti.

# 14

È arrivato martedì.

Non dormo da giorni né ricordo quando ho mangiato l'ultima volta. È come se la vita intera mi avesse portata fino a questo punto e tutto fosse già previsto, ineluttabile.

Aspettavo che gli inquisitori venissero a bussare alla porta, consapevole di non avere altra scelta che obbedire, ma non l'hanno fatto, perlomeno non ancora. Così mi accingo ad alzarmi dal letto, seppur a fatica e con le membra rigide come quelle di un'anziana. Il grembo è ancora piatto, ma lo accarezzo - anzi, *la* accarezzo - con un muto gesto di conforto, diretto non so bene a chi tra noi due. Stento a credere che mia madre non conoscerà mai sua nipote e avverto già il peso di questa perdita, la rottura della linea di discendenza femminile. Mia figlia non poserà mai gli occhi sulla bellezza di lei, né conoscerà mai la sua gentilezza, il suo coraggio, la sua anima.

Scelgo un sottile velo nero per coprirmi il capo. Non oso farmi riconoscere come la figlia dell'avvelenatrice, della malvagia Teofania. Se mi mostrassi, potrebbero arrestare anche me. Ho il cuore che martella. Il caldo è insopportabile, benché sia ancora mattina. Mi vesto adagio e con estrema cura, come se ogni indumento fosse investito di sacralità: la camicia, la sopravveste, il corsetto, la cintura. Infine, il velo. Forse è così che si sente una novizia quando formalizza il suo ingresso nella vita consacrata e indossa l'abito che la identificherà per sempre.

Oggi sarò testimone della fine di mia madre. Osserverò

la folla schernire e spingere, maledire e ondeggiare. La tradirei se distogliessi lo sguardo dal patibolo. Starò con lei fino all'ultimo, finché la nostra storia non sarà giunta al culmine e non sarò costretta a ricominciare daccapo. Non c'è nessuno che mi aiuti. Capro espiatorio se n'è andato subito dopo la morte di Francesco, benché io ignori quale fosse la sua destinazione o dove si trovi adesso. Stavolta non si è guardato indietro dopo essersi avvolto in un mantello rabberciato ed essersi messo in cammino. La paura ci ha reso estranei. Persino Gattino si è defilato per cercare fortuna altrove.

E lo stesso ha fatto Valentina, che a quest'ora sarà già sulla strada per Piana.

Passa il tempo e sento gli ambulanti strillare, mentre la folla comincia a radunarsi, così mi avvio, sbattendo incurante la porta della servitù alle mie spalle. Addosso ho solo un borsellino con l'oro di Francesco, i tarocchi, i ciondoli e il libro mastro di mia madre, pesante, dentro la sacca in cuoio che ho preso dalla stanza del mio defunto patrigno. Stranamente gli inquisitori non hanno pensato di cercarlo.

Impossessarmene è stato il primo gesto che ho compiuto dopo essermi riavuta dallo sconcerto per l'arresto di mia madre. Non era celato con chissà quale precauzione. Sospettavo che lo avesse portato via la notte in cui sono fuggita dalla spezieria del convento. Il pericolo era diventato eccessivo, i dissidi tra noi troppo accesi, il rischio per Clara e le sorelle insostenibile. Avevo ragione di crederlo. L'ho trovato nell'imbottitura di piume del materasso: un taglio nella fodera di lino spesso, ampio a sufficienza per infilarvi la mano, e ne ho ghermito i bordi consumati. Persino il meno avveduto dei galoppini sarebbe stato in grado di trovarlo. Benché negli ultimi tempi non sia stato aggiornato, racchiude tutti i nostri segreti e lo serberò con cura perché è tutto ciò che mi resta di lei.

Ho evitato di proposito di uscire dal portone principale. D'altronde era pur sempre il palazzo di Francesco, il suo dominio. Ho preferito ripiegare sulla porticina che dà sul vicolo, la nostra vecchia via di fuga.

Mi avvio sul selciato e in men che non si dica vengo travolta dalla folla che si dirige nella piazza dove il Sant'Uffizio ha allestito il suo spettacolo di crudeltà in nome della giustizia. L'aria è già pregna del tanfo di sudore e sterco, tra asini che ragliano, capre che belano e i loro padroni che ridono e si scambiano battute grossolane. Si respira un'atmosfera di festa. Non c'è nulla che il popolino di Palermo ami più di una sacrosanta impiccagione e quello di oggi si prefigura come uno spettacolo con tutti i crismi. Mantengo la testa bassa, lo sguardo rivolto a terra mentre cammino. Lungo il tragitto, mendicanti tendono la mano o il moncherino. Soldati richiamano l'attenzione dei passanti sulle mutilazioni subite in guerra. Africani in abiti variopinti sputano gusci di semi di girasole. Bambini nati deformi questuano. Prostitute barcollano. Donne anziane arrancano. Ragazzetti corrono.

Sopra di me strepita un corvo. Il suo verso aspro e gutturale suona come una beffa e io faccio il gesto delle corna, a quell'uccellaccio del malaugurio, pur sapendo che nessuno scongiuro, per quanto sentito, potrà cambiare le sorti di questa giornata.

Vicino a me una donna reca una cesta di bucato sul capo. Mi strizza l'occhio quando incrocio il suo sguardo, e subito distolgo il mio, lasciandola ridacchiare, sputare e proseguire oltre, fischiettando. Dietro di me odo pettegolezzi di donne, risa di uomini, una babele di lingue e dialetti e piagnucolii di bambini scortarmi verso la piazza in cui mia madre incontrerà il suo destino. A ogni passo cresce la nausea. Vorrei tornare indietro e correre via da questo luogo di morte. Invece mi avvicino sempre di più alla piazza dove mi sostituirei a lei, se solo mi fosse consentito.

Sembra che tutta la città sia convenuta qui per assistere alla morte della famigerata assassina. Gli strilloni stanno facendo buoni affari. Vedo il luccichio delle monete nelle loro mani, tuttavia non mi soffermo sugli avvisi. Mi rifiuto di leggere cos'hanno scritto sul suo conto. Tengo gli occhi incollati a terra e tiro dritto. Ho trattenuto le lacrime per ora, ma so che presto cederò. E temo che, a quel punto, non sarò in grado di fermarle.

Di nuovo un rombo basso di tamburi riecheggia dalle viscere di Palermo.

Di nuovo le grida e gli ululati della folla inseguono la carretta che sobbalza sulle strade acciottolate.

All'inizio non scorgo traccia di mia madre. Mi arriva l'odore delle nuche, rancido e ammuffito con l'avanzare del giorno. Colgo chiacchiere, pettegolezzi, risa rauche, un inizio di litigio, un fischio tra i denti. Un moccioso mi strattona le gonne per una moneta, una vecchia mi punta il gomito per passare, diffondendo un olezzo che ricorda le cagliate lasciate irrancidire nella zangola. D'istinto, tasto il borsellino nascosto nelle pieghe delle gonne e verifico con sollievo che è ancora pesante. Nei giorni d'impiccagione è bene tenere gli occhi aperti. Guardo le balconate dove altre volte ci siamo sedute. Vedo le donne d'alto rango e le loro figlie distogliere lo sguardo dalla folla, i mariti confabulare tra loro. È come se, dopo essere morta, fossi risuscitata dal sepolcro per assistere a quello che sta per accadere.

Segue il silenzio, per quanto possa essercene in mezzo a una moltitudine così numerosa. Vedo i cappucci aguzzi dei Bianchi avanzare lenti sopra la folla. La nobile confraternita scortare la condannata sulla via della morte. In precedenza, come da rituale, l'hanno raggiunta nella cella, le hanno lavato i piedi, ne hanno raccolto la confessione e preparato l'anima all'estremo giudizio.

Sono loro a salire per primi sul palco. Precedono in processione la carretta che, dai vicoli bui e opprimenti, sbuca nella luce abbacinante del sole. Al loro arrivo, tutt'intorno cala il silenzio e la folla placa il suo moto serpeggiante. A vacillare, adesso, sono io.

Riesco a scorgerla: ha la testa rasata; piaghe vive dove prima esibiva bellezza e splendore; sul dorso, una tela di sacco con una grande croce nera dove prima indossava seta e pizzo pregiati. Appare gobba, deperita, irriconoscibile. Mi tornano in mente le sue dita delicate e sfumate del giallo delle tinture, ora che ha le unghie strappate e ridotte a monconi sanguinanti. Penso alla sua eleganza, quando a Madrid, non tanti anni fa, eseguiva slanci e piroette al cospetto di un re che non smetteva di guardarla, sebbene Elisabetta, la regina, gli sedesse a fianco, mentre adesso a stento si regge in piedi. Piangerei, ma non ne ho il tempo, devo rendermi testimone, continuare a guardare, onorare la sua vita e tramandarne la memoria, benché ancora respiri.

Poi giunge il suono.

Con i loro occhi di ossidiana lampeggianti dietro le fessure dei cappucci, i Bianchi interrompono la processione, ma continuano a intonare il *Miserere Mei Deus*. Non so perché lo abbia ignorato finora, ma adesso finalmente so dove sono diretti: alla scala, al patibolo, al cappio.

Li osservo pietrificata, poi intercetto un movimento. Lo colgo con la coda dell'occhio. Teofania di Adamo, mia madre, la mia famiglia, sta per scendere dalla carretta che l'ha esibita come monito e minaccia per le strade della città. *Guardate! Guardate l'assassina! Gettatele i resti di stufato della settimana, le bucce di cipolla, le mele marce. Guardate come si ritrae per la vergogna! Costei che ha osato assassinare suo marito Francesco con il veleno!*

Si muove a fatica. La sua eleganza è annientata. La sua bellezza sconfitta. Lembi di arti le sono stati asportati con pinze cruente dall'aguzzino che ora le sta accanto e occhieggia la folla, accigliato. Il sangue cola dalle sue braccia e gocciola dalle punte delle falangi, prima rivestite di unghie. L'hanno brutalizzata, eppure resta per me una creatura di scintillante meraviglia. Tuttora non posso fare a meno di figurarmela quando, più giovane, mi prendeva per mano e m'insegnava i passi di danze eleganti. Né di sentire la prima nota acuta del liuto suonato dal maestro che m'impartiva lezioni, o le risa provenienti dalle sue stanze, sempre piene di dame e signori, musica e luci, quando non della presenza del Re del Pianeta in persona, Filippo di Spagna.

Ma, d'un tratto, l'incanto si rompe. Le persone si affollano come mosche su una carcassa putrida e l'aria si riempie di bestemmie e grida rabbiose che soffocano il salmo. *Strega! Diavulu! Buttana!*

Chissà se è stata Faustina a fare il nome di mia madre durante le torture. Se gli inquisitori erano in agguato nell'ombra, in attesa che lei compisse un passo falso e venisse allo scoperto. Oppure se lo ha intuito il mio patrigno, se Valentina sapeva tutto o se Clara si è sentita in dovere di confessare. Forse Francesco aveva scelto di proteggere mia madre e, quando è morto, non è rimasto più niente a trattenere gli inquisitori dal catturarla. O forse a tradirla è stata una delle clienti, una delle donne di cui si prendeva cura e che ha spifferato tutto nelle orecchie dei religiosi.

Non ho nessuna certezza, ma di una cosa sono convinta sin nel profondo. Qui non sono al sicuro. Verranno a prendere anche me.

Me ne sto in silenzio. Non derido, non spingo, non insulto, non sputo né alzo gli occhi al cielo come tutti quelli che mi stanno intorno. Mi sento già nauseata mentre aspetto che i secondi passino. Mi concentro su di lei e prego di non svenire. La guardo inciampare senza battere ciglio, esacerbando le grida festanti della folla. I membri della confraternita la conducono sul patibolo di legno e io percepisco quanto sforzo le costi restare in piedi, quanto dolore le provochi compiere ogni passo strascinato. Il sole, gli odori e il brusio mi procurano il mal di testa. Affondo le unghie nei palmi per non svenire. Devo restare con lei, così saprà che sono venuta per essere testimone del suo supplizio. Lo saprà, perché il filo dell'amore ci lega.

Ora i Bianchi pregano per la sua anima. Nell'udire le sacre parole, qui e là alcune teste si chinano, ma non tutte. Per ogni persona che mostra deferenza, cento altre proseguono a parlare e spingere, masticare e sbadigliare, e presto le preghiere cadono in sordina, soppiantate da una nuova ondata d'ingiurie. Ho la gola secca. Il cuore flebile. Non mi capacito che la mia vita caparbiamente continui, mentre mia madre viene derubata della sua.

Sento una donna parlare accanto a me. « ... A quanto pare ha commesso un crimine così malvagio che hanno escogitato una pena apposta per lei... dicono che verrà strozzata, ma non con la corda... con le mani. »

Non faccio in tempo a reagire che mia madre cade in ginocchio. Metto a fuoco l'uomo che le è stato a fianco tutto il tempo; vestito di nero, robusto, con le braccia sui fianchi e un cappuccio a coprirgli il volto.

Il boia.

La bile risale lungo la gola. Al mondo non resta che appena un minuto di mia madre. Lei bacia maldestramente i piedi dell'uomo che la ucciderà e se ne scusa. Io la osservo per cercare di distinguerne le sembianze, ma gliele hanno stravolte. È irriconoscibile persino ai miei occhi. Non discerno altro che i segni del loro odio, del loro massacro.

« *Passus et sepultus est.* » È il segnale che dà il via all'esecuzione, ma quella corda penzolante non è lì per mia madre, bensì per il boia, che si sposta di fronte a lei e, quando la preghiera finisce, solleva le mani ruvide e rosse e stringe le dita grasse intorno al collo. La folla trattiene il fiato. Per la durata di un battito lui indugia, come un attore sul palcoscenico davanti a un pubblico in visibilio. E, quando alla fine stringe la morsa, non riesco a sentire gli spasmi di mia madre perché la folla riprende ad agitarsi e a strepitare. Nella calura, alza il tono in un crescendo e spinge e sgomita per non perdersi il finale; il culmine dello spettacolo.

Sono condannata a contemplare ogni attimo dell'agonia. Ho la testa ottenebrata. La gola stretta al punto che sento anch'io l'attrito dell'ultimo respiro spremuto fuori dal corpo. È così reale che temo di svenire. Mia madre afferra le dita del boia come per fermarlo e qualcuno nelle vicinanze ride di quel gesto inutile. Le mie mani migrano verso il collo, ma le richiamo lungo i fianchi. Non devo rivelare la mia identità alla folla. Mi farebbe a pezzi.

Poi, inaspettatamente, il boia molla la presa. Lei frana sulla piattaforma e un sospiro corale si leva dalla piazza. Molti strizzano gli occhi e con la mano schermano il sole ormai all'apice, altri sembrano pregare. Mia madre è ancora viva, ma soltanto pochi istanti la separano dalla fine.

« Brucia all'inferno, strega! Sei la sgualdrina del diavolo! » urla qualcuno all'intorno.

Con un grosso uncino di metallo e ammirevole destrezza, il boia la squarcia in due dal petto all'inguine. La folla trattiene di nuovo il fiato e, quando vedo le viscere affiorare, affondo ancor di più le unghie nei palmi sino a farli sanguinare. Mi sforzo di continuare a guardare e vedo l'uomo con il cappuccio di cuoio protendere le interiora sulla folla in estasi. Respiro a stento e, assalita dai conati, sputo per terra. È quasi finita. Le mani rosso vivo del boia ora stringono il cuore ancora pulsante di colei che ha scandalizzato la Sicilia intera, e premurosamente lo solleva in alto perché tutti possano goderne.

Prosegue sezionando muscoli e ossa, grasso e tendini, ma ho visto abbastanza. Mentre mi allontano, facendomi spazio tra gli spettatori con forza inusitata, formulo un voto che diventerà il mio testamento. Porterò avanti l'opera di mia madre a qualunque costo. Per quanto sia rischioso e avventato, continuerò a preparare il suo rimedio e nessun uomo sarà più al sicuro.

Fuggo via dalla piazza gremita e, per le strade butterate, vado incontro al porto e a ciò che resta della mia vita. Dietro di me, sotto il sole alto, giace smembrato in quattro quarti roridi e grondanti il corpo di mia madre. Dentro di me batte acerbo il cuore di mia figlia.

# PARTE SECONDA

*Ubi periculum maius intenditur.*
Quando s'intuisce un pericolo più grande.

COSTITUZIONE PAPALE *UBI PERICULUM*,
Gregorio X, luglio 1274

# 15

## GIULIA

*Roma, giugno 1656 (ventitré anni dopo)*

« La peste! »

« La peste! Che Dio ci aiuti! »

Le voci si alzano in cielo come una nube di storni.

« Misericordia! Dio onnipotente, abbi pietà di noi. Ascolta la nostra supplica! »

Una donna grida, un bambino piange, uomini grugniscono, i flagelli si sollevano e frangono l'aria prima che le loro corde annodate si abbattano sulla carne lacera con uno schianto sordo. Segue una sospensione, una smorfia quasi udibile, poi riparte un'altra sequela di schiocchi. Mia figlia osserva con me ciò che accade nell'angusta via di Corte Savella. È alta, elegante e fiera nel portamento, come mia madre. Ogni volta che la guardo, mi sembra di riconoscerne l'eco del sorriso o del cipiglio, e il cuore si rimargina intorno al dolore ancora lancinante, a dispetto dei molti anni trascorsi.

I flagellanti, in numero di dodici, mormorano preghiere mentre si trascinano scalzi e a capo chino sul selciato. Ai lati del vicolo, fiancheggiato da alti edifici, due file di fedeli recitano litanie a voce cantata, facendo il segno della croce. Una donna si strappa i capelli, il suo vicino agita le mani imploranti verso il cielo. Sono scossi dallo spavento. Temono l'ira di un Dio vendicativo che sparge la pestilenza sul suo gregge per punirlo dei molti peccati.

La dozzina tutta maschile e seminuda geme mentre si castiga. Diversamente da noi, non si affida a santa Rosalia perché respinga la peste. I flagelli scuoiano. Schizzano sangue e sprigionano sudore mentre il bambino prosegue il suo pianto. La loro vista mi riporta nella camera illuminata di candele dove ho ricevuto le sferzate che questi strumenti di tortura assestano con feroce precisione.

« Vieni dentro, abbiamo visto abbastanza », dico a Girolama.

Con il suo abito di raso pregiato e una collana di diamanti a impreziosirne il décolleté, mia figlia è l'incarnazione della moda e del lusso. Al suo confronto, sono certa di sfigurare, avvolta nella mia veste di lino e in un grembiule unto e annodato alla bell'e meglio intorno alla vita ancora sottile.

Scaccia come fosse una mosca la mano che le ho posato sul braccio e io devo mordermi la lingua.

La notizia della peste non è giunta inattesa, eppure sta portando con sé paura e carestia, tanto che in tutta la penisola i campi restano incolti e il prezzo del pane aumenta di giorno in giorno. Da diverse settimane, nei mercati e nei lavatoi, non si parla d'altro che di un'epidemia in arrivo da Napoli. Ma noialtre, che esercitiamo le arti segrete delle piante, la scienza delle erbe e altre pratiche affini, l'avevamo subodorata da tempo. Avevamo percepito la pestilenza avvicinarsi come un miasma rovente e putrido, alitato da una bestia sopra le chiese, i palazzi, i vicoli e i mercati della Città eterna.

Seppur con un'alzata di spalle, la mia figliola volitiva, ostinata e caparbia finisce per obbedire. Nel retrobottega della spezieria, la nostra Graziosa, lagnosa e irascibile, si sta scaldando le terga vicino al focolare. Invece, la mia cara amica Giovanna è andata ad aiutare una donna a partorire dentro una baracca dell'Urbe inadatta persino al bestiame.

« Cosa si dice? Ci sono notizie della peste? » chiedo, mentre raccolgo il pestello e lo avvicino a un grande mortaio di bronzo.

Oltre a un pessimo carattere, Graziosa ha una stupefacente chioma rossa a striature grigie e il collo pieno di collane da cui pendono ciondoli e medagliette con l'effigie di santi che tintinnano al minimo movimento. Ogni giorno ci aiuta a dispensare i rimedi per la città, confabula con le donne a messa, bussa alle porte di chi abbisogna delle nostre cure ostetriche, raccoglie le provvigioni, consegna erbe e unguenti, e procura nuova clientela con la massima discrezione di cui è capace. È al mio servizio da anni, sebbene ancora non me ne spieghi appieno il motivo. Con il suo fisico magro e dinoccolato, il bagliore nei piccoli occhi marroni e disallineati, e la testa che ruota di continuo, senza quiete e curiosa di tutto, mi ricorda in ogni dettaglio un passerotto.

Quando mi ha avvicinata per la prima volta, avevo avviato da poco il mio commercio nell'Urbe, anche se la fama di donna in grado di sanare i cattivi matrimoni, da Palermo, si era già diffusa come un incendio per tutta Roma.

Eravamo fianco a fianco con altre donne in fondo alla navata della chiesa di Santa Maria sopra Minerva, mentre la messa si dispiegava incessante sopra le nostre teste. « È vero che sei capace di far sparire i mariti? » aveva chiesto e, in assenza di una risposta, con un'espressione furba sul volto segnato, aveva insistito: « Io so chi sei ».

« E chi sono? » avevo risposto, attenta a non alzare la voce. Conoscevo quella donna. La chiamavano « la pia mendicante » e sapevo che si dilettava nelle arti occulte, dispensando rimedi contro la sterilità e amuleti contro il malocchio. Le donne parlavano liberamente di quelle faccende durante la messa, al riparo dalle orecchie dei loro padroni. Una volta, a Roma, la magia era una pratica ampiamente accettata e in molti si arrabattavano a vendere preghiere in forma d'incantesimi, o intrugli per alleviare le pene d'amore o contenere le distrazioni dei mariti. Era, ed è tuttora, una componente naturale del mondo, a differenza di quanto accadeva a Palermo, avamposto della Spagna dove tutto era eresia ed era bandita ogni pratica si discostasse dai dettami della Chiesa cattolica. Roma è stata un'amante ben più indulgente, almeno fino a quando la paura non ha cominciato a serpeggiare nei tuguri e nei palazzi, e la morte a bussare alle porte. I tempi sono cambiati e ciò che prima era normale ora è considerato peccaminoso.

«Sei colei che chiamano la Signora della morte...» aveva ghignato con la sua chioma di fuoco, svelando una fila di denti marci.

«Non conosco nessuno con questo nome», avevo risposto, improvvisamente fredda.

Detto ciò, mi ero voltata dall'altra parte, ma Graziosa mi aveva afferrato un braccio per sussurrarmi all'orecchio: «Conosco molte donne che hanno bisogno del tuo rimedio. Potrei aiutarti».

Mi ero girata di nuovo per guardarla in volto e carpirne le intenzioni, e avevo sentito un'affinità istintiva, nonostante le sue maniere. Aveva gli occhi affilati come un falco, e tutt'oggi non sono da meno.

«Chi mi dice che posso fidarmi?» avevo chiesto, per poi sottrarmi alla sua stretta ossuta, mentre entrambe chinavamo il capo in preghiera.

Lei aveva ghignato con pura malvagità: «Nessuno. Te lo dimostrerò io». E aveva mantenuto la promessa.

Nel giro di poche settimane, avevo più clienti di quante potessi soddisfarne e, da allora, Graziosa ha fatto parte della mia piccola cerchia al pari di mia figlia e della mia amica.

La nostra pia mendicante ha sempre freddo. Perfino all'inizio delle estati romane si copre di strati di stracci luridi, benché io le corrisponda una paga sufficiente per un letto dignitoso, abiti nuovi e un consono desinare. Quando solleva le gonne rancide per scaldarsi i due stecchi che ha al posto delle gambe, l'odore di biancheria sporca inonda il retrobottega.

«Apri la tenda, facciamo entrare un po' d'aria», dico a mia figlia.

«Sarà pure malsana e piena di semi della peste, ma è sempre meglio delle gonne di una vecchia», commenta lei.

Sollevo un sopracciglio e Girolama mi sorride impenitente. Si avvicina alla porta, tra il fruscio delle gonne e il tintinnio dei gioielli, e il sorriso si allarga in una risata mentre scosta lo spesso drappo di velluto che separa la bottega dall'officina nascosta sul retro.

« Ho visto mucchi di cadaveri impilati fuori le mura della città », dice Graziosa.

« E come ci sei riuscita? » replico io. Tranne due, tutte le porte dell'Urbe sono chiuse per timore di un nuovo contagio. Nessuno può entrare o uscire senza un lasciapassare. Come ha potuto varcarle una fetida mendicante, se perfino i maggiorenti non sono autorizzati?

Senza aspettare risposta, torno al lavoro che avevo interrotto al passaggio dei flagellanti: triturare erbe fragranti e amare, come rosmarino, partenio e timo. Tutte efficaci contro i cattivi odori e l'aria viziata.

Graziosa schiaccia una noce tra i denti neri superstiti e sogghigna maliziosa. « Oh, io posso andare dove voglio, bella. Posso scomparire come il fumo che si alza da una candela. Posso uscire ed entrare a mio piacimento. Nessuno fa caso a una povera vecchia. »

« Neanche a una vecchia fascinosa come te? » Girolama sbadiglia, quasi che schernire la nostra amica la stremasse. È rimasta fuori fino a tardi la scorsa notte ed è rientrata appena prima del canto del gallo. Io l'ho aspettata, come ho sempre fatto e sempre farò.

Per quanto le ripeta di non mettersi in mostra e non ostentare le sue doti di astrologa, lei ignora i miei consigli e li archivia come paure materne. Da quando sono scappata da Palermo con lei in grembo, non ho mai smesso di fuggire dagli inquisitori. E anche adesso che siamo nascoste in una piccola spezieria, in un vicolo minuscolo nel cuore di una grande città, la fuga prosegue.

« Girolama, aiutami a ultimare questi rimedi. Ci sarà molta richiesta nelle prossime settimane. »

Mia figlia mi guarda neghittosa, come un felino che si stiracchi al primo raggio di sole. Ricordo che Gattino lo faceva tutte le volte che aveva gustato una buona cena.

« Mamma, sono esausta. Non sapete quante premonizioni mi sono state richieste la scorsa notte. »

« Guardati dai duchi e dalle contesse. Possono coprirti di denaro e favori finché vuoi, ma resti pur sempre un loro gingillo. »

Mia figlia sorride, e scopro che le mie parole non hanno scalfito la sua altezzosità. Si atteggia a gran dama, tuttavia non lo è. Non l'accetteranno mai come una di loro e questo pensiero mi angoscia. Si ravvia i capelli corvini e m'ignora, come fanno le figlie. Prego che abbia ragione e che le sue nobili entrature bastino ad abbagliare i membri del clero, che a loro volta frequentano l'aristocrazia romana.

Acconsento ad abbandonare la discussione, ben sapendo che è solo rinviata. Il nostro è già un lavoro rischioso, un cammino disseminato di pericoli, non ha alcun senso ostentarlo.

Distolgo lo sguardo dalla mia splendida figlia e lo riporto su Graziosa, che continua a emanare effluvi pestilenziali. « Allora, cos'hanno detto a messa? Cosa farà il nostro papa inquisitore per aiutare la gente? »

Graziosa sputa un gheriglio. Lo vedo atterrare sul pavimento e rotolare fino alla pianella in seta di Girolama.

Roma, o meglio tutto il mondo cattolico, ha un nuovo pontefice: Alessandro VII, inquisitore di Malta. Un uomo che si dice abbia osservato impassibile gli eretici, per suo volere condannati al rogo, urlare agonizzanti mentre la loro pelle si liquefaceva davanti ai suoi occhi.

Graziosa tira su con il naso. « Non che sua maestà suprema il papa si degni d'informarmi personalmente. Ma ho sentito dire che un altro membro del casato dei Chigi verrà in città per salvarci. Pare che il fratello del pontefice aprirà lazzaretti e ci spedirà tutti a morire in letti improvvisati, lontano dalle famiglie e dai nostri cari... »

A Girolama sfugge uno sbuffo di derisione. « Tu dormi

sempre in letti improvvisati, vecchia.» Le due si guardano, poi la più giovane ride di nuovo. «Mia madre ti paga a dovere, eppure ogni notte vai a coricarti in mezzo agli stracci, sul marmo freddo di una chiesa ogni volta diversa. Dubito che un lazzaretto possa essere peggio.»

Graziosa scrolla le spalle. «Preferisco mille volte il marmo consacrato», dice lapidaria.

«Mostri una devozione sbalorditiva, per essere una che vende veleni», commento, lanciando uno sguardo divertito a mia figlia.

La vegliarda estrae un'altra noce dalle gonne e la schiaccia tra i denti. «Dio vede il sacrificio che compio nel privare il corpo e le mie povere ossa di un letto caldo e comodo. Quando arriverà il giorno del Giudizio, ciascuno sarà ricompensato secondo i propri meriti.»

Ciascuno sarà ricompensato.

Cala un silenzio carico di tutte le parole non dette, pregno di tutti i loro colori e sapori.

Girolama si volta a guardarmi. «La scorsa notte le carte mi hanno mostrato la fine dell'inquisitore Alessandro. E anche i pianeti presagiscono morte e turbolenza.»

«Non è saggio predire il decesso di un papa nei salotti delle feste. Modera le predizioni, non puoi sapere chi sia all'ascolto», replico. «E poi c'è la peste. Si sa che verranno scavate centinaia di fosse, non serve che te lo svelino i pianeti o i tarocchi.»

Ciò detto, faccio ritorno al mortaio, dove gli steli resinosi, per metà macinati, riempiono di aromi la piccola stanza, al bagliore lento del fuoco.

# 16

Un'elegante carrozza con le tende di velluto e broccato sferraglia davanti alle sentinelle che presidiano le porte della città, strepitando e sobbalzando sul selciato.

Io e la mia amica Giovanna stiamo camminando nei paraggi, quando all'improvviso la vettura si arresta con un fragore spaventoso davanti a due braccianti che hanno bloccato la strada con i loro carretti e ora litigano tra loro gesticolando.

« Oooh, ferma. » Il cocchiere tira le redini e, mentre le ruote scricchiolano e gli zoccoli slittano sul manto sconnesso, un uomo scosta la bandinella e sporge la testa dal finestrino per sincerarsi di quale calamità sia sopraggiunta.

Dura un attimo, pari al frullo di un uccello che s'invola, ma, quando il passeggero si affaccia, ne intravedo un altro seduto di fianco. Dovrebbe essere quello con la testa fuori del finestrino a catturare la mia attenzione, invece la luce investe un oggetto all'interno dell'abitacolo – una spilla o un gioiello di altra foggia – e i miei occhi migrano sull'uomo in penombra. Per un istante breve e inaspettato, i nostri sguardi s'incontrano e sento il terreno prima cedere e poi sollevarsi, come la chiglia al passaggio di un'onda.

Giovanna mi afferra il braccio quando, barcollando, per poco non perdo di mano il paniere. « Giulia. Stai bene? Che ti prende? »

I suoi occhi, di un verde bruno come le olive, si offuscano. D'un tratto il suo volto mi appare come trasfigurato e coperto da una benda di lino che filtra particelle invisibili. Intorno al collo, un sacchetto di erbe fragranti mitiga le sue inalazioni e sembra oscillare avanti e indietro come un pendolo, mentre il sibilo ricomincia a echeggiare.

L'ultima volta che ho udito questa bizzarra nota acuta, così penetrante da farmi esplodere la testa, ero ancora una ragazza. Porto una mano alla tempia e mi sforzo di restare in me. Poi sopraggiunge il fetore. Questa volta sembra un tanfo di bruciato, come se tutto quanto intorno a noi fosse avvinto dalle fiamme: le persone, i loro abiti, la loro pelle. Un fumo grasso e spesso mi riempie i polmoni facendomi ansimare e tossire.

«Cosa succede? Mio Dio, non sarà la peste?» Gli occhi di Giovanna m'interrogano, ma io non riesco a rispondere. Poi, così com'è arrivata, la sensazione svanisce, lasciandosi alle spalle una scia di zolfo. La carrozza si riavvia sbandando, la lite tra i braccianti si stempera e la strada si svuota. Guardo la vettura sobbalzare via, con la scocca tremolante. Veniamo superate da una legione di cavalleggeri che recano alabarde e vessilli sventolanti su cui è raffigurato uno stemma con sei colli e una stella a otto punte.

Chi è quell'uomo? E cos'è questa sensazione?

Sono passati molti anni da quando ho avuto l'ultima visione, ai tempi in cui ero ancora a Palermo. Avevo quasi dimenticato la nausea che provoca il suo impatto, le vertigini che genera la sua eco. Perché mai quella vista, quello sguardo sfuggente mi hanno scosso a tal punto?

«Vieni, dobbiamo andare, abbiamo del lavoro da fare», dico a Giovanna, mentre combatto contro l'urgenza improvvisa di gridare, di correre via. Dal profondo della mia anima, non desidererei altro che scappare e sottrarmi a quello sfavillio, a quello sguardo scuro e impassibile.

Le campane suonano la Nona mentre raggiungiamo la casa dove siamo state convocate a Trastevere, lo sguardo puntato verso la basilica di San Pietro, che con la sua maestosità domina sul frastuono e sull'afa della città antica.

Mentre con una mano reggo il paniere pieno delle erbe e delle piante che potranno servirci, con l'altra busso alla porta. Mi guardo alle spalle e lo stesso fa Giovanna, ma non notiamo altri che un'anziana che porta un fagotto di panni da lavare e un tizio che ha tutta l'aria di essere un medico della peste, a giudicare dalla maschera di pelle che serve a coprirgli il volto e a contenere al suo interno un sacchetto di erbe aromatiche utili a contrastare gli effluvi. Pur tremante, riesco a battere le nocche, e sull'uscio appare una donna con indosso un abito nero e sul volto un'espressione cupa, che ci fa segno di entrare.

« C'è la peste qui da voi? » Mi guardo intorno, ma non vedo croci imbrattate sulle porte, né altri segni che le abitazioni vicine siano state intaccate dal contagio.

« No, madonna. Venite, presto, prima che i vicini ci vedano. »

È una casa modesta, ma per nulla simile a un tugurio, con il suo ingresso ampio e un confortevole soggiorno per ricevere gli ospiti, anche se non è lì che veniamo indirizzate.

« È nella sua camera, vi sta aspettando. »

Percorriamo una rampa di scale che ci conduce al primo piano. La donna che è venuta ad aprirci, la stessa che ieri si è presentata alla spezieria, ci guida in una stanza interna, soffocante e asfittica con l'innalzarsi della calura. Al centro, su un letto confortevole il giusto, giace una ragazza di un'età all'apparenza simile a quella di mia figlia. Al suo capezzale, due fanciulle più giovani, che deduco essere le sorelle, si voltano a guardarci con due paia di occhi che mi ricordano gli allocchi che nidificano in cima agli alberi di Roma. Ma le civette sono presagi di morte, perciò scaccio il pensiero e poso il paniere. Forse oggi cesserà solo un piccolo battito, una piccola vita.

« Porti in grembo un bambino che non desideri? » chiedo.

Giovanna si sta già arrotolando le maniche.

La ragazza annuisce.

« Lucrezia, di' loro quello che hai detto a me », la incalza la madre.

Dallo sguardo che si scambiano, capisco che non è la prima volta che la giovane ricorre a tale prestazione. Infatti, conferma il mio sospetto. « Il mestruo non è arrivato e ho capito che ero di nuovo gravida. Abbiamo cercato in tutti i modi di sbarazzarcene. Mia madre mi ha portato in luoghi pieni di aria viziata, ma non ha funzionato. Così come sono stati vani i bagni caldi e la caduta dalle scale, che mi ha lasciato solo orrendi lividi su tutto il corpo. Il mio uomo mi ha riempito di colpi alla schiena e di pugni alla pancia, ma non è bastato. »

« Non hai provato con le erbe purificanti? » Mi porto di fianco alla ragazza mentre Giovanna prepara strisce di lino e muschio per contenere i sanguinamenti. « Elleboro, ginepro e ruta avrebbero agito prima e in modo più sicuro. Persino una tisana al prezzemolo avrebbe raggiunto lo scopo senza procurare rischi o ferite. »

Lucrezia mi guarda. Ha gli occhi a mandorla e la pelle che risplende per la giovinezza e la gravidanza. « Non ero sicura. Avevo mal di pancia, ma poteva essere il mestruo. Poi, quando non è arrivato e ho sofferto di nausea ogni mattina, ne ho avuto la certezza. Il frate mi ha detto che l'incantesimo che mi ha venduto avrebbe procurato l'aborto, ma non è successo. »

« Quale frate? Quale incantesimo? » chiedo accigliata.

Mi risponde la madre. « La moglie di mio cugino ci ha fatto il nome di un frate che promette di far sparire i bambini indesiderati scrivendo parole sacre su una pergamena e legandola intorno al ventre gravido. »

La guardo e sospiro, di fronte all'evidenza che le donne crederebbero a tutto pur di sbarazzarsi di ciò che le opprime.

« Non sono sposata e il mio uomo è legato a un'altra. Mi potete aiutare? » dice Lucrezia, senza mezzi termini.

Giovanna e io ci scambiamo uno sguardo. Siamo qui per liberare questa giovane dal bambino che porta in grembo, sperando di non ucciderla nel mentre.

« Ci proviamo », dico.

« Si è mosso? » chiede Giovanna, riferendosi all'animarsi dell'embrione allorché da animale si trasforma in bambino, secondo il diritto canonico. Un tempo di quaranta giorni per i maschi e di ottanta per le femmine, in cui rimangono sospesi nei vischiosi liquidi del grembo prima di rapprendersi e diventare umani. « Perché, se lo ha fatto ed è un maschio, allora oggi commetteremo un peccato mortale », aggiunge mentre opera. Omette di dire che, se uccidiamo la madre ricorrendo ai nostri metodi, saremo entrambe condannate al patibolo.

« Aprite le imposte, fa già caldo. Bisogna che Lucrezia stia quanto più tranquilla e comoda possibile », dico, per poi aggiungere all'orecchio di sua madre: « Se sopravvive a un altro aborto, dobbiamo fare tutto ciò che è in nostro potere per placare la febbre e i dolori. Farete bene ad allontanare le altre due figlie dalla stanza. Non ameranno assistere a quanto sta per accadere ».

La donna annuisce, pallida in viso, e invita le fanciulle, con gli occhi ancora fissi e spalancati, a uscire dalla stanza. Segue una pausa infinitesimale, un istante dove tutto può essere interrotto e riavvolto. Ma, poiché nessuno parla, proseguiamo.

Giovanna opera in fretta. Con il mio aiuto, la madre trattiene Lucrezia fino al momento in cui non è più incinta e soffoca le urla della figlia con una mano sulla sua bocca. Il grumo sanguinolento cade nel secchio, le lacrime rigano il volto della ragazza.

« Sstt, piccola, andrà tutto bene. Ti troveremo un buon marito che darà a te tanti figli e a me tanti nipoti. »

Prego che le parole della madre siano vere. Prego che superi la notte.

Quando ce ne andiamo, il sole estivo si sta abbassando. La casa è immersa nel silenzio e Lucrezia dorme per effetto del laudano che le ho dato per alleviare il dolore. È bandito dal Sant'Uffizio come strumento del demonio, ma io e il Cornuto siamo in combutta, ci riconosciamo a vicenda, perciò disobbedisco a questo divieto, come a molti altri.

« Vivrà? » mi chiede una delle sorelle, mentre ci avviamo verso l'uscita.

Mi volto a guardarla, vedo la preoccupazione e lo smarrimento nei suoi occhi, e le metto una mano sulla spalla. « Prega per lei. Prega per tutte noi. Questo terrà lontana l'infezione: è una mistura a base di fichi secchi, ruta e miele. Deve assumerne una dose ogni mattina », dico, passandole il vasetto.

Mentre stiamo per aprire la porta, la madre di Lucrezia congeda le figlie e si avvicina. « Voi siete la Signora della morte. Non negate », dice, facendosi dappresso.

Guardo Giovanna. Il suo volto, come il mio, è immerso nella penombra.

« Ho bisogno della vostra medicina, quella che uccide invece di curare. Non posso permettere che quell'uomo avvicini di nuovo Lucrezia. È sposato, ma non la lascerà in pace. Vi prego, madonna, devo sbarazzarmene. Non ha prole. Solo sua moglie ne soffrirà, ma voci dicono che lei abbia già un amante, un conciatore di Firenze, sicché... » La sua voce ora è appena udibile.

« Quello che abbiamo commesso oggi qui è già un peccato mortale. Quanti altri ne volete sulla coscienza? » L'aria tra di noi si è ispessita. Fuori, ora, la strada è affollata di gente che torna a casa o porta a termine le incombenze. Ripenso al luccichio del metallo, alla carrozza sobbalzante.

« Giulia, l'aborto è un conto, ma che ne sappiamo di quell'uomo? Vieni, abbiamo fatto abbastanza per oggi. » Giovanna mi fissa con fermezza.

Da una parte c'è la madre, in lacrime. Dall'altra la mia amica, con la fronte aggrottata.

« La picchia? Le dice malvagità? » chiedo, mentre, da Giovanna, sposto di nuovo lo sguardo sulla donna.

Costei mi afferra la mano libera dal paniere in cui ho riposto, in fondo a tutto, tra le pezze di lino, due caraffine di liquido incolore con sopra l'immagine di san Nicola di Bari. È la manna del santo, all'apparenza. Dicono infatti che le sue spoglie emanino un olio curativo che guarisce tutto, dall'edema alla melancolia. Ne porto sempre un paio con me. Per nessun altro motivo, se non che lo faceva anche mia madre.

La stretta della donna è decisa. « Non la picchia, ma fa di peggio. Al piano di sopra, mia figlia combatte tra la vita e la morte. Se pure sopravvivrà, non potrà mai dare alla luce un bambino per un uomo che possa fare di lei una donna onesta. Non è forse peggio che se la picchiasse? »

Giovanna sibila il mio nome. È un gesto impercettibile, un lieve soffio tra le labbra, ma suona come un monito. « Giulia... »

Ritraggo la mano e la poso sul braccio della mia amica, stringendolo appena. « Va tutto bene. »

La boccetta di vetro è fredda al tatto. La porgo alla donna. « La vostra è una richiesta insolita, poiché non viene da una moglie che desidera restare vedova né da una prostituta che intende affrancarsi. Se Lucrezia sopravvive, questa potrà esserle utile. »

Giovanna scuote il capo. È in collera con me. Ma non demordo. Impartisco le istruzioni che do a tutte le donne che aiutiamo: « Una goccia alla volta. Solo una, poi un'altra la settimana dopo. E nel giro di un mese non avrete più di che preoccuparvi ». Se mi concentro, riesco a sentire la voce di mia madre pronunciare le stesse parole.

Ora il mio cuore batte più forte. Prendo il sacchetto che la donna mi porge per pagare l'aborto ma, quando fruga nelle gonne in cerca di altre monete, la trattengo. « Mettete in conto i preparati e i servizi di ostetricia, ma non quest'ulteriore rimedio. Prego Dio che possiate servirvene, perché vorrà dire che vostra figlia sarà sopravvissuta. »

« Grazie, madonna. Voi siete un angelo mandato dal cielo », dice mentre ci accingiamo ad aprire la porta.

*Un angelo di morte*, penso io mentre usciamo, avviluppate nei mantelli, dopo aver controllato la strada.

Una volta fuori, Giovanna non si trattiene. « Come hai potuto? Non sappiamo niente di lei, eccetto che è venuta alla spezieria per chiedere i nostri servigi! Né sappiamo niente di quell'uomo. »

« Ho avuto compassione di lei, Giovanna. Ho provato dispiacere. Sua figlia potrebbe morire stanotte. Non sopporterei mai che Girolama fosse messa nelle stesse condizioni, di fronte alle stesse scelte... Perdonami se ho ignorato il tuo saggio consiglio. Non lo farò più. »

Il volto di Giovanna si rilassa e accenna un sorriso. Sa meglio di me che la promessa è vana. La guardo in volto. L'ombra è scalfita da un barbaglio e per un attimo mi appare l'immagine di Francesco, con la sua attenzione incrollabile e indesiderata, l'interesse che riservava a me e a mia madre. Devo ingoiare il sapore di bile, nel ricordare che neppure io avevo scelta. Sento l'odio nei suoi riguardi crescermi dentro e so che è uguale a quello che provo per l'uomo responsabile dello stato di Lucrezia.

In modo inspiegabile, Giovanna annuisce come se comprendesse. Quel gesto ci rimette in armonia e subito vengo colta da un'altra visione. Questa volta è un baluginio nero, blu e bianco; due gazze inarcano le ali e chioccolano alzandosi in volo. Ci fermiamo e le guardiamo prima allontanarsi e poi calare in picchiata verso i rigogliosi giardini vaticani.

Luglio 1656

Lucrezia Fabbri, aborto (Giovanna)
7 scudi

Una caraffina di Acqua (Giulia)
Nessun compenso

# 17

## FABIO CHIGI, PAPA ALESSANDRO VII

Un frullo d'ali smuove l'aria davanti alla finestra del mio ufficio privato, all'interno del Palazzo apostolico. Rapito dalla gioia e dalla delizia di quel passaggio di gazze a volo spiegato, sospendo la lettura e dimentico per un istante le carte su cui ero chino. Quassù sono a un passo dal paradiso, o almeno così mi piace pensare, mentre siedo allo scrittoio in abiti pontificali per esaminare i dispacci del giorno e formulare le risposte che mi sono richieste in qualità di Santo Padre, rappresentante di Dio in terra.

Un colpo secco alla porta mi riscuote. Uno dei numerosi camerieri mi riverisce con un inchino e annuncia l'arrivo di mio fratello Mario.

«Fatelo entrare», mormoro, dopo aver girato la chiave nella toppa dello scrigno in cui conservo i miei segreti e averla riposta sotto il teschio in marmo, vicino alla pila di pergamene e documenti disposti ordinatamente sul ripiano in legno. Il mio caro amico Gian Lorenzo Bernini ha intagliato all'uopo un incavo sotto il suo capolavoro; un'intaccatura, una piccola nicchia in cui occultare quella chiave, il mio bene più prezioso.

Nell'alzarmi, liscio la talare, sistemo l'anello piscatorio e sfioro lo zucchetto perché nulla sia fuori posto.

Sulla soglia compare mio fratello, che solleva il cappello piumato e si prostra, imitato dall'uomo che lo segue, un passo indietro.

Getto uno sguardo all'accompagnatore, poi lo riporto sul capo chino di Mario. «Fratello», lo saluto, mentre levo la mano destra in segno di benedizione, per poi tenderla in avanti.

Lui s'inginocchia e sfiora con le labbra l'anello. «Permettetemi di presentarvi l'inquisitore Stefano Bracchi», dice, mentre arretra per fare spazio allo sconosciuto, che a sua volta si genuflette e bacia l'anello d'oro che reca inciso, su mio disegno, lo stemma dei Chigi: sei colli sormontati da una stella a otto punte. Costui ha labbra carnose, occhi svelti e intelligenti, un portamento che ne rivela l'alto rango; la chioma folta e corvina, e la corporatura robusta di chi è aduso a spossanti cavalcate. Indossa un mantello semplice, tuttavia non mi sfuggono le pietre preziose che ne tempestano il fermaglio.

«Siate il benvenuto», dico all'inquisitore.

Appena poche settimane fa avevo scritto a Mario affinché accorresse a Roma per sgominare la pestilenza, come ha fatto a Siena. Lì ha istituito quarantene per gli ammalati e i moribondi, ha chiuso tutti gli esercizi pubblici eccetto quelli destinati al culto, ha liberato la città dai cadaveri infetti e fatto tracciare croci sugli usci delle case di chiunque avesse manifestato i terribili bubboni del contagio. Nella missiva avevo inserito anche un messaggio segreto. *Portate spie, boia e sbirri. La peste non è l'unico morbo che affligge l'Urbe. L'eresia e la stregoneria sono un cancro che prolifera indisturbato. Questa pestilenza è il castigo che Dio ci ha inflitto per i nostri peccati e io mi sono ripromesso di sradicarla senza pietà. Predisponete la medicina e farò in modo che tutti i romani la assumano.*

«Santo Padre, grazie per avermi accolto alla vostra presenza.» La voce di Bracchi è flebile, sottile; il suo capo scuro, piegato in segno di supplica.

«Immagino che il viaggio sia stato faticoso. Mi premurerò che troviate nelle vostre stanze un adeguato ristoro», dico, mentre faccio loro segno di alzarsi.

«È stato nulla in confronto al lavoro che ci aspetta qui a Roma», risponde Mario. «Occorrerà prendere provvedimenti immediati. I miei uomini sono entrati in città già da diversi giorni. Ho collocato sentinelle in prossimità di tutte le porte cittadine e ho dato ordine di chiuderle per impedire la proliferazione del contagio. Ho identificato due possibili luoghi da adibire a lazzaretto. E, con il vostro benestare, fratello, adotteremo subito ulteriori misure.»

Anche se non lo do a vedere, mi provoca una certa emozione udire il mio fratello maggiore, da nostro padre tanto osannato per la destrezza sulla sella e con la spada, riconoscere la mia autorità e chiedermi il permesso di agire.

«Sotto il mio diretto controllo, da questo momento avrete tutto ciò che vi occorre per intraprendere le misure necessarie a debellare la pestilenza. Sarete il nuovo commissario di Sanità e in queste vesti salverete Roma. Nondimeno...» Faccio una breve pausa, poi proseguo: «L'intervento di Bracchi sarà forse ancora più urgente, poiché Dio sta castigando la nostra città per i peccati e per la corruzione che troppo a lungo sono stati lasciati liberi di radicarsi e proliferare impunemente. Inquisitore Bracchi, spetta a voi l'onere di perseguire l'eresia in ogni sua forma. È compito di Dio, ma è anche obbligo dello Stato e del Sant'Uffizio. Dobbiamo mostrare obbedienza e devozione... Siete anche voi di questo avviso?»

Bracchi appare calmo. Non sembra per nulla intaccato dalla mia magnificenza, né da quella del palazzo e dei preziosi arredi. Ha la protervia di un uomo nato per comandare, eppure, da quel che mi risulta, è figlio di un semplice commerciante di pellame, per quanto benestante, se non ricco.

«Quanti si oppongono ai codici della Chiesa, operano in combutta con il demonio, praticano incantesimi, predicono il futuro o trasgrediscono le leggi della fede cattolica saranno riportati all'obbedienza, Santo Padre. Le mie spie passeranno al setaccio ogni luogo e abitazione dell'Urbe, per gettare la rete che catturerà streghe, indovini e praticanti di magia nera, criminali e trasgressori della legge.»

Annuisco in segno di approvazione. « Ci renderete un sacro servigio. »

Dopo aver guardato il nuovo inquisitore andarsene, esibendo una dose di sicumera che non mi è mai appartenuta, sebbene sia nato in una delle famiglie più importanti dello Stato, mi avvicino a una finestra. Sono diverse le persone che popolano la piazza davanti alla basilica, ma su tutte noto una donna, che ha preso a guardare in alto, come se mi stesse cercando. I capelli, del colore dei campi di grano della mia terra natia, le ricadono lunghi sulla schiena, poiché il semplice trenzale stenta a trattenerne le onde ribelli. Quasi che avesse notato il mio sguardo, si porta il cappuccio sopra la testa per nascondere il viso, ma non prima che io ne abbia colto la straordinaria bellezza. Ho il perfetto dominio di me, tuttavia, se fossi un uomo debole, soccomberei alla lussuria di fronte a una siffatta creatura. Il suo contegno, il suo fascino... per un istante mi ricordano quelli di mia madre; poi, quegli occhi singolari - che mi appaiono verdi da questa distanza -, la pelle radiosa, la chioma lunga sino ai fianchi lentamente svaniscono.

Abbasso le palpebre. Tiro un respiro. È tempo di agire. Che l'opera abbia inizio.

# 18

## GIULIA

Mi chiedo se mi stiano spiando e qualcosa mi dice, senza ombra di dubbio, di sì. Mi sento esposta e sollevo il cappuccio sopra la testa, sebbene ci siano almeno altre venti persone, oltre a me, nella piazza davanti alla basilica di San Pietro e agli appartamenti papali. Guardo in alto e le finestre del Palazzo apostolico mi restituiscono uno sguardo vuoto, cieco. Non si avverte movimento umano dietro di esse. Eppure non mi abbandona l'impressione di essere osservata.

Giovanna è andata a messa dopo che abbiamo lasciato Lucrezia. Io, invece, ho deciso di vagare per Roma. L'aria sembra diversa, quasi che il vento avesse mutato direzione e si fosse alzato. Il cielo è carico, gravido e teso come se stesse per accogliere un temporale.

Con l'arrivo della pestilenza, le strade si sono svuotate, ma siamo ancora in molti a dover tirare avanti e uscire di casa per comprare il pane, andare a messa o guadagnarci da vivere. Sicché, in definitiva, è cambiato poco, eccezion fatta per le croci, che ogni giorno vengono tracciate sugli usci delle case, e per i medici della peste, che si aggirano bardati di nere tuniche ondeggianti e di un bastone puntato nella direzione di marcia.

Ogni sera, i carri della peste sobbalzano per le strade, guidati dai monatti che gridano: «Portate i vostri morti». Chissà cosa pensano i cadaveri a essere scaricati su altre salme in disfacimento, facce contro inguini, gambe intrecciate a braccia. Sono contrariati o divertiti da quell'incongruo sfoggio di membra annerite, bubboni suppuranti e volti smunti e grigi che fissano il vuoto all'infinito? O forse lo considerano l'ultimo atto di una vita trascorsa ai margini del palcoscenico, come tante comparse di un grande dramma? Quei corpi immobili appartengono a persone che conoscevamo – il fornaio in fondo alla piazza, l'oste, il macellaio –, sebbene ora giacciano muti e deformati dal morbo. La ritengono una morte degna? Oppure ci guardano dall'alto commiserandoci?

A noi i morti non parlano. E forse è meglio così.

Percorro vicoli squallidi e stretti, dopo aver superato Ponte Sant'Angelo, dove la sagoma marmorea dell'arcangelo Michele si mescola a quelle dei condannati a morte. Non so bene cosa cerco, ma so di dover proseguire. Di tanto in tanto mi sembra di avvertire dei passi alle mie spalle, ma quando mi fermo e mi volto per ispezionare la strada non vedo nessuno, o perlomeno nessuno che appaia fuori posto. Nient'altro che madri con nugoli di bambini sozzi, schiaffeggiati a turno con mani grandi e arrossate. Lavandaie, ubriaconi, soldati o ragazzini inviati all'occorrenza a recapitare messaggi.

Mentre cammino, sento il richiamo della pozione e, sebbene ne abbia preparata una pignatta solo poche notti fa, decido che è tempo di rimettermi all'opera. Il desiderio dell'Acqua di mia madre è al tempo stesso un tormento e un conforto, che non mi abbandonano mai.

Ora che so dove andare, cambio direzione. Stanotte invocherò mia madre e danzerò con lei mentre la pozione ribolle e il gufo bubola. Dacché imperversa la peste, sono diventata più ardita. Cerco nuove clienti e offro il rimedio con più disinvoltura di prima. Chi può discernere, infatti, in questi tempi confusi, quale sia la vera causa di un decesso? Chi può sapere se un male sia stato indotto da Dio o dal demonio? Questa pestilenza ha dato alla mia cerchia di avvelenatrici la possibilità di dispensare l'Acqua senza il timore di essere scoperte. Le donne sono impazienti che la peste faccia il suo corso e uccida i loro mariti, poiché sono terrorizzate all'idea di morire a loro volta prima di essersi liberate. Se Dio non ha fretta di sbarazzare questa città degli uomini traditori, assillanti e crudeli, loro ce l'hanno. Per questo si rivolgono a me e io sono felice di accontentarle. Finché gli uomini continueranno a morire giorno dopo giorno e la mia opera a restare segreta, finché i braccianti continueranno a cadere nei campi e i sepolcri a riempirsi di cadaveri, giammai cesserò di preparare l'Acqua, spargendo lacrime per ciò che ho perduto.

Si avvicina un ragazzino e si asciuga il naso moccioso sulla manica. È apparso come un folletto, neanche mi avesse letto nella mente. Gli do un soldo e gli sussurro all'orecchio il messaggio che desidero recapitare. Frastornato dai nuovi averi, lui corre via, lasciandomi indietro di molte lunghezze.

Più tardi, con il volto e i capelli velati, passo sotto le arcate e le colonne del portico che percorre la facciata di San Pietro in Vincoli e subito mi dirigo verso il *Mosé*, scolpito nel marmo dal grande Michelangelo Buonarroti, che sembra seduto in mia attesa. Ogni volta che vengo qui mi chiedo se quei coni che gli sovrastano la fronte non siano uno scherzo dell'artista a discapito dei fedeli e non rappresentino le corna del diavolo anziché la luce di Dio.

Come la volta scorsa e tutte le precedenti, sento il passo leggero di don Antonio, il suono del suo respiro e il movimento del suo braccio mentre fa il segno della croce e sussurra una preghiera. Mi volto verso di lui e poso il sacchetto pieno di monete nella mano che nasconde dietro l'abito, sorprendendomi di trovarla fredda. Per un istante restiamo immobili, uniti da quel contatto. Lui ripone il sacchetto nella talare, ne estrae un piccolo involto e, quando me lo porge, le nostre mani si sfiorano di nuovo.

«Che Dio vi benedica, figliola.»

Mi guarda con tenerezza e io contraccambio in modo

franco e aperto. «Grazie, don Antonio.» Sento che ci comprendiamo, anche se non ci siamo mai detti molto.

Il prete ha il volto florido, il pizzetto scolpito e i capelli portati lunghi sulle orecchie, la postura ritta e gli occhi che rivelano una profonda sapienza. Con l'espressione fissata nel sorriso stanco di chi vede tutto ma non si sorprende di niente, annuisce, senza distogliere lo sguardo. «Madonna Giulia...»

«Sì, don Antonio?» Ho il fiato corto. Ho camminato a lungo per raggiungere questa chiesa che veglia sulle spoglie dei nostri predecessori.

«Abbiate cura di voi», conclude con un altro sorriso.

Ora sono io ad abbassare le palpebre, mentre le guance arrossiscono. Lui s'incammina come se non ci fosse nessun commercio tra noi e l'incontro non fosse che quello tra una parrocchiana qualunque e il suo sacerdote. Ma l'involto contiene arsenico di un bianco cristallino.

Davanti all'altare, m'inchino alle catene di san Pietro custodite nel reliquiario, simbolo di prigionia e di futura liberazione. Penso al fratello del sacerdote, che è in grado di procurarmi il veleno perché presta servizio presso uno speziale della città. Come ogni volta, mi accingo a chiedermi perché entrambi rischino la vita per questa opera illecita, ma poi arresto i pensieri, come con una pallotta di pasta si ottura la pignatta di terracotta. Non è affar mio carpire i loro segreti.

Perciò esco, senza voltarmi indietro.

Sebbene, prima di lasciare Palermo, avessi promesso a mia madre di proseguire la sua opera, in principio tentennai.

Mi lanciai nei mari incerti della vita e approdai sulle sponde di Napoli, incinta e privata di tutto tranne che dell'abito di raso che avevo indosso. Per mesi non feci altro che piangere e sopravvivere.

Preparare la pozione avrebbe significato accettare sino in

fondo la sua morte, comprendere una volta per tutte che mai più sarebbe stata al mio fianco a osservarmi, impartirmi insegnamenti e gioire dei miei traguardi. Ero solo una bambina in cerca di sussistenza, che dormiva davanti alle porte dei conventi mentre la pancia cresceva, senza che potessi farmene capace. Non ancora, almeno. Poi, una suora gentile ebbe pietà di me e, saputo della mia abilità con le erbe, mi accolse nel suo convento. Era un misero cenobio, un piccolo gruppo di suore anziane che non poteva permettersi un'altra bocca da sfamare. Quanto a me, non avevo nessuna dote adatta a una novizia, perciò insegnai loro tutto ciò che sapevo di utile per realizzare rimedi contro le febbri, gli esantemi, le malattie digestive e altri malanni. In poco tempo, ebbi in mano le chiavi della spezieria e potei confezionare pomate e unguenti da vendere al pubblico. Ma continuai a non toccare l'arsenico bianco cristallino usato per sbiancare la pelle e uccidere i parassiti, né la belladonna, che alcuni chiamano «bacca del diavolo» perché sboccia nel buio della notte; così come mi astenni dall'acquistare cacciagione per recuperare dalle carni i pallini di piombo.

Tutti quegli ingredienti mi chiamavano, ma io mi turavo le orecchie, poiché non ero pronta.

Finché un giorno non si presentò al convento una donna in cerca di colei che realizzava i portentosi unguenti di cui si era altre volte giovata. Un velo le nascondeva il volto ma, quando si avvide che eravamo sole nella spezieria, lo sollevò.

Aveva entrambi gli occhi circondati da aloni viola, uno dei quali virante al giallo, brutti tagli sulle labbra e tracce di sangue fresco sul volto. Sollevò la manica e mi mostrò i polsi, piccoli e pallidi sotto l'impronta livida di un'enorme mano.

«Questa è opera di mio marito. Non sono venuta qui con l'intenzione di spaventarvi, visto che siete più giovane di quanto immaginassi...» Fece una pausa. «Ma ho bisogno del vostro unguento, il solo che sia stato in grado di guarirmi la pelle tutte le volte...» Deglutì, si ricompose, infine proseguì: « Le vostre doti di speziale sono ammirevoli, ma ignoro il vostro nome ».

« Non ho un nome », dissi, e quelle parole quasi mi soffocarono. Non avevo più un nome adesso che mia madre non c'era più. « Sono orfana, senza amici né famiglia. »

La donna aveva occhi scuri e modi eleganti, nonostante il dolore che doveva aver sofferto. Annuì e seppi che aveva compreso. Non sembrava rassegnata, come molte di coloro che avevano a che fare con un marito brutale, e la cosa mi colpì, benché annaspassi nei guai e nel dispiacere. Vedevo davanti a me una donna che, sebbene non avesse altra scelta che soccombere, aveva ritrovato sé stessa, lì vicino a me, tra i mortiferi ingredienti dell'Acqua che pulsavano nella scansia.

Ci guardammo come se condividessimo un grande segreto, una fiducia che il resto del mondo non era in grado d'intuire, benché lei non potesse immaginare che il veleno fosse stato il mio apprendistato. In quel momento sentii che mia madre era accanto a me. Sentii la sua presenza, il suo fantasma che mi respirava nell'orecchio, i suoi occhi evanescenti che mi guardavano, e seppi cosa dovevo fare.

Trassi un respiro e subito mi sentii calma. Conoscevo il cammino da intraprendere, un cammino da cui mi sarebbe stato impossibile tornare indietro.

« Potrei esservi d'aiuto, se avete coraggio », dissi.

Ci guardammo negli occhi mentre l'aria tra noi si faceva frastagliata e al tempo stesso una quiete ci avvolgeva come un velo che atterra fluttuando. Nel medesimo istante iniziarono le preghiere. Le suore di clausura levarono le voci e innalzarono al cielo i loro inni, e fu come se Dio in persona volesse e benedicesse quel cammino.

« Come potete, voi, così giovane, essermi d'aiuto? »

Invece di rispondere alla domanda, dissi: « Ho una pozione che curerà i maltrattamenti che vostro marito v'impartisce. Quattro gocce da somministrare una volta alla settimana, nell'arco di un mese. Da dosare con accortezza e discrezione nel vino o nella minestra. Soffrirà, ma avrà il tempo di mettersi in pace con Dio e di sistemare i propri affari. E voi sarete finalmente libera».

La donna, di cui ignoro il nome poiché non aveva alcuna importanza, trasse un lungo respiro. Quel giorno, nel convento, l'aria era intrisa di un dolce aroma d'incenso ed erbe appena colte, misto a saponi profumati, tinture, balsami e tonici; un inebriante miscuglio di essenze e oli amari. Poi abbassò la manica sul braccio dolorante, calò il velo sul volto ferito, e fece cenno di sì con la testa.

Più tardi, quando le suore terminarono le preghiere dei Vespri e le rondini tornarono ai loro nidi, girai la chiave nella serratura della spezieria e mi assicurai che nessuno mi disturbasse. Come mi aveva insegnato mia madre, mi annodai un fazzoletto sulla bocca e preparai l'Acqua per la prima volta da sola. Mentre lavoravo, mi sentivo sopraffatta, non dai vapori acri della distillazione, bensì dal ricordo di lei. Piansi, mentre con calma e tenerezza rimestavo il veleno finché la belladonna non fu sufficiente per suggellarne l'efficacia. Mi sentivo come se fossi di nuovo a casa, seppur gravata da una perdita così profonda e vasta che quasi m'inghiottiva. Ormai il dado era tratto. Non potevo più tornare indietro.

«Grazie», disse la donna, quando tornò a trovarmi, con il volto coperto da uno strato spesso di pizzo.

Misi la boccetta nelle sue mani e scossi il capo. «Non dovete ringraziarmi. Ma siate cauta. Fate come vi ho detto. Somministrate il rimedio poco per volta. Prendetevi cura di lui come farebbe qualsiasi moglie amorevole.» Ogni parola materna che ripetevo era un'ondata di dispiacere.

Mi premette uno scudo nella mano e io scossi di nuovo la testa – in fondo mia madre non si era quasi mai fatta pagare per quel servigio –, ma lei mi guardò e, pur attraverso il velo, intuii la pietà sul suo volto. «Prendetelo. Ne avete bisogno», disse, alludendo al mio ventre.

Forse quello fu un giorno nefasto. O forse il giorno in cui

gli astri mi sorrisero più di sempre. Chi può dirlo? Ma fu il giorno in cui cominciai a confezionare il veleno; in giustizia, libertà e morte. Da quel momento, imparai a nascondere la mia luce di vendetta, la mia sete di rivalsa, agendo nel solo modo in cui può farlo una donna: in segreto, lontano da padri, mariti, confessori e amanti che dominano su di noi dall'istante in cui nasciamo fino a quello in cui moriamo. Non ho mai saputo se il bisogno di vendicare la morte di mia madre e la colpa che porto dentro siano più forti del desiderio di salvare le donne che si rivolgono a me. Ma poco importa. In un modo o nell'altro, il finale non cambia.

*Gennaio 1634*

*Donna picchiata, una caraffina di Acqua (Giulia)*
*Uno scudo*

# 19

« Ce l'ha fatta? » chiedo a Giovanna quando torna, molte ore dopo, e scosta la tenda di velluto pesante. Sembra stanca, nelle sue logore gramaglie vedovili. Posa il paniere sul tavolo di legno, mi guarda e accenna un sorriso. Era a messa quando è stata mandata a chiamare e ha inviato un messaggero, qui alla spezieria, per dirmi di non aspettarla, perché avrebbe fatto tardi. Io le aspetto sempre, tutte quante, come se in qualche modo la mia veglia potesse tenerle al riparo dai pericoli.

« È stato un parto difficile. Il bambino era girato nel verso sbagliato. È sopravvissuta al travaglio, il muschio ha contenuto i sanguinamenti, ma c'è il rischio che contragga la febbre puerperale. È troppo giovane e debole. »

« E il bambino? » Getto un altro ceppo nel piccolo focolare, che ho acceso per fugare il gelo di questa sera d'autunno.

Giovanna sospira, scosta uno sgabello e mi si siede accanto. « Quando sono uscita, il bambino era attaccato al seno. Ma lei è malnutrita. Non so se avrà latte a sufficienza. »

Purtroppo non è una novità. Molte giovani che aiutiamo a partorire sono tutte ossa. I neonati muoiono perché non hanno di che nutrirsi e nessuna di loro può permettersi una balia. Il prezzo del grano aumenta a mano a mano che la gente trascina fuori i morti, che le vittime della peste si ammonticchiano nelle strade e che il lazzaretto sull'isola di San Bartolomeo si riempie.

« Le manderò del latte di capra e una bevanda ricostituente », dico.

Girolama emette un brontolio d'irritazione. Io inarco un sopracciglio e la guardo. Sta sminuzzando chiodi di garofano, zenzero e rosmarino, a formare una mistura di un'intensità acre. Forse la invierò alla puerpera insieme con gli altri ristori. Non è un buon momento per dare alla luce un bambino, questo, con la peste che non accenna ad arretrare. Per le strade bruciano vestiti e lenzuola, libri e pergamene sottratti alle case dei morti. L'aria è spessa e soffocante.

Sono stanca, irritabile, e l'atteggiamento di mia figlia peggiora le cose. « Che c'è, Girolama? Credi che sbagliamo ad aiutare queste giovani? Non possiedono niente, a esclusione dei bambini tra le loro braccia. »

« Non ho nulla, mamma. Se non che, per conto mio, impedirei a un miserabile di porre il suo seme nel mio ventre in cambio di un sorriso o di una zuppa calda. Quelle ragazzette si assomigliano. Sono tutte ugualmente responsabili della propria disgrazia. » Prende a guardare altrove, con un risolino accennato sulle labbra. È visibilmente soddisfatta della sua risposta. Si crede senz'altro una donna saggia. A quanto pare non coglie, o ignora di proposito, il paradosso di tale pretesa, essendo lei stessa nata da una saggia donna che, impossibilitata a scegliere, ha avuto un destino segnato da un uomo. Sa bene come sono andate le cose. Non le ho nascosto nulla riguardo alle circostanze della sua nascita. Non l'ho illusa di aver avuto un bravo padre, morto quando lei era ancora troppo piccola per ricordare. Le ho raccontato tutta la verità. Eppure, sembra che non sia servito granché.

Le rispondo in malo modo. « Allora tu sei altrettanto stupida. Non è colpa loro se sono povere, né i desideri dei maschi sono colpa delle donne cui sono indirizzati. Quelle ragazzette, come le chiami tu, non conoscono altro nella vita. Sono nate a questo scopo: per rimanere a casa ad allattare, mentre la peste - o le taverne - sottraggono loro mariti e amanti. Non hanno colpa, tranne quella di tentare di amare ed essere amate. »

Girolama, che si definisce «La Strologa», sogghigna di derisione. Mi esaspera, tuttavia mi costringo a trattenere la lingua. Litigare non servirebbe a nulla.

Mi guarda in tralice e i suoi occhi scuri lampeggiano, come sempre quando è in disaccordo con me. Ho bisogno di prendere fiato. In questi momenti, mi sembra di avere davanti agli occhi il mio patrigno Francesco, quasi fosse emerso dal passato e dal suo letto di morte, e avesse portato con sé l'aria putrida della tomba. Respiro a fatica e devo farmi da parte e ricompormi, prima di tornare da lei per proseguire il battibecco. Mia figlia è cocciuta, determinata, impaziente. Forse mi assomiglia più di quanto io non voglia ammettere.

Preparo un infuso per Giovanna e, quando è pronto, le faccio cenno di rimanere seduta e berlo ancora caldo. Miele e camomilla le concilieranno il sonno. La mia amica si ravvia i capelli castani e sorride di nuovo, anche se leggo sul suo viso la preoccupazione per la puerpera e l'infante. Lei non ha mai dato alla luce un bambino. Ha sepolto tre mariti, tutti deceduti per cause naturali, senza che piantassero il seme nel suo ventre. Mi ha raccontato poco di loro, se non che il terzo, e ultimo, era uno sconsiderato, incapace di restare lontano dalle sottane delle altre donne.

Giovanna sbadiglia. «Andrò da loro domattina per vedere come stanno. Porterò il latte, la medicina e il pane, se ne avanza. Ma c'è dell'altro, Giulia, ed è bene che ascolti anche tu, Girolama.»

«Che cosa c'è, mia cara?» Il fuoco guizza e piccole scintille salgono per la canna fumaria annerita di fuliggine.

Giovanna sembra come ridestata. Il suo sguardo, quando si volta verso di noi, è vigile.

«Gli inquisitori hanno allestito una postazione in Campo de' Fiori e invitano la cittadinanza ad andare a confessare lì i propri peccati. Li ho visti anche adesso che sono passata, nonostante l'ora tarda. »

« Invitano la cittadinanza... » ripeto.

Giovanna annuisce, mentre sorseggia la bevanda calda. Quando abbassa la tazza, noto un lieve tremore. Non sarà spaventata?

« C'era una coppia di preti e la gente faceva la fila per parlare con loro. Uno dei due trascriveva le confessioni e l'altro camminava per la piazza dicendo alle persone di pentirsi e di riferire al Sant'Uffizio tutto quanto sapevano dei propri peccati... »

« E di quelli degli altri », concludo. Mi attraversa la mente l'immagine della carrozza che ho visto al mattino, quel fermaglio costellato di gemme e quegli occhi neri che hanno incontrato i miei. Avverto un tintinnio che investe solo me, in rinforzo alla visione e al suo monito.

« Giulia, ho parlato con lo speziale e mi ha detto che ci sono preti in ogni piazza della città. Che cosa significa? » Giovanna mi guarda con curiosità, carpendo la mia distrazione.

Anche Girolama si volta a osservarmi.

La visione svanisce com'è arrivata, simile alla luce di una fiamma appena spenta. Mia figlia si pulisce le mani sul grembiule che ricopre l'abito di raso. Non c'è più traccia della sua insolenza. Si alza, si avvicina a Giovanna, le prende una mano e le accarezza i capelli. La mia amica è una seconda madre per lei, eppure, a volte, si azzuffano come gatte randagie. Non adesso. Adesso vedo l'affetto che Girolama prova per Giovanna, mentre questa piega il capo verso di lei ed entrambe restano in attesa che io parli. Dietro di loro, le file di vasi e albarelli di ceramica si distinguono appena nel buio. Nei vasi ci sono piante curative: ruta, cannella, timo, lavanda. Negli albarelli, unguenti, pomate e acqua di rose, che mescolano profumi amari e dolci, acri e floreali.

Cambio posizione sullo sgabello. « Forse niente », rispondo. Tuttavia, so che non è vero.

Benché gli inquisitori circolino da tempo in città, ora è diverso. La loro presenza, adesso, sta a indicare che qualcosa è cambiato.

L'arrivo di una carrozza, annunciato dallo scricchiolio d'arresto delle ruote, interrompe le nostre divagazioni.

Girolama si liscia il raffinato abito blu e indossa un lucente mantello di velluto dello stesso colore, regalo di uno dei suoi aristocratici mecenati. Finge un inchino al mio cospetto. Ha i capelli intrecciati all'indietro, un velo nero sul viso e gli occhi soffusi di kajal. Emana un'intensa aura magica. In una mano stringe un mazzo di tarocchi, avvolto in una fodera di seta viola. Nell'altra, un borsellino ricamato di stelle d'oro.

« Mamma, non aspettatemi alzata. Non tornerò prima dell'alba. »

L'ho avvertita di non dare troppo nell'occhio, ma è come parlare al vento. Si agghinda per compiacere la nobiltà e scopro di non biasimarla: chi non vorrebbe brillare, in quei saloni dai soffitti alti, illuminati da pregiate candele di cera d'api, sfavillanti di luci e colori, e profumati d'intense fragranze di muschio e bergamotto, proprio come i palazzi spagnoli della mia infanzia? Tuttavia, in questi tempi bui, dobbiamo agire con cautela e vegliare a che il malocchio non punti il suo sguardo malevolo su di noi.

Peccato che « cautela » sia una parola che ancora sfugge al vocabolario di mia figlia.

Ancora una volta, penso che tre donne così volitive nella stessa casa non possano che generare discordia.

« Ti aspetterò, figlia mia, come faccio sempre. » Quando la guardo, la visione latita, forse perché mi rifiuto di vedere cosa l'aspetta. È nata con la luna nera e conduce una vita maledetta, sicché ho motivi sufficienti per non voler sapere. « Fa' attenzione », le dico, d'un tratto impacciata e insicura.

« Vi preoccupate troppo, mamma », risponde lei.

Il fuoco sfrigola. Girolama è lucente, scaltra, ardimentosa. Ha un gusto per i begli oggetti, la bella gente, per un mondo che è fuori della sua portata. Se penso a lei più tardi, al suo viso illuminato dal bagliore di una candela, al calice di vino in una mano, i tarocchi distribuiti su un tavolo di vetro e legno intarsiato, mi vengono i brividi. Ma cos'altro posso aspettarmi? Le ho insegnato io a leggere le carte da bambina. In seguito, le ho insegnato a preparare il liquido per cui siamo conosciute, anche se lei sembra immune al suo fascino e alla sua malia. E forse è meglio così. Mia figlia desidera brillare, invece la mia pozione - e le mie clienti - devono rimanere nell'ombra. Forse la sua noncuranza la terrà al sicuro e lei troverà altri modi per forgiare il suo avvenire, lontano dalla mia Acqua, dai delitti, dai capricci degli uomini e dai loro desideri. Sembra disinteressata alle donne che aiutiamo. Non desidera altro che elevare sé stessa sempre più in alto. Ma cosa ne sarà di lei, se poi cadrà? Se poi precipiterà? Insieme con tutte noi?

# 20

Possiedo un altro mazzo di tarocchi.

L'ho portato con me quando, sulle spalle appena quattordici primavere e in grembo la figlia del mio patrigno, fuggii via da Palermo, e da allora non mi ha mai abbandonata. Aspetto che Giovanna se ne sia andata per disporre sul tavolo le carte, con i loro colori stinti e i bordi d'oro sgualciti.

Stasera è come se mi chiamassero. Lo interpreto come un invito a leggerle, così pesco la prima. Ma, quando la scopro, la stanza comincia a fluttuare davanti agli occhi e mi coglie un terrore così feroce che rischio di svenire.

*La Torre.*

Investita da una tortuosa saetta, la decrepita costruzione crolla al suolo, distrutta. È premonizione di tumulto, disastro, rovina. La stessa carta della notte che ho lasciato mia madre nella spezieria del convento, per precipitare nelle grinfie di Francesco. In preda al batticuore, decido di continuare a sfidare la fortuna e rovescio la carta successiva. Stavolta m'imbatto nella stessa figura che mi è capitata in sorte la prima volta, tanti anni or sono, e che, dopo di allora, in altre innumerevoli occasioni ha incrociato la mia strada: *Il Papa*, simbolo di autorità, dominio, supremazia. Infine, appare *Il Diavolo*. Sono carte contraddittorie e ingannevoli, che mi restituiscono più interrogativi di quanti non ne abbia sollevati.

Gli arcani non mi stavano chiamando, bensì provocando.

Mi sento disorientata, in preda alla nausea e allo sconcerto. Con mani tremanti li raccolgo e li ripongo al loro posto, pentita di averli interpellati. Sento il futuro crollarmi davanti come la torre e pavento l'avvenire che il destino ha in serbo per me.

# 21

## ALESSANDRO

Le suole di Bracchi risuonano sul marmo lucido.

Dallo splendore del trono, lo osservo avanzare tra due ali di messi e cardinali, alcuni recanti documenti, altri contratti che richiedono la firma papale, altri ancora saggi e trattazioni che alludono alla rotazione della terra intorno al sole e ad altre eresie.

«Santo Padre, Stefano Bracchi è qui per l'udienza», annuncia il cardinal Camillo Maretti con un inchino. I suoi modi compassati, la dignità dei suoi anni, la duplice laurea in Diritto civile e Diritto canonico lo rendono un uomo onorevole, immune alle contese delle fazioni e delle consorterie che mi circondano. Fra tutti coloro che mi sono a fianco dall'inizio del pontificato - invero in gran numero - lui è il più temperante, affidabile, calmo. Meritevole di cieca fiducia.

Allungo la mano.

Bracchi s'inginocchia, l'avvicina a sé e bacia l'anello con deferenza. «Santo Padre.»

«Grazie per essere venuto, inquisitore Bracchi. Come procede la vostra opera di cattura dei ratti nelle cloache dell'Urbe?»

L'uomo mi guarda e colgo un guizzo di vivida intelligenza nel suo sguardo. Mi chiedo se ci sia bisogno d'indagare su di lui, sebbene i necessari accertamenti siano stati ultimati da mesi e la sua condotta sia risultata impeccabile.

Bracchi si solleva, s'inchina e indietreggia di un passo. «Santo Padre, ho il piacere di riferirvi che a oggi è stato sguinzagliato in città oltre un centinaio di spie, all'opera in ogni vicinato, rione e quartiere. Il Sant'Uffizio dell'Inquisizione dispone altresì di una rete d'informatori facente capo alla chiesa di Santa Maria sopra Minerva. E sono già numerosi i crimini venuti allo scoperto.»

«Bene, Bracchi, molto bene.»

«Le carceri sono piene, Santo Padre.»

Distolgo lo sguardo da lui per allungarlo ai messi di Francia e Spagna, che si lisciano le vesti e sbuffano, mormorano e scalpitano. Sono sul punto di convocare il cardinale e scagnozzo di re Luigi XIV, Mazzarino, quando Bracchi riprende la parola.

«Santo Padre, chiedo venia, ma mi preme esporvi una questione che può rivelarsi... di qualche riguardo... benché sia ancora prematuro affermarlo con certezza.» Non s'interrompe, in attesa del mio permesso per proseguire, come farebbero tutti gli altri. Ha un'eccezionale considerazione di sé, per qualcuno destinato per nascita a divenire un mercante. «Benché le indagini siano a uno stadio iniziale, circolano alcune voci», prosegue, prima che io possa rispondere.

«Quelle circolano sempre.»

«Pare si sia registrato un elevato numero di decessi tra i cittadini.»

«A Roma imperversa la peste, cos'altro potreste aspettarvi?» dico, pronto a congedarlo. Penso al teschio che giace sul mio scrittoio, tra le pile di lettere private, le penne d'oca e i documenti, e alla sua candida lucentezza che fa sì che tutti ne confondano il marmo con il vero osso. Penso alla bara intagliata, al sarcofago che giace sotto il letto, in attesa della mia estrema ascesa allo spirito.

«Santo Padre, quel che dite è vero, tuttavia sembra che tali decessi si registrino perlopiù presso i cittadini maschi e, nella maggior parte dei casi, senza che abbiano manifestato nessuno dei consueti sintomi della peste. In tutta Roma, ufficiali e barbieri chirurghi riferiscono di uomini sani che soccombono a un malessere all'apparenza privo di cagione e rimarcano come il fenomeno perduri ormai da diversi anni.»

Segue una pausa. I messi hanno cessato di stirarsi le vesti e sbuffare, borbottare e agitarsi, e ora guardano Bracchi come se lo vedessero per la prima volta.

«Gli uomini muoiono in continuazione per malattie in gran parte misteriose e note solo a Dio», dico, tuttavia faccio segno a Bracchi di spostarsi con me a un lato della sala, mentre mi alzo dal trono facendomi largo tra gli ufficiali e i chierici che mi seguono a ogni passo. Poi, con la voce bassa e un braccio sulla sua spalla, lo esorto a proseguire.

«Il vostro predecessore, papa Innocenzo, era al corrente di tali decessi anomali, ma non intraprese alcuna iniziativa. Mi sono premurato di scrivere personalmente a ogni chirurgo, anatomista e sacerdote in servizio in città e ho ordinato loro di riferire a me ogni sospetto. In questo modo avremo occhi e orecchie tanto sulle tavole mortuarie quanto nei confessionali...» Bracchi s'interrompe e solleva lo sguardo limpido verso di me. Ha agito senza la mia espressa autorizzazione. Ha ordinato di sua iniziativa ai sacerdoti di tradire il sigillo sacramentale. So che mi sta sfidando a obiettare. La Penitenza è un sacramento istituito da Gesù Cristo. Divulgare i segreti appresi nel confessionale equivale a infrangere il sacro vincolo tra peccatore, sacerdote e Dio.

Ma non se ne può fare a meno.

Tuttavia mi guardo bene dall'ammetterlo e sostengo lo sguardo di Bracchi che, finito di parlare, tossisce, abbassa il capo e attende la mia replica.

«Intendete forse alludere al fatto che tali decessi siano opera di forze diaboliche? Frutto di stregoneria?»

Per un istante, Bracchi percorre con gli occhi la sala e la scruta come se avesse notato solo ora il velluto rosso dietro il seggio dorato, gli inestimabili vasi antichi, il marmo dalle spesse venature e lo splendore barocco dei tavoli e dei poggiapiedi, così come il soffice rivestimento scarlatto del trono papale, simbolo del potere e della maestà del pontefice.

«Santo Padre, non ne ho la certezza, ma sospetto che ci

sia sotto qualcosa di losco. Intendo proseguire l'inchiesta, se sua santità me lo consente.»

Ha appena finito di parlare che si ode un frastuono di clangori, tintinni e sbatacchi di campane che annunciano la Terza, tanto che devo alzare la voce per farmi sentire: «Certo che dovete proseguire. Tenetemi al corrente degli esiti».

Sto per rivolgermi ad altre incombenze, come la pila di carte e documenti in attesa della mia firma e approvazione - benché ora debbano aspettare fino al termine delle preghiere -, quando Bracchi riprende a parlare.

«Tutti i rapporti che ho ricevuto finora riferiscono le medesime notizie. I cadaveri si presentano in perfetto stato, senza gonfiori né necrosi o putrefazioni. Appaiono pieni di vitalità e salute, se non fosse che sono morti. Potrebbe non avere nessuna importanza...»

Per un istante tacciamo entrambi.

«In perfetto stato», ripeto.

È certamente insolito, tuttavia le cause di molte malattie sfuggono alla comprensione umana e sono intrinsecamente eretiche nella misura in cui mettono in discussione la Creazione, il disegno che Dio ha concepito per ognuno di noi.

La mia replica arriva sotto forma di congedo. «Ho fiducia che smaschererete eventuali illeciti, Bracchi. Ora potete andare.»

Mi allontano, ma non per tornare al lavoro. Sono bensì colto dal desiderio di sedermi davanti al teschio che Gian Lorenzo ha creato per me e ammirarne la perfezione: la levigatezza della superficie marmorea, il realismo dell'anatomia. Desidero carezzarlo, baciarne il profilo, apprezzarne l'algida bellezza.

Poi, dal nulla, mi appare la capigliatura della donna fuori del Palazzo apostolico. Il suo sguardo sfuggente, il cappuccio calato in fretta sul viso. Si manifesta come un fantasma, silenziosa, poi svanisce in lontananza.

«Santo Padre, state bene?» chiede uno degli ufficiali. Maretti mi regge il braccio come se avessi perso i sensi.

Quando scorgo la cerchia di porporati, che nel frattempo mi si è stretta d'intorno, capisco di essere tornato in me.

«Sto bene», rassicuro tutti con un accenno di sorriso, e mi lascio condurre al cospetto dei fedeli in attesa nella basilica, con il cuore martellante dentro l'abito di seta pesante.

# 22

## GIULIA

Attraverso Campo de' Fiori con il paniere stretto al corpo e una mano intorno all'ampolla che sto per consegnare.

Percorro rapida i vicoli, scansando galline vaganti e file di panni che mi penzolano sulla testa. Le campane di un vicino convento suonano la Terza e il loro richiamo si propaga lungo i tetti. Benché sia ancora presto, l'odore di corpi sudici, incenso ed escrementi - tanto umani quanto animali - è soverchiante.

Qualcuno traccia grossolane croci vermiglie sugli usci mentre, poco lontano, un prete declama i nomi dei trapassati. M'inoltro dentro budelli ombrosi animati dai richiami di donne la cui vista, di capelli ricci e labbra rosse, m'intenerisce e riporta ai giorni andati.

A capo chino e avvolta nel mantello, lungo vie di cui conosco ogni pietra e edicola votiva, ogni abitazione e taverna, mi dirigo verso la meta: una stradina di conciatori sulle rive del Tevere. Se in altri giorni mi sarei voltata indietro, per accertarmi di non essere seguita, adesso tiro dritto, poiché la paura di respirare i semi nocivi della peste supera la cautela per la pericolosità del mio commercio. Ciò che mi preme è tenere la sciarpa di lino calcata sul naso e sulla bocca.

Mi fermo all'ingresso di Ponte Sant'Angelo, le cui sontuose arcate attraversano il fiume, il nostro cuore acquatico che d'inverno inonda strade e case e d'estate si ritrae, denso e lucente. Da qui passano i pellegrini, prima di proseguire verso Castel Sant'Angelo, che custodisce nelle sue viscere le prigioni papali.

D'un tratto, un movimento attira la mia attenzione.

Qualcuno mi scivola a fianco.

Fermo il passo in attesa che si palesi e vedo sbucare dal nulla un moccioso, che disegna un sorriso di denti bianchi sul viso sporco. Gli lancio un quattrino. Lui si acquatta rapido come una delle serpi nere in vendita nella piazza. Vedo il bagliore metallico della moneta riflettere la luce del sole, mentre la prende per farla scomparire nei recessi degli indumenti luridi. E, quando, lasciando una scia bavosa come quella delle lumache, si pulisce il naso sulla manica, non posso fare a meno di notare che questa è logora e rattoppata, e il braccio, in corrispondenza di uno strappo, è gonfio e arrossato.

«Posso darti qualcosa per curare le eruzioni.» Mi sono ricordata di avere un balsamo a base di consolida nel paniere. «Oppure schiaccia qualche foglia di basilico in un po' di acqua fresca fino a ottenere una pasta...» Prima che io abbia finito di parlare, il moccioso mi rivolge un'occhiata indecifrabile e sgattaiola via.

È ormai mattina inoltrata. I pescivendoli hanno già sbaraccato e i residui sui loro banchi cominciano a imputridire. Allo stesso modo, i macellai scacciano svogliatamente le mosche dagli involti imbruniti che ormai attirano solo altre bestie, come i maiali e le capre legati alle balaustre del ponte. Una carrozza cerca di superarne un'altra e, mentre entrambi i conducenti gridano richiami ai loro cavalli, un ragazzaccio rivolge a entrambi un insulto. Approfitto della confusione per farmi spazio oltre la gente, gli animali, i banchi di legno, le torrette di bottiglie e gli scarti di verdura che marciscono per terra.

Dall'altro lato della piazza, nel punto in cui inizia la stradina dove sono diretta, riesco a scorgere la cima delle carceri di Tor di Nona. Quando mi avvicino al torrione quadrangolare, intravedo tre sagome penzolanti. Sono tre condannati appesi alle merlature come fagiani al mercato e, sotto ognuno dei corpi marcescenti, una didascalia frettolosa ne precisa il nome e il crimine: *Cesare, il conciatore: eretico; Orazio, l'oste: occultista; Niccolò, il marinaio: eretico.*

Mi fermo di nuovo, sebbene mi senta troppo esposta, così in pieno giorno. La bile mi risale in gola e vorrei tornare sui miei passi. Da questa posizione posso vedere l'ingresso ombreggiato della mia destinazione – la bottega del macellaio –, eppure i piedi non si muovono. Non riesco ad allontanarmi dai cadaveri penzolanti né dalle mura della famigerata prigione. Dicono che di notte si riescano a sentire le grida dei carcerati. Che, tendendo l'orecchio, mentre la città dorme, si odano persino i fantasmi dei giustiziati scuotere le catene tra sussulti e gemiti.

Un rumore improvviso mi fa sobbalzare e per poco non mi cade di mano il paniere.

Mi volto a guardare.

L'anta di una persiana ha sbattuto contro il muro della casa di mio interesse. Alla finestra scorgo il volto di una donna che mi ha riconosciuta. Dai magazzini adiacenti avverto un tintinnio di coltelli, un vociare di uomini affaccendati. I piedi tornano a rispondere e, benché rischi di perdere i sensi, tento di riprendere a camminare.

Il fronte della bottega è vuoto, se non fosse per i residui della giornata lavorativa: un banco di legno imbrattato di sangue e le carcasse invendute già ammantate di mosche, benché sia inverno e il caldo afoso dell'estate non sia che un lontano ricordo. Indugio, nonostante il fetore bestiale, dolciastro e nauseabondo della carne e, pur sapendo di dover proseguire, di nuovo mi scontro con la riluttanza del corpo e avverto un sussurro sul collo e l'allarmante nota acuta di sempre, accompagnata da un improvviso odore di acqua sporca e malsana, come se il Tevere stesse gorgogliando ai miei piedi. Ora il tanfo è così forte e il sibilo così intenso che davvero rischio di cadere in deliquio.

M'invade la paura, una sensazione di pericolo e, senza un motivo apparente, mi sento come una lepre che abbia fiutato nell'aria la presenza di una volpe e sia corsa ad acquattarsi nel sottobosco. Nauseata, sto per riguadagnare la porta, ma vengo fermata da un altro rumore: i passi di un ragazzino alle mie spalle.

La donna di prima, con il volto pallido e spaventato, scende le scale e, gesticolando, m'invita ad avanzare. Ma io mi sento di nuovo paralizzata: ogni muscolo, tendine, osso e organo si ribella e oppone resistenza.

«Venite, venite dentro», insiste la donna.

Mi guardo indietro, e il ragazzino non c'è più.

# 23

Nella penombra dell'angusta bottega, la donna mi indica le scale.

La raggiungo senza dire una parola e, nel farlo, mi sento disorientata, intontita. È come se le acque del Tevere m'investissero i piedi e trascinassero le gonne, cominciando ad affondarmi. Seppure a fatica, continuo a salire i gradini e, quando arriviamo in cima, ispeziono l'abito e con mia sorpresa lo trovo asciutto e con l'orlo guarnito della consueta polvere di strada.

La sconosciuta, che ha tutta l'aria di essere la padrona di casa, mi accompagna in una stanza piccola e linda. Ci sono un letto singolo, con un rosario appeso alla testiera, e una sedia su cui è appoggiata una Bibbia. Poiché le persiane sono chiuse, la luce penetra all'interno frammentata in tante lame.

Per un istante nessuna di noi due parla e di nuovo mi coglie l'impellenza di andarmene. Forse lei lo percepisce e mi afferra un braccio proprio mentre comincio a voltarmi. Ha una stretta sorprendentemente salda per una figura così esile e mi trattiene, mentre provo a divincolarmi.

«Perdonatemi, non volevo farvi male.»

«Quegli uomini appesi là fuori...» Ho la gola secca e la voce suona soffocata. «Da quand'è che i condannati vengono esposti come carne sul banco del macellaio?» Solo quando ho finito di parlare, mi rendo conto di dove mi trovo.

La donna guarda di lato, come se quegli uomini fossero

appesi lungo il muro della stanza, e scrolla le spalle. « È da tempo ormai, madonna. Gli inquisitori... »

« Gli inquisitori », ripeto. L'aria sembra risucchiata fuori della stanza. « Cosa vi affligge? Perché mi avete chiesto di venire? » Indietreggio per allontanarmi dal lato in cui sospirano gli spettri degli impiccati.

La donna mi ha avvicinata al mercato, per chiedermi aiuto. Ho accettato di farle visita perché è una conoscenza di Giovanna, che abita nei paraggi.

Ora che mi guarda, mi accorgo che è più giovane di quanto pensassi, benché ne ignori il nome. Ha il volto spigoloso, seppur non privo di bellezza, gli occhi neri e i capelli che le ricadono ricci lungo la schiena.

Per rispondere alla domanda, si solleva le gonne: le gambe sottili e le cosce pallide sono ricoperte di lividi viola e gialli. « Mio marito è un diavolo. Dovrebbe esserci lui appeso a quel muro. Vedete come mi tratta? »

« Mi dispiace. » Sono commossa dalla sua situazione, tuttavia continuo a sentire l'urgenza di andarmene. Benché mi guardi intorno e non veda alcun pericolo apparente, la visione dice il contrario. Perché è tornata dopo tutti questi anni? Perché proprio adesso?

Non posso saperlo. La vista delle ferite, delle carni ricoperte di lividi mi fa pensare ai rimasugli di membra disarticolate esposti al piano di sotto; al bianco screziato del grasso, al rosso di un girello sempre più scuro a mano a mano che mosche pasciute e ronzanti banchettano sopra di esso. Un segnale mi sta mettendo in guardia, eppure scopro con sorpresa di essere ancora la perfetta figlia di mia madre e so che, nonostante le perturbanti allucinazioni, non le negherò il mio aiuto.

« Mi ucciderà. Un giorno lo farà, ne sono sicura. Ho chiesto alle mie conoscenze d'indicarmi qualcuno capace di maneggiare le erbe e le piante per fornirmi un rimedio, e a messa le donne mi hanno sussurrato di rivolgermi a vossignoria. Se neppure voi siete in grado di prestarmi soccorso, dovrò scavare la mia fossa.»

Da qualche parte nel retrobottega si ode un tonfo sordo. Il grido di un uomo. Il latrato di un cane. Con la pelle madida di sudore, annuisco e schiudo le labbra, senza sapere cosa rispondere.

Le mie parole non ripianeranno i torti, solo la mia pozione ha questo potere.

«Né la Chiesa né i vostri familiari acconsentiranno ad accordarvi il divorzio, perciò non vi rimane altra scelta che rassegnarvi ai maltrattamenti o intraprendere una strada che metterà a rischio la vostra anima e potrà condurvi al patibolo.» Non è mia intenzione risultare dura, non del tutto, almeno. «Pensateci bene. Siamo state avvertite entrambe. Quegli uomini appesi parlano chiaro. Se solo potessero, ci esorterebbero a ricrederci.»

La donna abbassa gli occhi, come per riflettere. Ma, quando solleva le mani a coprirsi il volto, mi accorgo che sta pregando.

«Ogni secondo che resto in questa casa è un'occasione in più per loro di catturarci. Posso uscire di qui e dimenticare la nostra conversazione, ma sappiatelo: non posso rispondere davanti a Dio in vece vostra», dico ora più dolcemente.

Lei mi guarda. Ha il volto rigato di lacrime, ma la bocca ferma. Penso alle sue gambe piene di lividi, alla sua difficile situazione, e m'impietosisco.

«Lo farò. Non ho altra scelta. Se non lo faccio, sarò io a essere compianta. Invece, è meglio che sia lui.»

La mia mano è già nel paniere. «Il rimedio farà effetto, ma vi prego di non avere fretta, per quanto siate impaziente di sbarazzarvi di lui. Una goccia stasera, un'altra fra una settimana e così via. Quattro gocce basteranno a porre fine alle vostre pene. Non fatene parola con nessuno, neppure con vostra madre o con le vostre sorelle. È una faccenda che riguarda solo noi due...»

« E Dio », conclude la donna, incontrando il mio sguardo. Ha gli occhi fieri, audaci, impenitenti.

« E Dio », confermo con voce strozzata. « Che possa perdonarci entrambe. »

Le porgo la caraffina sigillata con la cera e ancora fresca dello stipo in cui era riposta nel retrobottega. San Nicola mi osserva con lo sguardo diretto e il braccio alzato in segno di supplica e preghiera. « Se vostro marito dovesse chiederlo, ditegli che è un'ampolla di manna santa per benedire la vostra unione. »

Faccio per congedarmi, sono qui da troppo tempo, ma lei mi riafferra il braccio. Prima ancora di divincolarmi, intuisco le sue intenzioni. Nell'altra mano stringe un sacchetto pieno di monete, che rifiuto. L'istinto mi dice che devo andare.

« Non mi cercate più », sospiro.

Quando torno nella stradina, mi sorprende che il sole di dicembre crei fresche pozze d'ombra lungo i muri delle botteghe e delle case che si susseguono fino a piazza di Ponte Sant'Angelo.

Dopo aver raggiunto il fiume, mi fermo un istante. L'acqua sbatte contro le sponde mentre i barcaioli e i passeggeri contrattano, i natanti ondeggiano e i gabbiani garriscono. Il mercato ha ormai chiuso i battenti e non li riaprirà fino a domani. Restano solo pezzi di carne e verdure pronti a essere beccati dagli uccelli o raccolti da bambini cenciosi.

Seguo un tragitto diverso per tornare alla spezieria, radente ai muri di strade e vicoli e a piè levato lungo i budelli, finché non vengo interrotta da una voce maschile: « Madonna, fermatevi ».

Accelero il passo.

« Madonna, fermatevi. Sono un ufficiale di Roma e vi ordino di fermarvi! »

I suoi passi risuonano alle mie spalle, sempre più vicini. Lo sento ansimare, così mi volto e lo aspetto.

Indossa un farsetto di spessa lana fiorentina, che poteva essere stato Francesco a procurare, a complemento della calzamaglia, del cappello di velluto e dell'appariscente piuma bianca incurvata fin quasi a sfiorargli la guancia bruna. Continuando ad avvicinarsi, dice: «Sono il capitano Tommasoni. Ho l'ordine d'informarmi sui traffici odierni».

«I traffici odierni», ripeto, immobile come un'arvicola su cui incomba l'ombra di un falco.

«Be', su tutti i cittadini e i loro movimenti. Ditemi, dove andate così di fretta?» Accorcia le distanze, al punto che, avvertendo il suo alito sul collo, mi volto dall'altra parte. Mi sta addosso e la vicinanza sembra dilettarlo. Sorride, si accarezza i baffi, mi percorre il corpo con gli occhi.

«Sto andando a messa a San Lorenzo in Lucina, non voglio arrivare tardi», dico, mentre continuo a guardare altrove.

«Addirittura a messa. Che donna pia... E cosa portate nel paniere, di grazia?»

Segue una pausa lunga un battito, in cui deglutisco.

«Guardate pure. Solo alcuni semplici rimedi per aiutare un'amica che ha la febbre.» Con il cuore in gola e il petto ansante, sollevo il paniere.

Lui lo prende, lo ispeziona e ne estrae un pacchetto di polvere di assenzio. «Apritelo. Assaggiatela», dice con sguardo di sfida.

Dispiego il pacchetto e m'inumidisco la punta di un dito, attenta a non sollevare lo sguardo sull'uomo che mi fissa. Poi lo immergo nella polvere e lo avvicino alle labbra.

«Bene... bene...» si limita a dire.

Tra passi concitati e strepiti, in quel momento qualcuno grida: «Al ladro! Aiutatemi!»

Il capitano si gira controvoglia, poi esclama: «Desolato, madonna, purtroppo il dovere mi chiama». E si allontana per i vicoli all'inseguimento del ladro.

Per un istante resto immobile. Alzo lo sguardo e, a un angolo della strada, vedo un'immagine sacra incastonata nel muro di pietra diroccato. La Madonna e il Bambino mi osservano con sguardo pietoso. «Grazie», sussurro, incerta e insolitamente devota. Non è da me venerare quella vergine e madre. Tuttavia, in quanto donna, forse può capire meglio di molti altri cosa significhi essere sottoposta al giudizio degli uomini, sentirsi dire da loro chi siamo e perché. Per un breve frangente avverto la sua complicità e per questo la ringrazio. Ringrazio anche gli dei, per avermi fatto decidere stamattina di non prendere con me due ampolle d'Acqua, come faccio di solito, seguendo l'esempio di mia madre. Rimango con la sensazione di essere passata indenne attraverso una tempesta che abbia sparso distruzione. Ma questa volta non mi fido. Questa volta resto all'erta.

# 24

Di ritorno alla spezieria, trovo qualcuno ad attendermi.

Maria Spinola è l'ultima arrivata nella mia cerchia. Fa la spola tra la mia spezieria e i postriboli in cui lavora, tra le taverne e le chiese. Si dice che frequenti il popolo magico, esseri sovrannaturali con i quali sostiene di essere in stretti rapporti. Non a caso porta lunghi e folti capelli scuri, sciolti selvaggiamente sulle spalle e intrecciati con conchiglie, piume e nastri colorati, ed esibisce in volto un'espressione stralunata, come se non vedesse altro che i suoi esseri magici.

Ma io so che la sua è tutta finzione. In realtà è una ladra matricolata, in grado di avvistare un orologio da taschino o i lacci di un borsello fin nei recessi più reconditi dei luoghi di piacere in cui adesca maliarda signori, vescovi e gentiluomini, depredandoli in fretta dei loro averi.

Ora è presso il mio focolare, intenta a rimestare in un grande calderone da cui si alza un aroma pestilenziale. Girolama mi corre incontro appena arrivo, scostando la tenda per costringermi ad annusare l'odore denso. «Non posso restare qui mentre prepara la sua immonda pozione da strega!» Mi supera in un fruscio di gonne e un gesticolare di braccia. Fa il segno delle corna, non so dire se per scherzo o per scacciare davvero il malaugurio. La guardo andarsene, impassibile. Le ho insegnato io a battersi come una gatta randagia, a farsi strada con le unghie per sopravvivere e forgiare il proprio destino, come ho dovuto fare a mia volta. Perciò, anche se non riesco a trattenere un sospiro spazientito, non mi stupisce che ora non perda occasione di dire la sua.

« Maria, questo tanfo è insopportabile. » Riaccosto la tenda per separare gli ambienti. « Che cosa stai preparando, in nome di Dio? » I vapori mi soffocano. L'odore che esalano non è metallico, bensì terreo e penetrante come qualcosa di naturale, ma al tempo stesso diabolico. « A quest'ora non dovresti essere con Giovanna? Deve assistere due partorienti e ha bisogno di un altro paio di mani, per quanto leste come le tue. »

Maria mi guarda con i suoi occhi vispi e lucenti di uccello. « Giulia! Perché sei così adirata? »

Non le dico che sono scampata per un pelo alla milizia sguinzagliata dagli inquisitori.

« Sto preparando un nuovo veleno per te. Non vedi? » mi zittisce, come se fossi io, la matta.

Inarco le sopracciglia e poso il paniere.

« Abbiamo sempre più clienti », prosegue. « Questa settimana, già tre donne sono venute a chiedere del tuo rimedio. E altrettante ci hanno fatto visita la settimana passata e quella prima ancora. Dobbiamo pensare a nuovi intrugli da preparare. »

Avanzo, coprendomi il naso con la manica, e sbirciando nel calderone vedo un essere galleggiare nel liquido fumante. « Stai lessando un rospo? Mio Dio, Maria, sei impazzita? Giovanna sa cosa stai facendo? » Arretro stupita, trattenendo a stento l'impulso di ridere.

Se il Sant'Uffizio ci vedesse, adesso, saremmo sicuramente trascinate sulla forca in un batter d'occhio. Sogghigno alla vista di una scena di così pura stregoneria, tra una sgualdrina mezza pazza e il suo demone che sobbolle nel calderone annerito. Intuito il mio stato d'animo, Maria esplode in un risolino infantile e completa il tutto con una piccola danza. Dopodiché, vedendomi spiazzata, mi afferra le mani e insieme cominciamo a roteare, sghignazzando come vere streghe.

Quando Giovanna rientra, abbandona lo scialle su una sedia con un gesto stanco e si ferma a guardarci a bocca aperta.

Con i capelli per aria, le conchiglie tintinnanti e gli occhi rivolti al cielo mentre volteggia, Maria solleva la mano e fa segno alla mia amica di unirsi a noi. Nonostante le occhiaie profonde, la mia amata Giovanna si fa accogliere nel cerchio. Mi dà la mano e insieme danziamo e intoniamo i motivi che canticchiano le donne quando lavano i panni alla fonte. *Chi sposerem, care sorelle, quando quel giorno arriverà? Saranno nozze ricche e belle, sarà un fiorir di felicità?*

Mentre noi ridiamo, danziamo e cantiamo, il rospo sobbolle, il vapore si avvita e il fuoco dardeggia.

Per ultima arriva Graziosa, ma la nostra gaiezza non la sfiora. Tira su con il naso, si siede sul mio sgabello, sputa un guscio di noce nel focolare, e in un attimo la festa finisce.

« Ci sono notizie sull'inquisitore del papa, l'uomo che la sua esaltata persona Alessandro VII ha sguinzagliato per la città. Dicono che sia intelligente e devoto... e che abbia ordinato a preti e cerusici, e persino alle loro figlie e mogli, di riferire tutto quanto sia a loro conoscenza. Non possiamo più considerarci al sicuro. »

Lascio andare le mani di Maria e Giovanna e aggiungo: « Oggi sono stata fermata per strada e interrogata ».

Ci guardiamo a vicenda, ancora ansanti.

« Cos'altro sai dell'inquisitore? » chiedo, con le mani sui fianchi, in attesa che il battito si plachi.

Graziosa sputa di nuovo. Senza degnarmi di una risposta, prosegue: « A messa ho sentito dire che l'uomo di Lucrezia è morto e che sua moglie va dicendo in giro che è stato avvelenato ».

Il mio sguardo incrocia quello di Giovanna. Mi aveva avvertita. Mi aveva raccomandato di non consegnare l'Acqua alla madre di Lucrezia. Ho messo tutte quante in pericolo, non dandole retta? Perlomeno, però, adesso so che la ragazza è sopravvissuta.

« Dobbiamo guardarci le spalle. » Sposto gli occhi sul fuoco, che ora arde lento. Penso alla moglie del macellaio e ai suoi lividi. Penso a Lucrezia e alle sue cosce imbrattate di sangue. Rabbrividisco e so che fornirei loro il mio rimedio mille altre volte.

Un corvo atterra senza sforzo sul davanzale della finestra e la sua nera presenza riempie la piccola cornice. Un istante dopo, con un battito d'ali e di palpebre, s'invola di nuovo gracchiando rauco.

« Siamo state messe in guardia », concludo.

Dicembre 1656

Moglie del conciatore, una caraffina
di Acqua (Giulia)
Nessun compenso

Amante del venditore di sale, radice di china
per i polmoni (Graziosa)
2 scudi

Una caraffina di Acqua (Giovanna)
Nessun compenso

Moglie del macellaio, una caraffina
di Acqua (Giulia)
Nessun compenso

# 25

È trascorsa una settimana.

Avverto dei passi e, con il respiro accelerato, mi affretto verso la tenda per scostarla. Sebbene queste siano le ore più scure tra il Mattutino e le Lodi, riconosco le sagome di due donne della mia sorellanza.

« Vi ha seguito qualcuno? » È la prima domanda che rivolgo. Se prima avrei chiesto come stessero le clienti, se avessero ricevuto il rimedio e avessero compreso tutte le istruzioni, ora per prima cosa mi accerto che nessuno sia sulle nostre tracce.

Maria scuote la testa con sguardo assente. Graziosa sputa.

« Se pure ci hanno seguite, non sono riusciti a catturarci », dice la più anziana.

Entrambe sono uscite per consegnare rimedi, tenendosi alla larga dalle mura cittadine per non imbattersi nelle postazioni degli inquisitori, pullulanti di anime pentite che agognano un posto in una delle loro prigioni maleodoranti. Io, Giovanna e Girolama, invece, siamo rimaste qui ad aspettarle.

« Non preoccuparti, Giulia, *loro* ci proteggeranno », mormora Maria, mentre fa il suo ingresso nella stanza.

Anche se il raso del suo abito è sbiadito, e il pizzo del corsetto rammendato come le calze, ha il portamento di una gentildonna. Ha vissuto nei sobborghi di Palermo, sua città natale, e a Napoli, prima di giungere a Roma, dove ci siamo incontrate. Diversi anni dopo ho riconosciuto in lei una possibile aiutante. Ci vogliono arguzia e solidità per sapersi giostrare tra gli ambienti che frequenta, passando da un amante all'altro, da una chiesa a un postribolo a una taverna, da gentiluomini eleganti a locandieri rabberciati, da suore a nobildonne a prostitute, sempre con il sorriso sulle labbra e l'astuzia ben celata.

«Chi ci proteggerà, Maria?» chiedo, scrutandola da vicino.

Lei ridacchia e mi scocca un'occhiata di sfida. «Gli esseri magici, naturalmente! Loro ci osservano sempre, anche adesso. Non li senti sussurrare le loro benedizioni? Vegliano sulle nostre teste e vigilano su mia figlia per me.»

«Hai una figlia?» chiedo, certa di non averla mai vista in sua compagnia.

D'un tratto gli occhi di Maria perdono ogni luce. «Isabella è morta non lontano da qui. Viveva in un brefotrofio, non potevo provvedere al suo sostentamento. Ma avevo promesso che un giorno sarei tornata a riprenderla.»

Graziosa si volta verso il fuoco.

Avverto il dolore della perdita come se fossi stata io a subirla. «Mi spiace, Maria, non sapevo. Perdonami, ho parlato senza riflettere.» Le vado incontro per abbracciarla e lei si rifugia nella mia stretta come una bambina.

«Aveva undici anni ed era meravigliosa! Le suore hanno detto che era debole di polmoni, ma chissà cosa le è capitato per davvero. So solo che adesso è al sicuro, al riparo da ogni dolore. A volte mi sembra di vederla con la coda dell'occhio, mentre mi sorride e fa girare la gonna, con una corolla di fiori tra i capelli.» Maria ha la voce soffocata. Si ritrae dalle mie braccia con gli occhi scintillanti di lacrime.

Graziosa si gira a guardarmi.

«Oh, Maria, devi essere così stanca», mormoro. «Vieni, ti preparo un composto di miele e fichi per addolcirti i sogni di stanotte.»

Giovanna mi mette la mano sul braccio. «Siediti, Giulia, è tardi. Ci penso io.»

Le rivolgo uno sguardo di gratitudine.

Maria si siede accanto a me. Graziosa sgrana un rosario tra le dita ossute, intenta nella preghiera. Girolama osserva tutte noi e nel suo sguardo scorgo un guizzo d'argento. Con un movimento lento, Maria estrae una catenella da una tasca nascosta tra le pieghe delle gonne e, quando finisce di srotolarla, stringe nella mano un orologio. «È stupendo, proprio come la mia bambina. Lo terrò da parte per te, piccola mia», intona come in una nenia.

Nessuna di noi fiata. Mi domando se le sue visioni sovrannaturali, la sua comunione con il popolo delle fate siano cominciate con la morte di sua figlia. Per molti versi, Maria è lei stessa una bambina, o forse una gazza: una creatura iridescente e ladra, ora che ha trafugato anche questo nuovo oggetto dalla tasca di qualche ricco. È una cleptomane talentuosa, eppure non noto progressi nella sua condizione. Suo marito si manifesta solo quando ha bisogno di denaro e prende di nuovo il largo quando gli ha dato fondo. Molti dei suoi numerosi amanti fanno lo stesso: approfittano dei soldi fin quando ci sono, per poi sparire. Sono crudeli *figghi di buttana* che meriterebbero perlomeno una goccia o due della mia Acqua, eppure Maria continua a perdonarli e loro a ritornare con la coda tra le gambe oppure a cresta alta. È una donna dal cuore gentile, benché i suoi metodi siano discutibili e i suoi umori mutevoli, erratici, esasperanti.

«Dovete liberarvi di questa folle!» esclama mia figlia. «Ormai è persa nel suo amato mondo delle fate. Non sappiamo con chi parli. Se c'è da fidarsi.»

Sicché era disprezzo quello che avevo colto nello sguardo di Girolama. Tuttavia, se pure i suoi dubbi sono legittimi, non riesco a essere dalla sua parte. Disapprovo la sua crudeltà tanto quanto gli uomini che approfittano di Maria. Ma ha ragione: dall'arrivo dell'inquisitore, nessuna di noi ha più dormito sonni tranquilli. Controlliamo dieci volte che non ci sia nessuno prima di addentrarci in un vicolo e ci guardiamo sempre alle spalle quando andiamo a messa, come se ogni giorno ci aspettassimo che il Sant'Uffizio e i suoi diavoli fossero lì a soffiarci sul collo, con il cappio già teso. Siamo tutte diffidenti e sulle spine, e i battibecchi tra noi sono ormai all'ordine del giorno.

In principio, Maria Spinola sembra non aver udito le parole di mia figlia, presa com'è dall'ammirare il tesoro che ha trafugato. Ma poi, senza alzare lo sguardo, dice: « Va' all'inferno ».

« Girolama, perché provochi Maria a quel modo? Che cosa ti ha fatto? » sbotto. « Lasciala in pace. »

Se gli sguardi fossero letali, mia figlia mi avrebbe già assassinata innumerevoli volte, fissandomi come fa ora che, con il temperamento irascibile e fumantino che si ritrova, pari a quello paterno, sputa sprezzante per terra.

« Però, che modi eleganti la nostra Strologa! » dico, brusca. « Sputi anche davanti alle carrozze dorate delle tue amiche nobildonne? »

« Non prendetevela con me, dato che è lei a portarci i guai in casa. » Girolama ha le mani sui fianchi, come una pescivendola in riva al fiume.

« Tieni a bada quella lingua di serpe o potranno sentirci! Se c'è qualcuno che rischia di metterci nei guai quella sei tu, che blateri a destra e a manca dei tuoi poteri e delle tue predizioni. Non sei altro che il passatempo di una riccona », dico, pentendomene subito dopo.

Girolama mi lancia uno sguardo di pura ostilità e lascia la stanza. Pochi istanti più tardi, esce dalla spezieria sbattendo la porta. La seguo con lo sguardo, indecisa se correrle appresso. Ma Giovanna, che mi legge nel pensiero, scuote la testa e mi fa segno di sedermi e calmarmi, anche se il mio stato d'animo è di tutt'altro tenore.

« Lasciala andare. Vedrai che tornerà presto. In fondo le hai detto solo la verità. »

« Ma la verità fa male », replico, mentre il cuore rallenta e il senso di colpa continua a pulsare.

Graziosa sceglie questo momento per sgranocchiare qualcosa tra i molari residui e, ridestata dal rumore, mi rendo conto di aver dimenticato di chiederle notizie della sua visita al bordello in piazza del Popolo. Così mi rivolgo alla pia mendicante, ancora scossa dall'alterco con mia figlia. « Come sta Celeste de Luna? »

La celebre cortigiana, che lavora in una delle più grandi case di piacere della città, si avvale spesso dei nostri servigi. È stata Maria, che occasionalmente opera in quello stesso bordello, a raccogliere la richiesta di Celeste, che oltretutto è una delle clienti che pagano meglio.

Graziosa inghiotte il boccone prima di rispondere. « Non ci crederete, ma questa volta non aveva prurito là sotto, quindi non c'è stato bisogno di tinture contro il mal francese... »

Mentre aspetto che Graziosa giunga al punto, Giovanna, già pronta ad avviarsi verso il materasso di lana steso sulle assi di legno, mi mette una mano sulla spalla. Le prendo il palmo e sento la pelle fresca e ruvida. Le tasto il polso e raccolgo un battito regolare, sebbene appena percettibile. « Sei stanca, tesoro. Va' a riposare », dico, mentre ci scambiamo un sorriso.

« Madama Celeste è una vera bellezza ma non riesce a tenersi un uomo neanche a pagarlo », prosegue Graziosa.

Le sue parole mi arrivano come da un'altra stanza, discosta da noi. Io e Giovanna sorridiamo di nuovo, questa volta con uno sguardo divertito, poi mi giro verso l'anziana, poiché dalle sue parole trapela del senso compiuto, finanche di una certa rilevanza. Contengono la conferma che cercavo, seppure stenti ancora a riconoscerla.

« Ha perso i favori di un cliente - diciamo pure un *santo* cliente - e conta su di noi per riconquistarli. » Graziosa solleva gli occhi dai grani del rosario, li sposta tra me e Giovanna, e io vedo una tale vividezza e una tale chiarezza nelle sue parole che è come se le leggessi su un foglio di pergamena. Come se annunciassero qualcosa di evidente.

« Un santo cliente... » ripeto. « Che cosa le hai dato? »

Nel libro mastro di mia madre annoto ogni dettaglio. In quel quaderno dei segreti trascrivo il nome di ogni cliente, di ogni rimedio e di chi lo ha dispensato, proprio come quando da bambina imparavo l'alfabeto. So che devo farlo, me lo sussurra il lieve ronzio nelle orecchie, sebbene ne ignori il significato.

Graziosa lascia cadere un sacchetto di velluto sul tavolo con un tonfo pesante e gonfio di monete. « Due filtri d'amore; uno da versare nel vino del cardinale e l'altro da stillargli sulla lingua come gioco amoroso. E, in più, un incantesimo per riattirarlo a sé, da recitare diverse volte al giorno. »

« Un cardinale? Celeste è arrivata in alto questa volta », mormoro, mentre scuoto il sacchetto per rovesciare i denari. Odo ancora il ronzio, l'eco di una vibrazione.

« Avremo un bel daffare. » L'anziana si rassetta le gonne e si appresta a uscire. « Molte altre ragazze hanno chiesto i nostri servigi. Abbiamo risposto che, se hanno bisogno d'aiuto, devono venire da noi di giorno con la scusa di comprare profumi o lozioni schiarenti per la pelle. E sta' sicura che lo faranno. La loro sopravvivenza dipende da questa magia semplice. Hanno bisogno di accaparrarsi nuovi clienti per non morire di fame. Di guarire da una brama d'amore o di riattirare a sé gli amanti. »

I rimedi venduti a Celeste sono una mera miscela di acqua di rose e basilico per incoraggiare l'amore, e di cardamomo giunto via mare dalle Indie per indurre il desiderio. Gli ingredienti vengono fatti sobbollire sul fuoco e il desiderio viene invocato dalle preghiere pagane di Maria.

Spesso mi chiedo se questi incantesimi funzionino o siano semplici veicoli di speranza e conforto. Ma forse non ha molta importanza. Forse l'incantesimo è presente nel desiderio di ogni donna, nella forza sottesa alla smania che esso si realizzi.

Con l'occhio guercio socchiuso, i capelli sporchi, arruffati e schiariti dal rabarbaro, a passi scomposti Graziosa si avvicina alla tenda. Maria si avvia dietro di lei e insieme lasciano la spezieria e si addentrano nei vicoli bui.

« Cambiate strada », raccomando loro, mentre cerco il libro mastro e una penna d'oca. Tutte e due hanno dosi di veleno nascoste in caraffine sante, da dispensare a donne che si sono rivolte a noi: Cecilia, la tessitrice; Teresa, la moglie del tintore. Donne di cui mi fido, ma di cui al contempo dubito.

Quando restiamo sole, guardo Giovanna e vedo che anche lei mi sta fissando.

« Che cosa c'è? » chiede.

« Come sai che ho qualcosa in mente? » rispondo sorridendo.

Giovanna scrolla le spalle. « Ti conosco da tempo ormai. Dimmi a cosa stai pensando. »

Mi agito. Tiro un filo dell'abito. « Laura, la moglie del fornaio di Campo de' Fiori, è venuta a chiedermi l'Acqua. » Parlo a bassa voce. Poco lontano una capra bela, un guardiano notturno grida. « Ha un amante e desidera uccidere suo marito. »

Giovanna aggrotta la fronte. « La tratta male? La picchia? Non può disfarsi di lui solo perché ora desidera un altro. »

« A dire il vero, la tratta bene. »

Segue una pausa. La punta affilata della penna d'oca raccoglie l'inchiostro e solca la pergamena. Devo annotare le attività quotidiane, come sempre a fine giornata, e mentre lo faccio immagino mia madre che, seduta accanto a me, osserva il mio modo di scrivere, di arrotolare la *a* e la *e*, d'inclinare troppo la *l* come per facilitarne la fuga dal foglio.

« Le darai il veleno ma glielo farai pagare. Sua è la scelta e sua è la coscienza », aggiungo poi.

Il sorriso di Giovanna scompare. « No, Giulia, non posso farlo. Una cosa è uccidere un uomo che lo merita, che usa le mani o colleziona sgualdrine e amanti sotto gli occhi della moglie. Altra cosa è ucciderlo a sangue freddo, solo per il capriccio di... »

Premo troppo la penna e l'inchiostro imbratta il foglio. Le lettere che ho scritto si fondono con la macchia e la carta le inghiotte sotto i miei occhi.

« Che differenza c'è? Il risultato non cambia », rispondo a Giovanna, che abbassa lo sguardo per prima.

« Ma così ucciderai un uomo innocente... »

Questa volta la pausa è più lunga. Si dilata davanti a noi e assorbe tutto ciò che vorremmo riferire l'una all'altra, ancor prima che le parole prendano forma.

« Perché, esistono uomini innocenti? » dico infine, mentre la candela si spegne.

*Gennaio 1657*

*Celeste de Luna, 2 filtri d'amore e*
*un incantesimo per il ritorno dell'amante*
*(Maria)*
*10 scudi*

*Cecilia, la tessitrice, una caraffina di Acqua*
*(Graziosa)*
*Nessun compenso*

*Teresa, la moglie del tintore, una caraffina*
*di Acqua (Maria)*
*Nessun compenso*

# 26

Sul ponte della nave mi riparo gli occhi dal sole e, con il vento tra i capelli, assaporo il richiamo primordiale dei flutti che s'infrangono spumeggianti contro la chiglia e, dalla Spagna, mi sospingono verso la mia nuova casa dall'altra parte del mare.

Sebbene la salsedine mi trafigga gli occhi, avverto lo sguardo di lui su di me. Osserva tutti così? È ubiquo e onnisciente, ma il dondolio delle onde e la vastità dell'orizzonte mi rapiscono al punto che presto me ne dimentico, attirata dagli occhi striati di grigio del gatto di bordo, che mi scruta appostato dietro un rotolo di sartiame. La bestiola misera e smunta, superata l'iniziale paura, si avvicina e mi si accoccola in grembo in un concerto di fusa. Divora i resti che trafugo dai nostri magri pasti e, per qualche ora, mi distoglie da Francesco e dalle sue attenzioni indesiderate. Poi, di nuovo, lo scorgo immobile sul ponte, intento a fissarmi con i suoi occhi di uccello. Ha un'aria solenne e compassata, bardato com'è di velluto nero dalla testa fino ai piedi, eppure, nel mio mondo ancora giocoso, mi suscita meno interesse di una comparsa. Quando, però, allungo la mano per accarezzare il gattino, la scena si stravolge.

Sono in fuga, con il petto stretto e ansimante. Devo mettermi in salvo da un immane pericolo. Più avanzo, più il fiato accelera, il cuore martella e i palmi sudano. Rallento quando le gambe cominciano ad appesantirsi, i polmoni a espandersi e contrarsi con sommo sforzo, tra respiri affannosi e rauchi. M'investe un profumo soffuso d'incenso e muschio.

Provo a voltarmi per guardarmi le spalle, ma qualcosa m'impedisce di rallentare e d'interrompere la corsa.

In preda al panico, mi costringo ad alzare lo sguardo. Mi pare di essere in una chiesa, ma non ho cognizione di quale sia né di come l'abbia raggiunta. Vedo un soffitto a volta e tutt'intorno fiammelle che si muovono lente, come incantate, mentre la cera gocciola languida e fumante.

Avverto un frastuono e capisco che, nella concitazione della fuga, devo aver urtato qualcosa. Con la coda dell'occhio scorgo un grande crocifisso dorato riverso sul pavimento. Dove sono i tendaggi damascati del mio baldacchino? E il mio letto? La mia stanza? Mia madre?

Mentre formulo queste domande, mi accorgo di non essere più una bambina, bensì una donna adulta, e di essere incappata in un altro ostacolo; un grande altare drappeggiato di seta lucente. Sento che il mio inseguitore è vicino, ma non so riconoscerlo.

C'è un turbinio di vesti bianche, il bagliore dorato di un anello. Una stella a otto punte sormonta sei colli, poi svanisce. Una spirale di fumo si alza da un turibolo. Sono come dentro un bozzetto, nello sfumato di un carboncino, eppure un dettaglio lo distinguo con chiarezza. Giace immobile sopra una testa. È lo zucchetto papale.

# 27

È sempre a quel punto che mi desto di soprassalto. Per un attimo sono disorientata.

«Svegliatevi, mamma! Stanno bussando alla porta.»

Mi riscuoto al suono della voce di mia figlia e l'eco del sogno si assottiglia. Ancora intorpidita, mi accorgo di essere seduta a una seggiola davanti al focolare. Devo essere rimasta ad aspettare che Girolama rientrasse, dopo un'ennesima nottata trascorsa in compagnia dei suoi amici altolocati.

«Mamma!»

Strizzo gli occhi e la guardo, come sempre elegante, stavolta in un abito nero che riluce come il piumaggio di un corvo.

«Girolama», mormoro. L'incubo è ancora lì. Se chiudessi gli occhi, riprenderebbe a scorrere. Così mi passo le dita tra i capelli che ricadono ondulati lungo la schiena. Da via di Corte Savella arrivano i consueti suoni mattutini: venditori ambulanti enumerano le loro merci, una donna grida dalla finestra di un vicino postribolo e sbatte le persiane, un uomo le risponde a tono e le sue rozze imprecazioni suscitano uno scoppio di risa; la città piano piano si risveglia.

«Mamma!» insiste Girolama. Con le mani sui fianchi, i capelli neri che, sciolti dalla treccia, le arrivano alla vita, e i fieri occhi parimenti scuri, assomiglia in tutto a suo padre. Poi, finalmente, avverto i colpi insistenti sull'uscio. *Bum, bum, bum.*

«Madonna, so che ci siete! Lasciatemi entrare! Ho bisogno di un'altra dose della vostra medicina! Con quella che mi avete dato ho sanato il mio matrimonio e ora vorrebbero provarla anche le mie sorelle! » Sento la donna ridere rauca del suo stesso motto di spirito e capisco che si tratta della moglie del macellaio. Io e Girolama ci scambiamo uno sguardo terrorizzato. Mi precipito nella bottega e, con le dita ancora intorpidite, armeggio con la serratura, tiro con forza il chiavistello e spalanco la porta. La donna per poco non rovina all'interno. La sostengo per un braccio e, prima che possa dire altro, la conduco quasi a forza nell'officina.

« Cosa urlate! Vi avevo detto di non cercarmi più! » Quasi soffoco per la paura, che ora mi risale lungo la gola riempiendomi la bocca d'amaro.

« Madonna, la vostra Acqua ha funzionato! È passato molto tempo e ancora nessuno sospetta! Mi sono liberata di quell'animale! Ora non mi mette più le mani addosso, ed è stato così semplice e veloce... »

« Sstt, fate silenzio. O vi sentirà tutto il vicolo! » la rimprovero.

Ma lei prosegue: « Mi avete salvato, madonna. Grazie a voi, ho assaporato la libertà e ora voglio donarla anche alle mie sorelle. Sono intrappolate in pessimi matrimoni da cui vorrebbero svincolarsi, se solo la Chiesa lo permettesse! »

« Abbassa la voce, arpia! » interviene Girolama, mentre si avvicina alla donna di cui ignora, e intende continuare a ignorare, il nome. « Abbassa la voce e vattene. Non ti aiuteremo di nuovo. Ti avevamo detto di non tornare. Se non te ne vai, ti accompagno io a calci nel sedere fino a casa... »

« Provaci! » dice la donna, con il mento proteso. « E urlerò ai quattro venti che tua madre è la famigerata mantide, la venditrice di morte. Dirò a tutti che si devono a lei tutte le nuove vedove che indossano il lutto alla messa domenicale! E certo non mi prenderai a calci nel sedere, perché v'impiccheranno prima, per merito della vostra mistura mortale. »

Ho la gola secca. Mi porto le mani al collo come se fosse già costretto in un cappio ruvido e pesante. Con il cuore martellante, provo a deglutire e invece temo che soffocherò.

La donna minaccia di denunciarci, per quanto, così facendo, metterebbe in pericolo anche sé stessa. Potrebbe aver già attirato l'attenzione su di noi, con tutto il baccano che ha prodotto prima di entrare. Cammino avanti e indietro nel retrobottega e penso che dovremmo eliminare anche lei. Sa troppe cose. Conosce la mia attività segreta e il luogo in cui la pratico. Deve avermi seguita mentre tornavo a casa il giorno in cui le ho consegnato l'Acqua. Come ho potuto essere così sciocca da non guardarmi alle spalle? Nella fretta di tornare, non ci ho badato. L'ho condotta fin qui e ora pretende altre dosi della mia pozione.

Sono un'assassina, seppure per procura, ma il pensiero di versarle qualcosa in una coppa di vino caldo per tacitare i suoi strepiti non fa in tempo a formarsi che subito svanisce. Con tutto il clamore che ha sollevato, quella donna avrà richiamato gli inquisitori e certo io non mi farò sorprendere con un'ampolla in mano, intenta a centellinare l'Acqua.

Guardo mia figlia e dal suo volto furioso capisco che non si farebbe i miei stessi scrupoli, perciò mi consolo di essere la sola a possedere la chiave dello stipo. Porto gli occhi alla scansia che contiene i recipienti di vetro. La chiave è nascosta alle loro spalle, sebbene da qui non sia visibile. La moglie del macellaio mi fissa. Io distolgo lo sguardo, ma i suoi occhi smaniosi lo inseguono ovunque. Girolama la strozzerebbe con le sue mani, pur di farla tacere, tuttavia dobbiamo mantenere la calma. Abbiamo già rischiato abbastanza oggi, per permettere che quell'arpia attiri altra attenzione con le sue urla. Mia figlia le ostruisce il passaggio in attesa di una mia risposta, ma la mia mente è obnubilata dalla paura.

Pertanto è la donna a parlare per prima. «Ho il denaro che serve. Le mie sorelle pagheranno. A nessuna di loro mancano i mezzi, tranne quelli per disfarsi dei mariti. Soffrono quanto soffrivo io. Rendereste loro un grande servigio, aiutandole a liberarsi dalla pena, da una vita terribile. I loro mariti si bevono tutto quello che guadagnano. Sperperano ogni quattrino in prostitute e vino dozzinale e, quando non hanno più niente da spendere, le riempiono di botte. Si può chiamare vita, la loro? »

Temevo che arrivasse questo istante, questa sorta di disvelamento. Ho riflettuto a lungo su quel che avrei fatto se qualcuna avesse parlato o protestato. Ci ho rimuginato a lungo di notte, mentre aspettavo che mia figlia o le mie compagne tornassero a casa, eppure, adesso che quel momento è arrivato, sono come paralizzata.

La voce della donna si è ridotta a un sussurro. È come se fosse dentro una bolla, fuori della mia portata. Benché si sia fatta più vicina e mi parli con espressione supplice, dalle sue labbra non mi giungono suoni, se non a sprazzi.

Dice che i mariti le picchiano, quando non hanno più nulla da spendere.

Si può chiamare vita, la loro?

Nell'udire quelle parole, sono di nuovo pervasa da un accesso d'indignazione, benché la vedova del macellaio non mi vada affatto a genio e non vorrei altro se non che sparisse dalla mia vista. Mi tornano in mente le sensazioni che ho provato in casa sua. La visione mi stava annunciando questo rivolgimento? Oppure qualche altra crisi futura? Ricomincio a fare avanti e indietro nella stanza per ritrovare la calma. Metto un piede dopo l'altro. Inclino un fianco alla volta. E il respiro torna a fluire.

Poi, d'un tratto, la donna mi afferra il polso. « Datemi l'Acqua, Signora della morte, e terrò i vostri segreti per me. »

Noto l'abito nero, il velo calato sui capelli.

Sento un sospiro. Potrebbe provenire da me. Oppure da Girolama, che si è avvicinata, come a volermela togliere di dosso.

« Se me ne vado a mani vuote... »

Seppure mia figlia non abbia nulla da invidiare a Satana, ma con questa ricattatrice abbia trovato pane per i suoi denti, a queste ulteriori parole della vedova smette di trattenersi. « Se te ne vai a mani vuote, cosa? Non pensi che faremmo il tuo nome, se fossimo catturate? Non pensi che rischieresti la testa, se ci interrogassero? Scordati che ti copriremmo. Scordati che sopporterei il supplizio della strappata per salvarti la pelle. »

Entrambe prendono a studiarsi come due mastini nell'arena da combattimento; a denti scoperti e pelo irto. Ma, per quanto creda che la vedova abbia un vantaggio, un asso nella manica, non scommetterei sulla vittoria di nessuna delle due.

Poso una mano sul braccio di mia figlia e dico alla donna: « Non vogliamo il vostro denaro. Prendete le ampolle e andatevene. Non sarete così stupide da autodenunciare i vostri delitti. Negheremo noi e negherete voi, a costo di farci uccidere tutte. Questa è l'ultima volta che vi aiuto. Potrete sguinzagliare i cani dell'inferno ma non vi darò un'altra dose della mia Acqua. Andatevene. Usatela con oculatezza. E non tornate mai più ».

Apro lo stipo e prendo due caraffine sigillate con la cera e con una velina su cui è impressa l'immagine del santo. Sul volto della donna compare un'espressione di esultanza, giubilo, astuzia.

Senza dire una parola, afferra il veleno e lo nasconde nel corsetto.

Mia figlia si fa da parte e le intima di andarsene. « Sparisci, arpia. »

Nel passarle davanti, la donna le lancia un'occhiata di puro trionfo e si solleva le gonne come una gran dama.

Sento che l'ira di Girolama sta per esplodere e che la mia farà altrettanto non appena la vedova se ne sarà andata.

Non mi sbaglio.

Mia figlia non fa in tempo a serrare la porta della bottega, dopo aver controllato che non ci sia nessuno nei paraggi, che subito mi viene incontro.

« Tesoro, so cosa stai per dire... »

« Vi ha seguita fin qui e voi non ve ne siete accorta! » m'interrompe. « Proprio voi che non fate altro che ripeterci ogni giorno che dobbiamo stare in guardia, che dobbiamo usare l'istinto per proteggere la nostra cerchia, che dobbiamo stare alla larga dal pericolo...! »

La guardo in silenzio. Girolama ha un suo modo di giocherellare con gli anelli quando è agitata. Ne sceglie uno e lo ruota intorno al dito, facendo scomparire e riapparire la gemma che lo sormonta. All'improvviso sento il bisogno di accarezzarle la fronte come facevo quando da bambina era malata e febbricitante. Ma lei cammina avanti e indietro come me e sembra che le sue gonne corvine assorbano la luce.

Faccio per interromperla, per dire che non avremo più a che fare con quella donna, che ha ottenuto quello che desiderava e non ci sarà un seguito, ma Girolama va avanti per la sua strada ed è come se sputasse le parole. « Quella era la nostra ultima Acqua. Perché gliel'avete concessa così facilmente? Non ci avrebbe mai denunciate. Ha troppe cose da perdere! »

Esito a rispondere. Girolama ha ragione a essere adirata. È sanguigna e determinata. Vive in balia delle sue emozioni, passando da un eccesso all'altro. Ma in lei la tempesta dura poco, nel giro di un'ora si sarà calmata. Nel frattempo, non posso fare altro che annuire e aspettare che passi. « Sì, tesoro. Ho commesso un errore. Spero se non altro di aver comprato il suo silenzio, ma ti sbagli se pensi che mi sia fidata troppo. È una sciocca e ha la lingua troppo lunga, tuttavia non credo che metterebbe a rischio la sua vita e quella della sua famiglia. In ogni caso, ora non c'è nulla che possiamo fare, eccetto pregare. Invochiamo i nostri dei in silenzio, e speriamo che la bufera passi e tutto torni alla normalità. »

Guardo il mio piccolo altare, in realtà la mensola del camino su cui sono disposte le mie offerte: un rametto di rosmarino irto di aghi che ha ormai perso il suo profumo, una piuma di merlo impolverata dal tempo, i tarocchi, la conchiglia di Madrid e diverse monete.

Girolama mi guarda dubbiosa e sento di condividere la sua stessa apprensione. Forse la pensa come me. Forse coviamo le stesse perplessità, le stesse domande. Quella donna è una spia? È stata mandata dagli inquisitori per tenderci una trappola? Se lo fosse, ci avrebbe già denunciate. Perché avrebbe dovuto chiederci altre caraffine? No, non può essere. Inoltre sa dove siamo, quello che offriamo. Se fosse una spia, saremmo già dietro le sbarre delle carceri di Tor di Nona.

Mi guardo intorno e avverto un'assenza. C'è un vuoto, uno spazio che dovrebbe essere occupato dalla mia amica. «Giovanna sarebbe dovuta tornare stamattina. Aveva detto che la donna aveva già dato alla luce altri figli e quindi sarebbe stato un parto veloce. Allora perché non è ancora tornata?» Mentre parlo, una nube cala sui miei occhi, il pavimento affonda sotto i miei piedi, e intuisco che qualcosa non va.

# 28

Giovanna non c'è.

Le persiane della casa della mia amica, nei pressi di San Lorenzo in Panisperna, sono serrate e, quando busso alla porta, nessuno risponde. Un gatto nero e smilzo miagola gironzolando nei pressi. I panni stesi alle finestre e attraverso il vicolo schermano la luce mattutina.

Sto per andarmene, quando una donna vestita di cenci viene ad aprire e mi studia, prima di indicare l'abitazione di Giovanna scuotendo il capo. «Si sono presentati all'alba. Avevano mantelli fiammanti e stivali di buona pelle. Li ho visti da una fessura nella parete. Poi se ne sono andati portandosela via.»

«Sapete chi erano?» chiedo, colta dalla morsa gelida del terrore.

La donna riporta lo sguardo su di me. «Lo sapete anche voi. Pregherò per la vostra amica. È stata buona con me. Solo lei era capace di calmare il mio bambino quando aveva delle brutte coliche.» Annuisce a suggello della nostra reciproca intesa, poi richiude il battente in legno e scompare di nuovo nel buio dell'ingresso.

Resto immobile, incerta sul da farsi o dove recarmi, e mi sorprende constatare quanto poco conosca sul conto della mia più cara amica, della donna che amo come una sorella. Mi ha raccontato a spanne del suo passato: i suoi tre mariti, la morte dei primi due e il tradimento del terzo. Delusioni e drammi comuni a tutte le donne. Ma ora mi accorgo di non averle mai rivolto una domanda. Perché aveva deciso di preparare il veleno insieme con me? Per quale ragione, se era cosciente dei pericoli cui andava incontro?

Ci siamo conosciute a Napoli. Giovanna era una cliente del convento, comprava le mie erbe per impiegarle nella sua attività di levatrice. Quando si accorse del mio stato, mi offrì ospitalità, consapevole che le suore mi avrebbero cacciata allorché avessero carpito il mio segreto. Con il sopraggiungere delle doglie, fu lei a strofinarmi la schiena e a chinarsi tra le mie gambe per estrarre la bambina. A porgermela urlante tra le braccia, mentre ero distesa sull'umile pagliericcio che mi aveva offerto, con il cordone ancora pulsante tra le cosce imbrattate di sangue. Avevo quattordici anni ed ero una madre senza nessuno al mondo, eccetto mia figlia e la mia nuova amica.

Quella notte piansi di dolore per l'amore perduto di mia madre. Piansi per l'agonia della sua assenza, per la colpa che provavo in seguito alla sua morte. Per la rabbia che mi si era incistata dentro, profonda e lacerante. Piombata dal cielo come ogni creatura sovrannaturale, Girolama non l'avrebbe mai conosciuta, ma, in quanto parte di me, ne avrebbe avvertito a sua volta la mancanza. Da quel momento lei e la mia amica divennero mie alleate nel mio personale percorso di vendetta e nell'apprendimento delle antiche arti delle sagge donne. Forse, quella notte, il diavolo cavalcava dentro di me. Forse anche lui succhiava dal mio seno mentre il dolore lancinante, al pensiero che mia madre non avrebbe mai potuto tenere in braccio mia figlia, mi bruciava l'anima.

Era Giovanna a cullare Girolama quando io avevo bisogno di dormire. Era lei a consolarla quando di notte i cani randagi guerreggiavano fra mille latrati. Non ci abbandonò quando le rivelai il mio sommo segreto: l'identità di mia madre (giacché il nome di Teofania di Adamo aveva varcato i mari e i confini) e di conseguenza la mia. Le parlai del veleno e le insegnai a comporlo. La nostra amicizia fu saldata dall'alchimia che scaturiva dal preparare insieme la pozione mortale. Forse aveva visto troppa sofferenza: donne che allevavano i figli da sole, future madri incapaci di nascondere i lividi, mogli prese in trappola, figlie neglette, amanti abbandonate. Tutte sotto il giogo di leggi che ci incatenano ai nostri ruoli. Forse ritenne il mio operato salvifico, un antidoto naturale alle esistenze che noi donne siamo costrette a condurre. Non gliel'ho mai chiesto. E prego il cielo di essere ancora in tempo.

C'è un'unica persona cui posso affidare questi miei tormenti.

« Cosa vi porta qui così presto? » chiede don Antonio.

Mi scruta in volto, sfoggiando il sorriso tenero di sempre, e subito mi coglie l'istinto di protendermi verso di lui. In questo istante rinuncerei a tutto pur di farmi vicina e rifugiarmi nel suo abbraccio ma, così com'è arrivato, questo desiderio scompare, cedendo il posto alle mie parole. « Grazie per aver accettato di vedermi. »

Faccio il segno della croce e chino il capo al passaggio di un altro prete. Mentre gli occhi scivolano sul pavimento, in un gesto naturale, per quanto inconsueto, porto la mano dalla fronte al petto, dalla spalla sinistra alla destra.

« La mia amica Giovanna de Grandis è scomparsa », sussurro. « Secondo la sua vicina, è stata arrestata... Se doveste scoprire qualcosa, vi prego di... »

Per un istante il prete distoglie lo sguardo, poi si avvicina, mi prende il braccio e mi conduce a un lato della basilica. L'intimità del tocco mi turba e per poco non inciampo. Un cattivo presentimento mi percorre la pancia. Lui sa qualcosa.

« Circolano voci », dice, a conferma delle mie sensazioni.

Ora la navata è silenziosa, tranne che per le preghiere sussurrate da pochi fedeli.

« Che genere di voci? » Mi copro meglio la testa con il velo.

« Nei circoli nobiliari si vocifera di un cardinale. Uno

molto vicino al nostro illustre pontefice. Pare che sua eminenza Camillo Maretti abbia sorpreso una cortigiana con cui... si stava intrattenendo... versargli della polvere nel bicchiere. Le ha intimato di confessare, certo che si trattasse di veleno, ma lei ha ribattuto che era un innocuo filtro d'amore e ha insistito di esserselo procurato per accrescere il loro reciproco piacere tra le lenzuola.»

Ricompare il brusio e con esso un puzzo di bruciato, sebbene questo possa attribuirsi alla fiamma delle candele affastellate davanti alle numerose immagini sacre. Il cuore comincia a martellare. Lo sento pulsare nella testa mentre il corpo reagisce all'unisono. Un cardinale. La mia amica adorata. Era lui il santo cliente? Non riesco a deglutire, ma fatico a figurarmi la relazione tra i due. Il prete mi guarda come se mi leggesse dentro; il mio cuore palpita e freme di paura e del desiderio di fuggire... ma dove?

«In che modo mi riguarda?» mi risolvo a dire. Il fumo solforoso dei ceri sottili si leva nel buio in spirali nere.

«Madonna, per tutti i vicoli e le strade, fino ai salotti eleganti della città, si parla di una cerchia di avvelenatrici.»

«Chi è la cortigiana? Ditemi il suo nome», lo incalzo, mentre già sento il corpo ondeggiare. Il suono lamentoso mi riempie le orecchie, la testa, i polmoni. Mi sento nauseata, appiccicosa. Una vecchia zoppica verso l'uscita. La vedo voltarsi e chinarsi davanti all'altare e, nel farlo, il contenuto del suo cesto si rovescia sul pavimento. La tremula fiamma delle candele sembra ingigantirsi, poi si ritrae.

Il prete si congeda, ma dietro di lui aleggia la risposta che ho sollecitato.

«Celeste de Luna.»

Quando torno alla spezieria, trovo Girolama ad aspettarmi. Non serve che le spieghi nulla, l'espressione del mio volto parla da sola, mentre mi arrovello sul legame tra questo cardinal Maretti, Giovanna e la nota prostituta Celeste.

«Gli inquisitori?» chiede mia figlia.

Annuendo, mi lascio cadere sulla seggiola, poi mi rialzo e afferro il mantello. «Vado a parlare con Celeste.»

«Celeste de Luna? Perché lei? In ogni caso sapete bene come funziona. Dovete aspettare un suo invito, non potete presentarvi così. Fate conto che sia una principessa.»

«È una truffatrice e una sgualdrina, e a causa sua Giovanna potrebbe aver perso la libertà, o peggio la vita.»

Mia figlia non ha la minima esitazione. «Allora vengo con voi», dice, e senz'altro indugio s'infila il mantello sopra l'abito.

Scuoto la testa. «È pericoloso. Potrebbero averci già spiate.» Ma non do voce al resto del mio pensiero: *E il tuo temperamento potrebbe ribollire come il latte lasciato sulla stufa e far naufragare ogni possibilità di ottenere informazioni utili.*

Girolama fa spallucce, come se il Sant'Uffizio e i suoi sbirri fossero fastidi innocui e le mie preoccupazioni superflue. «Vengo anch'io. Conosco Celeste perché frequentiamo le stesse feste e sarà sicuramente meglio disposta a parlare con me.»

Non posso oppormi alla logica di mia figlia e mi scopro grata della sua compagnia mentre, avvolte nei mantelli, ci dirigiamo a settentrione.

Piazza del Popolo brulica di giovani in vari stadi di ebbrezza. Sotto l'imponente sagoma dell'obelisco sono raccolti capannelli di gentiluomini, incuranti dell'ora che volge al mezzogiorno anziché al crepuscolo. Al loro braccio, donne in abiti sgargianti li sovrastano grazie a chiome suddivise in due corni e a calzature alte come trampoli di legno.

«Il bordello è da questa parte», ci importuna un perdigiorno mentre passiamo, e io gli rispondo facendo sporgere il pollice dal pugno chiuso nel gesto della fica. Lui indietreggia e, scoppiando a ridere, si porta le mani sul cuore infranto. «Sarà per un'altra volta, bella dama. Quando vorrete.»

Ignoriamo l'imbecille e ci dirigiamo verso uno degli imponenti edifici che sorgono appena oltre la piazza. Il grande portone si attaglierebbe a un palazzo più che a una casa di piacere. Appare dal nulla e ci viene incontro una donna di una decina d'anni più anziana di me, che sfoggia un'acconciatura elaborata, monili sfavillanti e un abito di seta color carminio. Ci guarda come se avesse visto due fantasmi fare ingresso nel suo salotto. Non devono essere molte le donne che accedono al palazzo dall'entrata principale.

Ci fa segno di seguirla in un'altra stanza. Avevo dimenticato l'apparenza del lusso e l'emozione che provoca. La vista degli arazzi turchi, delle flûte in vetro di Murano e del pianoforte in legno di noce impreziosito da un motivo in filigrana d'oro mi ammutolisce. Mi riporta alla mente la villa di Francesco, la nostra gabbia dorata, e per un istante m'impedisce di parlare.

È Girolama a rompere l'indugio. «Siamo venute per incontrare Celeste de Luna. È importante.» Collo dritto e testa alta, è superba quanto la maîtresse che ci scruta di sottecchi, come se ci stesse soppesando, le sottili sopracciglia inarcate quasi fino all'attaccatura dei capelli.

«Celeste è la nostra stella più scintillante e a quest'ora del giorno è indisposta. Sono certa che capirete.» La voce della tenutaria è melodiosa e il suo sorriso perfetto, sebbene non si estenda allo sguardo.

«Abbiamo necessità di vederla», insiste Girolama.

Ma la donna non si lascia convincere, così decido d'intervenire. «Dite a Celeste de Luna che c'è la Signora della morte. Riferitele che dobbiamo vederla subito, non possiamo aspettare.»

Girolama mi guarda come se fossi impazzita. Ho parlato a una donna nota, influente e ben inserita presentandomi come colei che tutti chiamano la Signora della morte. Avverto un cambiamento nell'aria. Il vento è mutato e ora soffia in nostro favore. La maîtresse annuisce. Con un accenno di sorriso sulle labbra si allontana da noi, che la osserviamo dileguarsi.

«Se n'è andata!» dice Girolama.

« Vedrai che torna. » Mi metto in bocca un confetto che ho raccolto da un vassoio dorato, pieno di *friandises*.

Mia figlia si volta per squadrarmi. « Ma, mamma, cos'avete fatto? Ora tutti sapranno chi siamo! »

« È così, figliola, ma questa è una casa di segreti e sta' pur certa che almeno questo non ne oltrepasserà le mura. »

« E se vi sbagliate? » Gli occhi di Girolama sono due braci.

Distolgo lo sguardo. Non voglio dirle che non ha importanza, poiché a breve i nostri segreti potrebbero essere svelati in ogni caso. Anzi, forse a quest'ora Giovanna è stata torturata e ha già confessato tutto agli inquisitori. Mi tornano in mente Faustina e il suo corpo spezzato che sobbalza, appeso alla corda.

« Venite da questa parte, prego. » Un paggio, all'incirca dell'età che avevo io quando sono approdata a Napoli, appare sull'uscio. Ha la pelle nera come la notte, addosso una calzamaglia e un farsetto verde aderenti, e in mano un vassoietto dorato.

« Grazie. » Mi lascio condurre attraverso stanze che risuonano di risa e spensieratezza, illuminate da candele, benché sia giorno, e soffuse di musica sino agli alti soffitti. Se chiudo gli occhi, mi sembra di essere tornata a Madrid, intenta a ridere delle celie di un giullare sul palco del re. Ma non sono in Spagna, nella corte serena e giocosa di Filippo. Sono a Roma. In questo luogo di potere e intrighi, vizi e perdizione, ansiosa di sapere cosa ne sarà di noi.

# 29

Celeste de Luna, concubina degli uomini più abbienti dell'Urbe, langue su una *dormeuse* mentre un maestro di musica pizzica l'arpa.

Al nostro ingresso, solleva il capo e posa su di noi gli occhi castano scuro. È una creatura magnifica, nonostante l'aria tediata. I capelli color miele intrecciati all'indietro ne esaltano la fronte alta e la pelle liscia d'avorio, mentre l'ampio décolleté dell'abito di seta rosa ne valorizza le spalle bianco latte.

« Perché siete qui, Signora della morte? E perché vi siete annunciata con codesto nome? Forse per voi la vita è un gioco? Non v'importa di essere riconosciuta? » Ha un tono ozioso e salmodiante e, ora che la vista si è assuefatta alla penombra, in cui le tende accostate hanno immerso la stanza schermando la luce del giorno, distinguo sotto i suoi occhi i segni di una notte movimentata.

D'un tratto le note si smorzano. Il maestro ha smesso di suonare e mi ha rivolto lo sguardo, prima di abbassarlo sul pavimento.

« Non preoccupatevi, Lorenzo è muto. Suona come un angelo del paradiso, ma non ha il dono della parola. Incredibile, vero? »

« Incredibile è che la nostra amica Giovanna de Grandis sia stata posta ai ceppi », controbatto.

Celeste solleva lo sguardo. Di primo acchito appare disorientata poi, come se avesse messo a fuoco il nome, cambia espressione. « Potete andare, Lorenzo », gli fa cenno, con tono fattosi all'improvviso brusco e assertivo.

Aspettiamo che il maestro s'inchini e lasci la stanza, poi, non appena i battenti si richiudono, Celeste balza in piedi e mi afferra le mani. « Intendete dire che il Sant'Uffizio l'ha tratta in arresto? Mannaggia a te, Camillo! » grida.

« Chi è Camillo? Cos'ha a che fare con Giovanna? A quest'ora la mia amica potrebbe trovarsi distesa supina sulla ruota o appesa alla corda con le braccia spezzate. »

La donna ha preso a camminare avanti e indietro, e le lucenti trecce le dondolano sulla schiena mentre calpesta i tappeti nelle raffinate pianelle di seta. « Camillo, perché mi hai tradita? » proferisce, prima d'interrompere l'andirivieni e voltarsi verso di noi. « È un cardinale creato da papa Alessandro e molto vicino al Santo Padre. Per un breve periodo è stato mio amante e avrei voluto che lo rimanesse, tanto è affascinante, o almeno così credevo. È stato per lui che ho comprato i filtri d'amore da Maria e dalla vecchia mendicante, ma conosco bene anche Giovanna, poiché ha aiutato ad abortire sia me sia molte altre ragazze che qui dentro si sono viste costrette a correre ai ripari. Quando Camillo mi ha sorpresa a versare il filtro nel calice, sono stata colta dal panico e obbligata a fare il nome di Giovanna. Tuttavia, lui mi ha assicurato che non ne avrebbe fatto menzione con nessuno. »

Mi sale la collera. La sento montare e tramutarsi in angoscia all'altezza del cuore. « Ebbene, a quanto pare vi ha mentito. »

« Cosa le faranno? » Girolama, che finora era rimasta in silenzio, erompe con foga bambinesca. Dimenticavo che la mia irruenta figlia prova per Giovanna un affetto forte e profondo quanto il mio.

Da una stanza vicina giunge il suono di garrule risate. Una donna intona uno stornello licenzioso tra i ragli festanti degli uomini d'intorno.

« Se Giovanna saprà tenere la lingua a bada e i nervi saldi, forse non le accadrà nulla », cerco di rassicurarla.

« Trattandosi di un semplice filtro d'amore, nel peggiore dei casi tenteranno di spaventarla, ma in assenza di prove non potranno farle altro. » Celeste fa spallucce, come se davvero si trattasse di un gioco.

Confortata da tali parole, mia figlia mi guarda con occhi pieni di lacrime, ma sorridenti. « Vedete, mamma? Non hanno prove, perciò andrà tutto bene. »

Mi sforzo di sorridere a mia volta. Peccato che Girolama non sappia cos'avevo dato in consegna alla mia amica l'altra notte. Giovanna recava con sé la boccetta di veleno destinata a Laura, la moglie del fornaio. Dopo un iniziale diniego, alla fine aveva acconsentito a recapitarla e io avevo nicchiato nell'udirla asserire che avrei avuto sulla coscienza la morte del fornaio, come già altre mille, tutte meritate, tutte indotte da nefandezze di cui solo mariti, padri e amanti sono capaci di macchiarsi: crudeltà, maltrattamenti, negligenze. Con la mia insistenza, ho finito per condannare a morte la mia amata Giovanna e ora, se solo potessi avere accesso alla prigione, non esiterei e prendere il suo posto. Prego che la nostra amica sia riuscita a consegnare la boccetta prima che gli avvoltoi del Sant'Uffizio la ghermissero con i loro artigli, ma nel profondo del mio cuore so già che non è così.

Il tempo scorre lento.

Mentre le ore fluiscono, di tanto in tanto mi sorprendo a girare in tondo per la piccola officina nel retrobottega, passando davanti alla scansia piena di unguenti e rimedi, sotto i mazzi di fiori fragranti appesi a essiccare, al camino, alla tenda, per poi ricominciare daccapo. Fingo d'ignorare lo stipo d'angolo dove custodisco gli ingredienti nefasti, i rimedi proibiti, ma quello rimane testardamente al suo posto. Quando, finalmente esausta, mi lascio cadere sulla seggiola, tra le gonne che affondano come crema inglese, un'immensa oscurità mi travolge e mi sento implodere al pari di esse, al punto che non mi capacito di come riuscissi a deambulare fino a poco fa.

Nel frattempo, Girolama è insolitamente calma. Sta preparando un minestrone, visto che digiuniamo da molte ore. «Graziosa quando tornerà dai suoi giri?» chiede, spargendo timo selvatico e sale nella pentola. «Venite ad aiutarmi, mamma. Rimestate al mio posto, mentre trito l'aglio.»

Senza sapere come, mi ritrovo a disegnare movimenti circolari con il braccio destro, stringendo in mano un cucchiaio di legno. E, nel farlo, recito una preghiera – o forse un incantesimo – affinché Giovanna rientri a casa. Invoco protezione, salvezza, redenzione. «Chissà dove si trova e quando tornerà», sento dire alla mia voce.

Finito di sminuzzare l'aglio, Girolama si avvicina alla pentola, affonda un dito nell'intingolo di fagioli e verdure e se lo porta alla bocca. «Manca di sale.» Versa l'aglio nel minestrone e prende il recipiente colmo di cristalli bianchi dal ripiano dove sono allineati, accanto ai coltelli buoni, al mortaio e al pestello, i comuni ingredienti da cucina: sale, limoni, una ciotola piena di uova, una brocca di latte di capra. «Spesso la nostra pia mendicante scompare per intere settimane, per poi tornare con un pieno di nuove medagliette sacre al collo e un umore ancora più irascibile», sbuffa Girolama.

Le rivolgo un'occhiata esasperata e sento che finalmente sto tornando in me. È come se fossi reduce da un lungo viaggio. Ho la schiena dolorante, il collo rigido e la spossatezza di una puerpera: profonda e infinita come il mare. «Portami le ciotole», dico, ma mia figlia non recepisce l'invito a contenere la cattiveria.

«Chi sa niente di quella vecchia strega!»

«Sstt! Chiamarla strega equivale a condannarla, qualora qualcuno fosse in ascolto!» Mi scotto la mano sfiorando la pentola, mentre verso il minestrone nelle ciotole che Girolama regge tra le mani. Non credo che riuscirò a mangiare;

portare il cucchiaio alla bocca, posare il boccone sulla lingua, masticare e poi inghiottire mi paiono compiti fuori della mia portata.

« Pare che abbia avuto più mariti di tutte quante noi messe insieme, anche se mi chiedo come sia possibile, smilza e scorbutica com'è. Ma va' a capire cosa passa per la testa degli uomini », conclude mia figlia, inarcando le sopracciglia nere.

È solo allora che mi accorgo delle carte. Come ho fatto a non notarle prima? Devo averle prese dal mio altare personale mentre ci passavo davanti, ma non ne ho memoria, a tal punto il giorno è diventato un vortice di attese misto a spaventi. Hanno il dorso ornato da una ricca cornice dorata intorno a uno sfondo blu notte, su cui splende un sole dai raggi frastagliati. Sono il mio unico vero tesoro e sento che condividerebbero la mia ansia, se solo ne avessero facoltà.

Girolama sembra dello stesso avviso e fa per pescare il primo arcano dal mazzo.

« Cosa fai? Lasciamo in pace i tarocchi, stanotte. Non ci riporteranno indietro Giovanna », dico, ancora più agitata da quando li ho visti.

Girolama non presta ascolto e volta la carta.

È la stessa di sempre: *Il Papa*. L'aria sembra immobilizzarsi, la stanza scomparire.

Mi cade di mano la ciotola e il minestrone si rovescia. Un topo emerge terrorizzato dal suo nascondiglio e scantona finché la lunga coda non scompare in un buco scuro nella parete.

# 30

## ALESSANDRO

*Mia nobile e illustrissima madre,*

*come sempre mi rivolgo a voi, spinto dall'amore e dalla consapevolezza di aver perduto la più eccelsa delle donne, per parteciparvi il vuoto che mi angustia da quando avete cessato di essere al mio fianco. Sono trascorsi due decenni dacché mi avete lasciato per ascendere al cielo. Due decenni di dolore durante i quali non ho tratto conforto che dall'impugnare la penna e rimanere finalmente solo, sera dopo sera, a pensare a voi.*

*Sono tempi crudeli, madre mia. Abbiamo nemici in casa e fuori. Serpi nell'erba alta, pronte a tendere agguati, spalancare le fauci e sputare veleno. Cosicché gli uomini continuano a morire, sebbene la peste stia regredendo a tal punto che, come riferisce il nostro caro Mario – che ho elevato al titolo di comandante dell'esercito pontificio –, i ricoverati nei lazzaretti sono meno numerosi di settimana in settimana.*

*Eppure si registrano morti in numero crescente tra individui di ogni estrazione: gentiluomini, preti, mercanti, commercianti, locandieri. I loro cadaveri ingombrano le strade e i cimiteri sono prossimi a esplodere. Ignoriamo la causa, nondimeno gli inquisitori riferiscono che le vie e le chiese di Roma traboccano di giovani vedove che civettano e sorridono, come se il dolore non le avesse mai attinte.*

*A questo proposito Bracchi mi ha richiesto un'ulteriore udienza, che sono stato lieto di accordargli, e mi ha riferito che le sue spie stanno passando al setaccio la città, fin nei vicoli più oscuri e nei recessi più reconditi, dove regnano de-*

*grado, miseria e povertà. Luoghi dove la prostituzione dilaga, i bambini si crogiolano nel fango e nella sporcizia, ladri e rapinatori volteggiano sulle prede come avvoltoi nel deserto. Ebbene, dalle baracche alle sale da ballo dei palazzi nobiliari e oltre, ovunque circolano voci secondo cui sarebbe in atto un'iniziativa criminale volta al massacro e alla carneficina. Un intrigo diabolico si starebbe consumando a pochi passi da dove risiedo, negli appartamenti siti nell'ala del palazzo più lussuosa e degna della mia funzione.*

*Secondo l'inquisitore, una peccatrice pentita avrebbe svelato in confessione che in questa città santa sarebbe all'opera una cerchia di avvelenatrici. La donna, degna di Dalila, lo avrebbe raccontato a un prete che lo ha riferito direttamente a Bracchi. Ella stessa si era procurata una pozione in grado di uccidere un uomo con sole quattro gocce, salvo poi non adoperarla. Pur volendo mantenere l'anonimato, ha ammesso che il veleno le era stato procurato da coloro che si proclamano le salvatrici del loro genere.*

*Con così poche informazioni, abbiamo le mani legate. L'ho riferito all'inquisitore e l'ho esortato a rintracciare la donna e condurla in Vaticano perché venga interrogata. Ma egli si è rifiutato, poiché non vuole che le responsabili sappiano che siamo sulle loro tracce. Ho voluto assecondarlo, tuttavia ora il tempo sta per scadere, poiché si registra un numero sempre maggiore di decessi tra gli uomini, esseri superiori a quelle balorde per genere, censo e dignità.*

*Il mio caro amico Camillo Maretti mi ha edotto che è comune tra le esponenti del sesso debole dilettarsi con filtri ed elisir per cagione di amore o gelosia, o per scanso di tradimento e abbandono, ed è a conoscenza di una tale di nome Giovanna de Grandis che spaccerebbe all'uopo siffatti sordidi rimedi. Ne ho informato Bracchi e lui l'ha condotta nelle mie segrete, ma invano, poiché né le è stato rinvenuto addosso altro che una boccetta di acqua santa, né le sono state estorte confessioni o menzioni riguardo a presunte avvelenatrici. Neppure dalla perquisizione nel suo alloggio è emerso alcun-*

*ché, perciò è stata rilasciata, ma sono certo che Bracchi ha già fiutato altre tracce.*

*È mio intento precipuo, e forse obiettivo prioritario dell'intero mio papato, smascherare le streghe eretiche, condurle alla luce della ragione, privarle delle facoltà innaturali e porle di fronte alla potenza di Roma, alla gloria di Dio e al giudizio cui dovremo sottostare tutti al cospetto del Signore nostro onnipotente.*

*Le troverò, signora madre. Vi prometto che le troverò.*

*Il vostro affezionato figlio,*

SUA SANTITÀ ALESSANDRO VII

Guardo la lettera, consapevole di non aver scritto tutto. Ma, benché l'inchiostro si stia asciugando sulla spessa pergamena e la mano impugni ancora la penna d'oca, so che non aggiungerò altro. Nutro un desiderio profondo e peccaminoso e covo pensieri lussuriosi, tuttavia, per quanto avrei bisogno di confidare a qualcuno tali turbamenti - perché di questo si tratta -, non ho nessuno con cui condividerli eccetto mia madre, che mi ha lasciato ormai da tempo. Desidererei mondare l'anima degli appetiti del corpo, dei terribili aneliti diventati impellenti, dacché ho avvistato nella piazza quella donna che si è affrettata a coprirsi il volto, ma non prima che fossi riuscito a scorgerne i capelli, del colore dei campi di grano che sorgono oltre le mura della mia città natale, fluenti e ondulati lungo la schiena. Al primo sguardo, seppur distante, i suoi occhi mi sono apparsi verdi, e tanta fugacità e incertezza non hanno fatto che accrescere intrigo e seduzione, tanto che, quando ella ha alzato lo sguardo verso di me, è stato come se mi avesse penetrato l'anima e io vi avessi scorto un che di prezioso e primitivo. Se solo potessi confidarla a mia madre, questa ossessione bislacca, inattuabile, inopportuna probabilmente svanirebbe e smetterei di sognare costei ogni notte. Come posso, infatti, agognare a tal punto una donna che non conosco? Quale fuoco ha scatenato dentro di me? Quale sortilegio ha scagliato? Nell'istante stesso in cui occulto nel cassetto nascosto le lettere per mia madre, come per mettere sottochiave anche i miei segreti, mi tornano alla mente quella donna e il suo sguardo diretto, e subito cado preda di codesto desiderio che non posso soddisfare.

Mi basta immaginare di accarezzarle i capelli perché il mio corpo venga scosso da un fremito. *Come posso riferire a voi queste parole, madre mia. Come posso desiderare una vostra carezza quando la mia pelle brucia per una donna in carne e ossa dagli occhi color del mare?*

Poso la penna sullo scrittoio, come febbricitante.

## 31

## GIULIA

«Giovanna, sei tornata a casa sana e salva! Ti hanno lasciata andare.» Getto le braccia al collo della mia amica inalandone il calore familiare, il profumo di erbe. Ma, al contempo, avverto un effluvio bestiale di sporcizia e squallore. Cosa le hanno fatto in quella fetida prigione?

È passata una settimana da quando è stata catturata. Una settimana in cui ho sofferto e inveito, pianto e desiderato con tutta me stessa questo momento che temevo non sarebbe mai arrivato. Per qualche strano motivo, proprio quando avrei voluto che mi mostrasse se Giovanna fosse viva o morta, la visione non si è manifestata: nessun segno, nessun cenno, nessun avvertimento. Né ho osato consultare i tarocchi. In compenso, ho pregato con la fede fervida di una bambina. Ho implorato le nostre divinità: le montagne, il mare, la sfera celeste, il fiume che brilla ai raggi del sole, poiché noialtre non abbiamo nomi per i nostri dei, né rituali, breviari, o una Bibbia per idolatrarli. Veneriamo la forza che fa germogliare i semi sottoterra, dischiudere i petali dei fiori, crescere un figlio nel grembo materno; la forza che infonde la morte e la vita. La adoriamo con una devozione semplice, gioiosa e naturalmente eretica. Me lo ha insegnato mia madre, che a sua volta lo ha appreso dalla sua, e così via fino all'alba dei secoli. Le proprietà delle piante, i tempi della raccolta e quelli della semina mi sono stati tramandati da una lunga discendenza femminile, la stessa che ha dato origine alla nostra semplice religione, alla gioia di contemplare il volo di un corvo, la luna e il suo bagliore d'argento.

Mi sciolgo dall'abbraccio per guardare in volto Giovanna. «Sei pallida! Sarai a digiuno da giorni. Ti hanno davvero lasciata andare?»

Mia figlia, Maria e con loro anche Graziosa, che è tornata dal suo pellegrinaggio più bellicosa che mai, si fanno dappresso. Siamo come api intorno a un fiore, tutte ronzanti di sollievo e felicità.

«Siediti, mia cara. Girolama, dalle da bere. Graziosa, prendi una seggiola. Maria, porta il pane e il caprino che abbiamo comprato al mercato.»

Giovanna appoggia la testa sulla mia spalla. Potrei piangere di gioia, infatti ben presto le lacrime mi riempiono il viso.

«Che cosa ti hanno fatto?» chiede Girolama, mentre mischia le dolci erbe floreali che daranno conforto alla nostra amica.

«Poco o niente», sorride Giovanna. «Mi hanno tenuta a digiuno, ma non mi hanno torturata. Mi hanno lasciata andare perché non hanno trovato prove per accusarmi di stregoneria.» Mi guarda e intuisce che le altre non sanno nulla della caraffina che nascondeva nello stinto abito vedovile.

«Mangia, adesso. Recupera le forze e prega gli dei che gli inquisitori non abbiano visto ciò che era sotto i loro occhi», mi limito a dire. Parleremo meglio più tardi, quando le altre torneranno alle loro occupazioni.

Allorché tutte se ne sono andate – chi a messa, chi al lavatoio, chi al mercato – mi siedo accanto alla mia amica. È stanca, perciò approntero per lei un giaciglio nel retrobottega. Non voglio che stanotte vada a casa, ho paura che tornino a riprenderla.

«Come mai ti hanno liberata?» mormoro.

Giovanna mi guarda, sospira e scrolla le spalle. «Non lo so. Non avevano prove e allora mi hanno lasciata andare. È la legge.»

Annuisco. Peccato che la legge non valga per quelle come noi. «Hanno trovato la caraffina di Acqua?»

Giovanna si volta di nuovo a guardarmi. «Sì. Volevo uscire presto la mattina per consegnarla alla moglie del fornaio, anche se, come sai, non ero d'accordo. Avevo intenzione di portargliela prima che il marito si svegliasse per andare a impastare il pane, ma il loro arrivo ha anticipato il canto del gallo. Mi hanno ordinato di seguirli alla prigione sul Tevere e ho cominciato a tremare in piedi. Quando mi hanno perquisita e hanno trovato la caraffina, ho detto che era un'ampolla di manna santa, come avevamo concordato, e loro non hanno pensato di controllare né di assaggiarla.»

«E adesso dov'è?»

Giovanna solleva le spalle. «Se la sono tenuta. A quest'ora l'avranno gettata via. Per forza, altrimenti sarei appesa a un cappio come gli altri sfortunati sparsi per la città.»

Mi vengono i brividi. Possibile che la mia amica sia scampata ai controlli così facilmente?

«Giulia, non ti preoccupare. Sono libera. Mi hanno creduta e non hanno trovato nulla che avesse a che fare con i veleni o con la stregoneria.»

Sono tutte parole ragionevoli, eppure colgo una nota stonata. Possibile che gli inquisitori si siano lasciati raggirare con tanto agio? A quanto pare, il nostro stratagemma di versare il veleno in quelle boccette con l'immagine del santo ha funzionato. Tuttavia qualcosa non mi persuade.

«Ti hanno domandato di Celeste de Luna?»

Il quesito fa trasalire Giovanna. «Come lo sai?» chiede.

«Don Antonio mi ha detto che il suo amante cardinale l'ha vista versare qualcosa nel suo vino. Siamo andate a trovarla, le abbiamo chiesto cosa fosse successo e lei ci ha raccontato che è andata in confusione quando le hanno intimato di fare un nome...»

«E così ha fatto il mio», conclude Giovanna.

«Sì.» Aggrotto la fronte.

«Quel che è fatto è fatto, Giulia», aggiunge, come se

dovesse essere lei a confortare me. « Sono viva. Sono qui. Ed è questo che conta. »

Dovrei essere felice di questo esito miracoloso. Dovrei rendere grazie per la libertà della mia amica, ma qualcosa me lo impedisce. Non mi fido di questa pace. Forse non mi fido più di niente.

I solchi profondi sotto gli occhi di Giovanna mi dicono che è tempo d'interrompere le domande. « Ora devi dormire. Ti preparo il letto e veglierò su di te. Hai fatto bene a non dire nulla. » Evito di aggiungere ad alta voce: *Speriamo che sia bastato.*

L'indomani mattina, la nostra cricca è di nuovo riunita. La conventicola, per meglio dire.

« Non possiamo ritenerci al sicuro, anche se hanno lasciato andare la nostra amica », dico, e nel mentre sorrido a Giovanna, ancora pallida. « Dobbiamo cessare ogni commercio, eccetto quello delle erbe medicinali e dei cosmetici. È troppo pericoloso dispensare l'Acqua. »

« Mamma, vi preoccupate troppo! » dice Girolama. « Gli inquisitori sono all'oscuro di tutto. Altrimenti perché l'avrebbero liberata? »

« Non lo so, figlia mia. Proprio questo mi spaventa », ribatto, consapevole che ciò che sto per dire la manderà in collera. « E tu dovrai astenerti dal frequentare le nobildonne e lo loro feste per adesso. È troppo rischioso... »

Girolama esplode prima che io abbia finito di parlare: « No! Non me ne starò qui notte e giorno, incatenata al focolare e alla bottega! Ho clienti che dipendono da me. Ho... » E con questo s'interrompe.

« Hai...? » La mia imperturbabile figlia sta davvero arrossendo?

« Niente, mamma. Non ho niente. »

« Hai incontrato qualcuno », dico più dolcemente, vedendola turbata.

Un'emozione che non so definire mi pervade, simile alla tenerezza, ed è come se ogni aspetto dell'essere madre si fosse distillato in questo istante. Girolama, la mia unica figlia ormai donna, si è innamorata. È entrata nel pieno della vita e, sebbene me lo aspettassi, sento di non essere pronta. Mi duole il cuore. C'è un luogo che raccoglie tutti i nostri non detti ed è lì che le parole hanno deciso di restare: sottotraccia.

« Ha un nome? » aggiungo poi. « Amore mio, sai che non potrai vederlo, almeno fino a quando non sarà passato del tempo e ne sapremo di più... »

« Di più? Non c'è nient'altro da sapere, mamma! Giovanna è stata liberata senza subire accuse né intrusioni. Siamo libere di andare avanti. E sì, mamma, ho incontrato qualcuno. Siamo innamorati e desidera sposarmi. »

Cala un silenzio gravido di stupore mentre le parole restano sospese in mezzo a noi. Maria canticchia tra sé, ma i suoi occhi sono vigili. Graziosa è seduta davanti alla scansia. Un serpente si avvita nella sua cesta. Un feto abortito galleggia poco distante e viticci di piante spargono le loro languide braccia nell'olio in cui sono sospesi.

Giovanna si alza e mi viene accanto. « Giulia ha ragione. Non possiamo rischiare di attirare l'attenzione. Ormai conoscono il mio nome. Non ci vorrà molto perché uno sbirro avvertito lo colleghi al tuo e a quello di tutte le altre. Io andrò avanti con la mia attività di ostetrica. Graziosa dispenserà rimedi contro il mal di denti e la gotta, e lo stesso farà Maria. Giulia servirà la clientela della spezieria. Tutto il resto deve cessare. Basta con le divinazioni, con le predizioni e con l'Acqua: ovvero con ciò cui il Sant'Uffizio potrebbe essere contrario. »

« È contrario a tutto », mormora Girolama, ma nel mentre vedo che si è arresa.

« Dunque chi è l'uomo che desidera prendere in moglie mia figlia? » le chiedo, dopo che le altre se ne sono andate.

Lei arrossisce di nuovo. « Si chiama Paolo... »

« Va' avanti », dico, mentre aggiungo assenzio in polvere a una poltiglia di cannella, noce moscata e chiodi di garofano.

« È bello, brillante, ben introdotto, e mi ama... »

Sento che c'è dell'altro, qualcosa di affilato come la lama del coltello che impugno. « Va' avanti », la esorto, in attesa.

« È un nobile... »

« Un nobile », ripeto. Segue una pausa, come se entrambe stessimo riflettendo su quella notizia improbabile.

« Mamma, mi ama davvero. Le nostre anime sono in perfetta sintonia. Ha promesso che mi sposerà non appena otterrà il consenso dalla sua famiglia. »

Non ho mai visto quell'espressione sul volto di Girolama. Sembra infatuata. Si concede un sorriso mentre gli occhi le brillano. Giocherella con lo smeraldo che porta a un dito. Un gioiello nuovo, su cui non avevo pensato d'informarmi. Ma ora è evidente che sia stato lui a regalarglielo.

Sono combattuta tra il desiderio di scuoterla e quello di confortarla. Occorre che le dica che è una storia impossibile? È una ragazza intelligente, ma sembra accecata dai sentimenti e dalle promesse di lui.

« Ovvero quando? » dico invece.

Ci guardiamo a vicenda. Mia figlia scuote la testa come per dissipare la mia perplessità.

« Me lo ha promesso », insiste.

Mi accorgo di non avere animo di contraddirla. Un signorotto non sposerà mai una cartomante, neppure se si tratta della Strologa. La sua famiglia non lo permetterebbe. So che, nel profondo del suo cuore, anche lei ne è consapevole.

Come se mi avesse letto dentro, Girolama dice: « Vi sbagliate, mamma. Paolo mi ripete tutte le notti che presto staremo insieme. Dice che sono una dea scesa in terra per salvarlo da un terribile matrimonio con un'insignificante contessa di Genova ».

« Fa' attenzione, Girolama », rispondo. « Anche se stavolta siamo scampate alle grinfie dell'Inquisizione, dobbiamo restare in guardia. Non sai chi sia davvero quell'uomo, né per chi parteggi il suo casato, se per lo Stato o per la Chiesa. Non sappiamo se possiamo fidarci di lui. Mi spiace, figlia mia. »

Girolama mi sta maledicendo a mezza voce, ma io non vi presto attenzione, fingo di non sentirla. Al suo posto, farei lo stesso.

# 32

Le ingiustizie non cessano.

Nei mesi a venire, le donne continuano a presentarsi alla spezieria, o ad avvicinare le componenti della mia cerchia quando queste escono a sbrigare le faccende quotidiane. Non c'è giorno che non venga da me una donna picchiata, una moglie negletta, un'amante risentita, una prostituta abbandonata, a pregarmi di fornirle una cura contro le proprie afflizioni. Ogni sera, quando le altre se ne sono andate, siedo vicino allo stipo e, rigirandomi in mano la chiave, rifletto sulla situazione presente.

Gli inquisitori non sono venuti a cercarci. Parrebbe che siamo sfuggite alla loro lente come anguille da una pignatta rovesciata. Tuttavia c'è un presentimento, una vibrazione di fondo che, seppur vaga, mi dice che essi sono sulle nostre tracce. Per questo continuo ad aspettare e a non dispensare altro che rimedi per curare i malanni fisici. Non mi fido del silenzio, dell'attesa: attesa di cosa, poi? Se avessero verificato l'« acqua santa » contenuta nella boccetta di Giovanna, a quest'ora sarebbero già venuti a prenderci. Se non è successo, forse è perché non ci hanno ancora trovate.

L'attesa di ciò che potrebbe succedere mi fa pensare a mia madre. Alle sue mille precauzioni e a quando smise di dispensare l'Acqua dopo che Faustina fu catturata. Penso a quanto avesse a cuore le donne che aiutava, e penso al veleno. A quel veleno che, non saprei spiegare come, mi ha *scelta*. Mi ha eletta a sua creatura la notte stessa in cui mia madre m'insegnò a prepararlo, anche se lei non ne parlò mai in questi termini nei mesi successivi. Mia madre lo confezionava per aiutare le donne, per sollevarle dai cattivi matrimoni e dagli uomini crudeli. Non già per esercitare vendetta verso chicchessia.

Per me il veleno rappresenta qualcosa di molto più profondo. È stato così fin dal primo momento. *Mi manca*. Mi manca immaginarlo compiere il suo viaggio e approdare in una caraffa di vino rosso sangue. Scivolare goccia dopo goccia nel brodo che sobbolle nelle cucine di una casa facoltosa. Mi manca ascoltarne il sospiro mentre percorre la gola, supera il pomo d'Adamo - il frutto proibito alloggiato per sempre nella strozza degli uomini - e arriva allo stomaco per trasmutare in acido; invisibile, silenzioso, mortale.

Ammetto di esserne succube, ma questa nuova situazione non è meno colpevole. Ora che ho smesso di dispensare il rimedio, le donne che avrei potuto aiutare sono rimaste senza tutela. Chissà cosa ne penserebbe mia madre. Dopotutto, a differenza di Faustina, la nostra Giovanna è stata rilasciata. Non corriamo lo stesso pericolo, o almeno credo. Purtroppo, non sono certa neppure di questo.

Chissà quante donne sono morte da quando ho smesso di dispensare l'Acqua, quante ne avrei potute salvare, seppur a detrimento dei loro uomini. Forse non importa a nessuno. Certamente non a Dio, per il quale nulla cambia tra la morte di un peccatore e quella di un altro uomo. A me, tuttavia, importa. Come io ci sono per ogni supplica sussurrata, ogni occhio tumefatto o polso contuso, ogni donna abusata, negletta, abbandonata, così il veleno c'è per me, anche se ignoro perché mi abbia scelta. Quale tenebra del mio animo abbia risposto alla sua chiamata.

Quel che so è che dobbiamo continuare a essere caute. L'Acqua è stata la maledizione di mia madre, e ora anche la mia.

Per la mia coscienza, decidere di aprire lo stipo è stato più semplice del previsto.

È bastato un istante per infilare la chiave nella piccola toppa, girarla e scostare l'anta. All'interno c'era una buona scorta di pallini di piombo e ampolle, una schiera di santini benedicenti, ma nessuna traccia di arsenico. L'ingrediente principe. Il re dei veleni.

È bastato un istante per risolvermi a infrangere il mio stesso veto, indossare il mantello, raggiungere la piazza e chiamare un ragazzino che, con la berretta calata sugli occhi, ha afferrato il quattrino, ha ascoltato le istruzioni che gli sussurravo e, dopo aver annuito, è sgattaiolato via in tutta fretta. Per recapitare un messaggio. Per avvertire il prete del mio arrivo. Se quel che si dice è vero, stasera non lo troverò a San Pietro in Vincoli. No. Il mio prete, l'ecclesiastico rinnegato, è alle prese con altri servigi e altri luoghi, fuori delle mura cittadine, al riparo dallo sguardo vigile dei suoi colleghi sacerdoti. Mi aspetta una lunga camminata.

Al calar delle tenebre, da agorà di venditori e mercanti, l'Urbe si tramuta in un covo di prosseneti e predoni.

Giovanna e Graziosa stanno assistendo a un parto podalico che potrebbe prendere molte ore. Maria è in giro per taverne a smerciare, per pochi baiocchi, piccoli amuleti fatti di frammenti di pergamena ricoperti di minuscole formule vergate in una grafia a zampe di gallina e una lingua tutta sua. Girolama starà sbollendo l'ira in qualche ricco salotto dalle parti di Trastevere.

Quanto a me, mi aspetta un tragitto periglioso e incerto, a nord-est dell'Urbe, nella chiesa di Sant'Agnese fuori le mura. Dovrò attraversare Porta Nomentana per incontrare don Antonio, e coprire il percorso di andata e ritorno con il favore delle tenebre.

Lungo la strada pregherò gli dei che vegliano su di noi sagge donne e invocherò la protezione di mia madre. Con la sua intercessione, non cadrò vittima dei manigoldi e dei tagliagole che si mischiano agli onesti cittadini di Roma.

Ho con me un sacchetto pieno d'oro, perciò devo rimanere vigile. Ma reco anche il piccolo pugnale che mi accompagna fin da ragazzina; affilato, inguainato e nascosto nel corsetto, con il manico a guisa di crocifisso.

Le strade sono affollate, sicché attraverso inosservata il centro cittadino. Raggiungo la piazza in cui tre vie convergono nella fontana alimentata dall'*Aqua Virgo*, l'acquedotto Vergine. Zigzagando per vicoli, mi porto fino al Pantheon, con le sue colonne ammantate del velo grigio dei secoli andati. Prostitute fischiano. Ubriachi barcollano. Locandieri gridano. Soldati incedono tracotanti. Una donna con la cesta del bucato getta uno sguardo e si mette al passo dietro di me, prima di scomparire nelle strade buie.

M'inoltro per vie meno familiari. Stringo il sacchetto che porto appeso alla vita e proseguo a passi prudenti, attenta al minimo rumore. Gli edifici si ritraggono, lasciando il posto ai campi. Gli stivaletti di pelle inciampano sulle vie sterrate. I cancelli dei cenobi vengono serrati a chiave per la notte. Davanti a me il buio è diradato qua e là dal lume di qualche torcia. Sento di essere vicina alla meta e nel giro di pochi secondi vedo le mura cittadine emergere dall'oscurità. Due sentinelle ridono e sorseggiano vino, sedute accanto a un piccolo falò. Mi fermo, esitante. Poi, tra le tenebre, scorgo un frate che si guarda intorno, con il saio di iuta marrone e la chierica in cima al capo.

Avanzo per farmi notare e lui annuisce, rassicurandomi. Insieme ci avviciniamo alle sentinelle, che ci lanciano un'occhiata distratta e disinteressata. Afferro due giuli, l'oro brillante al bagliore del fuoco. Le guardie fanno un cenno di assenso e io lascio cadere a terra le monete per imboccare con il frate la porta che una delle due tiene socchiusa. Poi, una volta oltre, mi ricordo di respirare.

La basilica sorge poco distante.

Dall'esterno appare modesta, a giudicare dalla facciata

scarna che s'intravede nel buio. Si avverte un tintinnio di campane. Il pianto lontano di un infante. L'abbaiare di un cane.

« Venite da questa parte, ma fate silenzio. Don Antonio sta celebrando una messa speciale. » Il frate mi conduce attraverso un passaggio discosto dalla chiesa, in direzione di un piccolo edificio a cupola simile a un mausoleo. Spinge la porta e mi fa segno di seguirlo.

Entro con il cuore martellante. Lo spazio circolare sarebbe immerso nel buio, se non fosse per una coppia di fiammelle che sembrano sospese sopra un altare posto sotto la chiave della cupola. Quando gli occhi si abituano all'oscurità, mi accorgo che esse non fluttuano nell'aria, bensì sono sorrette da una figura che presto identifico come una donna, che appare nuda, al bagliore di due candele nere che regge nelle mani protese. Il suo corpo svela un pallore sorprendente. Il mio primo pensiero è che si sia ammalata a causa del freddo che continua a imperversare su Roma, nonostante la primavera. Ha gli occhi chiusi e le gambe divaricate che lasciano intravedere la nera peluria nel mezzo.

Si alzano e calano ombre intorno alla figura del prete che, nella talare nera, avvicina la donna distesa e posa un calice sul suo grembo. « Questo è il calice del mio sangue. » Don Antonio sta celebrando una messa nera, un atto che potrebbe condurci tutti all'impiccagione. La sua voce si leva nell'aria umida e io sento l'urgenza di scappare.

Ma il frate, colta la paura, mi posa una mano sul braccio con tocco sorprendentemente gentile. « Aspettate, madonna, tra poco avrà finito. Non c'è niente da temere. »

Mi mordo il labbro e assaporo il sapore metallico del sangue, prima di arretrare contro i muri freddi che racchiudono il luogo, ma faccio quanto mi è stato detto. Oh, non sono ingenua. So che si celebrano messe simili nelle chiese dei sobborghi, al riparo dagli sguardi dei fedeli e degli inquisitori. Come so che don Antonio è un esorcista che, in cambio di un congruo compenso, si presta a ogni tipo di rituale illecito o servigio illegittimo, compreso quello per cui mi trovo qui stanotte. Tuttavia è la prima volta che vi presenzio. Mentre osservo, avverto uno strano fremito nel ventre, qualcosa di simile alla gelosia, anche se il momento non è dei più appropriati. La nostra è ormai una conoscenza di lunga data. Ci siamo incontrati per caso in una taverna, poco dopo che io, Girolama e Giovanna eravamo arrivate in questa città fervida e maleodorante, e abbiamo concluso un accordo, siglato un patto: qualcuno potrebbe dire con il diavolo. Senza don Antonio non avremmo mai potuto avviare il nostro commercio. Senza di lui saremmo probabilmente delle lavandaie costrette a strofinare braghe lorde giù al fiume in cambio di pochi spicci. E qualcuno potrebbe dire che sarebbe stata una vita migliore. Una vita decente e rispettosa della legge, anche se al costo di lunghe ore di fatica in cambio di un magro compenso, di brodaglie per cena e di un ruvido e pidocchioso pagliericcio su cui riposare le membra di notte.

Perché un uomo nato nella ricchezza e nel potere si dovrebbe abbassare a compiere l'opera del demonio per denaro? Perché un uomo cresciuto nel privilegio dovrebbe anche solo prendere in considerazione l'idea di smerciare veleni in combutta con una donna come me? Eppure, nonostante i suoi nobili natali, don Antonio trascorre le notti immischiandosi con noi che viviamo nei bassifondi lerci della vecchia Roma. In un'altra vita, probabilmente gli avrei posto la domanda, avrei sollecitato una risposta, ma in questa mi astengo dal pensare e dal domandare, o almeno ci provo. È meglio non interrogarsi. Da ignari si sta più al riparo, seppur di poco.

Questo sacrilegio, questa empietà, è un peccato grave. È il corrispettivo profano dell'atto divino più solenne: la trasmutazione del pane in carne e del vino in sangue. Osservo come incantata la donna, che mi appare fin troppo immobile. Per un istante che dura un battito, sono convinta che sia morta e che io abbia assistito a un atto sacrificale. Ma poi muove un braccio, una fiamma vacilla, e mi accorgo della mia stupidità: come avrebbe potuto reggere le candele, se fosse stata uccisa? La mente traballa. Tiro un respiro profondo per cercare di calmarmi, ma sono scossa e turbata. Non per questo me ne vado.

# 33

La messa è finita.

Sento arrivare una carrozza e intuisco che è venuta a prendere la donna. Per poter ricorrere a un simile servigio deve essere ricca, o persino nobile. Posso solo suppore le ragioni che la motivano. Forse desidera un bambino che non è in grado di concepire per vie naturali. Forse prega il diavolo per conquistare l'amore di un uomo che la respinge. O forse spera di cambiare vita, per evadere dalla sua gabbia dorata.

Sobbalzo quando mi si para di fronte una sagoma nera. Capisco che è il prete allorché svela il volto dal cappuccio. « Don Antonio », mormoro, nel timore che altri possano ascoltare.

« Madonna Giulia », replica lui con un sorriso, come se ci fossimo incrociati per caso.

« Avete ciò per cui sono venuta? »

« Certo. Ho sempre quello che desiderate, anche se vi ho raccomandato di prestare attenzione, giacché viviamo tempi difficili. »

Per un istante, nessuno dei due parla. Sostengo il suo sguardo schietto, diretto, di sfida priva di ostilità. Stanotte sembra un uomo prima che un prete. Nel tergersi la fronte, le maniche della tonaca si ritraggono, scoprendo un paio di braccia forti e imbrattate di sangue. Mi avvicino fin quasi a offrirgli le labbra. Nessuno lo verrebbe a sapere, tranne il frate. Sarebbe un altro dei nostri segreti. Ma, mentre mi faccio avanti, risuonano il nitrito dei cavalli e lo stridio delle ruote in procinto di curvare. Il cocchiere grida un comando e una sagoma scompare nella carrozza che subito riparte. La nobildonna, al sicuro nell'abitacolo, torna a ciò che le manca nella vita. Mentre io torno a osservare don Antonio e lui ricambia con lo sguardo stranito che ha un uomo quando desidera una donna.

Ora tocca a me sorridere. « Le mie mercanzie? »

« Le vostre mercanzie, certo. » Continua a studiarmi come un artista che debba dipingere un ritratto. Di rimando, io continuo a sorridere. Poi raccoglie i due involti che gli porge il frate, di cui avevo dimenticato la presenza.

Me li consegna e contengono il doppio della quantità abituale. Non c'è stato bisogno di dirgli che si rivolgono a me più donne di quante io possa sperare di aiutarne, soprattutto da quando abbiamo interrotto quella parte di servigi. Per qualche ragione insondabile, lui sembra aver intuito che la richiesta è in aumento e ha agito di conseguenza.

Gli porgo in cambio il sacchetto, dopo averlo estratto dalle pieghe delle gonne, e, mentre sto per andarmene, lui mi sfiora un braccio per trattenermi. Cosa c'è? Dimentico qualcosa?

« Madonna Giulia, qualcuno desidera incontrarvi. »

Non è quello che mi aspettavo. « Sono in molti a richiedere le mie prestazioni, don Antonio. »

« Ne sono certo. » Distoglie lo sguardo per un istante, poi prosegue: « Sono il confessore di una giovane nobildonna ».

« Che cosa ha a che vedere con me? » Di nuovo provo ad allontanarmi, ma lui non solleva la mano dal mio braccio.

« Forse nulla. Tuttavia potreste aiutarla come avete fatto con molte altre. Pagherà quanto chiederete. »

Mi volto a guardarlo, domandandomi perché prima m'inviti alla prudenza e poi avanzi una simile richiesta. « Una nobildonna? In che modo potrei esserle d'aiuto? »

Sorride di nuovo e si avvicina, al punto che riesco ad annusare il suo odore sotto quello dell'incenso. Ha una nota appena più amara, di sudore mischiato a un che di virile.

Questa volta vacillo, confusa. Ha ritratto la mano, ma riesco ancora a percepirne il tocco sulla pelle.

« Incontratela », dice in un sospiro. « Potreste scoprire che è una donna simile a voi, alle vostre parenti e vicine, anche se il suo casato è uno dei più importanti dello Stato. »

« Non sarà mai come le mie parenti e vicine. Non ci conosce né sa niente delle nostre vite. » Le mie labbra sono gelide. L'aria assorbe umidità e muffa dalle tombe sotto i nostri piedi. È come se Roma fosse scomparsa, lasciandoci qui, a negoziare, circondati dai morti. « Non chiedetemi questo. La mia cerchia... »

« Direte che è il prezzo per i servigi che vi rendo, se dovessero chiedervene conto. Non posso abbandonarla. È una donna che non può decidere della sua vita. »

« Chi di noi può farlo? »

« Vi prego, aiutatela, aiutatela per me. »

Mi prendo un attimo per respirare. L'aria della notte riempie i polmoni e ne fuoriesce sibilando. « È un rischio enorme », replico.

« Vi chiedo di correrlo. »

È una vera e propria trattativa. Alla fine annuisco. I termini sono chiari, ma una cosa è certa: non ne farò parola alla mia sorellanza. « Inviatela alla mia spezieria. Ditele di presentarsi con il pretesto di acquistare una cura cosmetica e io la riceverò. »

Ora annuisce anche lui. Avverto un lieve sospiro nell'ombra; un soffio d'aria. Eppure non vedo niente. Forse è stato un topo. Oppure il frate. Evito di attardarmi. Ogni secondo in questo posto è un rischio in più di essere scoperta, sebbene sia notte fonda. Mi volto per andarmene, ma so che resta a guardarmi.

Mentre intraprendo il lungo tragitto verso casa, cerco di districare gli eventi della notte. Se il prete si è spinto a chiedermi tanto, per la prima volta dopo molti anni di singolare conoscenza, la posta in gioco, qualunque essa sia, deve essere alta.

Sulla strada del ritorno, il cielo scolora nell'arancio e, in prossimità delle mura, la notte si stempera nel giorno. Questa volta le sentinelle alzano il capo e mi seguono con gli occhi mentre incedo a passo affrettato, come se i segugi fossero stati sguinzagliati e puntassero già alle mie calcagna. Dentro di me cresce la convinzione di dover correre, trascurando la minaccia che incombe alle mie spalle: le zanne digrignate, le fauci bavose. Aiutare una donna di nobile lignaggio è un rischio superiore a quelli corsi finora. L'uomo cui desidera somministrare la mia mistura sarà senza dubbio un suo pari, dotato di prestigio, censo e ricchezza. Finora ho garantito l'immunità alla mia cerchia limitandomi a trattare con donne comuni, prive di questi attributi, invisibili a tutti eccetto noi. Ma questa donna non sarà invisibile. Ci addentreremo in acque torbide. In un terreno insidioso. Rimpiango di non aver rifiutato la richiesta del prete. È stata l'aria della notte a darmi le vertigini? A rendermi così folle da accettare? I due involti, nascosti in altrettante tasche segrete tra le pieghe delle gonne, urtano contro le gambe mentre cammino, ricordandomi che le donne come noi non sono mai al sicuro. Pensare il contrario è folle. Il rischio non cessa, semmai aumenta.

Mia madre mi fa visita mentre percorro vie familiari. Mi resta a fianco mentre sbadiglio in cerca delle chiavi. Mi sfiora con il suo respiro mentre prendo posto sulla seggiola, decisa a non dormire, a non far parola di tutto ciò con le donne della mia cerchia. Le lascerò dormire e sognare in pace. Le lascerò occuparsi delle loro faccende con poca o nessuna paura. Le lascerò nell'ignoranza, affinché non abbiano niente da rivelare, se venissero prese.

I pensieri si levano come polvere da un mausoleo mentre il nuovo giorno sorge, santificato dal clamore delle campane che rintoccano per tutta l'Urbe.

# 34

L'aria si smuove, poi si riassesta intorno alla figura che ora è in piedi sulla porta della spezieria.

Il chiasso della strada sembra scomparso. Persino i cavalli fermi nella piazza, in briglia a una carrozza dalle finiture dorate, non emettono suono. Per un istante la luce sembra percorsa da un fremito, ma a simularlo è forse il rosso vibrante delle sontuose gonne indossate dalla dama, sotto la sopravveste a maniche lunghe, la camicia di seta, il velo calato sopra i boccoli bruni e fluenti. O forse il riflesso dei diamanti, dei rubini e dei fili di perle che, mentre la gentildonna avanza, rilucono accanto al grande crocifisso cesellato che porta appeso al collo sottile. Il suo profumo riempie la stanza di una inebriante miscela di muschio e bergamotto: forte, vivace, persistente.

« Madonna, come posso esservi utile? » chiedo senza respiro.

Il suo vestito, da solo, costa più denaro di quanto ne vedrò mai in tutta la vita. Fa un altro passo avanti, stringendo al petto un sacchetto di velluto. È l'unica cliente della spezieria, e ringrazio Dio di averla condotta qui in quest'ora di scarsa affluenza, poco prima della chiusura, in prossimità dei Vespri, quando la canicola d'inizio estate comincia a dissiparsi.

« Sono qui per comprare una cura per l'incarnato. Mi è stato suggerito di chiedere della siciliana esperta di erbe », dice, guardandosi intorno e passando in rassegna le file di vasi di terracotta sui ripiani, i sacchetti di miscele di erbe, i flaconi di tonici e sciroppi.

« Siete la benvenuta, madonna... »

« Duchessa », mi corregge con un sorriso.

« Duchessa », ripeto chinando il capo. « Ho lozioni e creme che possono trattare qualsivoglia disturbo della pelle. »

È florida, graziosa e giovane. La sua voce è dolce e morbida, il viso incorniciato di boccoli. Un lieve rossore le abbellisce le gote e, mentre incede, è come se la ricca stoffa del suo abito sussurrasse: *Sstt! Sstt!* Comprendo il motivo, oltre alla sbalorditiva ricchezza, per cui mia figlia Girolama è così affascinata dalle sue clienti aristocratiche.

Avanza lenta, come titubante, prima di fermarsi di fronte a me, che sono intenta a pesare le miscele sul tavolo di legno e a impacchettarle. Non posso fare a meno di paragonare la sua *mise* elegante al mio abito da lavoro in lino color ruggine, sovrapposto a una gonna marrone allacciata con un nastro blu e coperta da un grembiule. Il mio collo è privo di gioielli e, mentre ci penso, mi torna in mente quanto li percepissi rigidi, freddi e pesanti sulla pelle, quando ero la moglie di un ricco mercante. Il suo profumo è inebriante, il suo portamento regale, benché indeciso.

Non è sola. Un'altra donna è appostata all'entrata, guardinga.

« Aspetta lì, Lucia. »

Dev'essere abituata a impartire ordini. Sto per obiettare che, lì di vedetta sulla soglia, la fantesca potrebbe dissuadere altri clienti dall'entrare, ma poi mi sovviene che la transazione deve rimanere privata.

« Il mio confessore mi ha riferito che voi siete l'unica in città a potermi procurare la medicina che desidero. »

Non posso fare a meno di guardarmi intorno, come se un inquisitore e i suoi demoni potessero celarsi nell'ombra, ma non scorgo nessuno. Così annuisco. « Vi prego di seguirmi da questa parte, duchessa. » Scosto la tenda e le faccio strada. Lei avanza, mentre la sua fantesca rimane a sentinella della porta.

Le gonne della nobildonna sfiorano il mobilio: uno sgabello a tre gambe; una seggiola intagliata, con l'imbottitura di velluto logorata ai bordi; un lungo tavolo di legno macchiato di tinture, su cui giacciono pestello e mortaio, steli tagliuzzati e petali di fiori secchi sparsi alla rinfusa, un coltello usato, un panno umido e uno stoppino di candela.

Eppure questo spazio è il mio mondo. Non ho alcuna vergogna ad ammettervi la dama dai nobili natali. Qui ho avviato una fiorente attività di cosmetici ed erbe, impresa quasi impossibile per una donna, che tuttavia ho realizzato senza l'aiuto di un padre o di un marito. Scopro di essere a mio agio con questa creatura cui, in cambio del tempo che ha voluto concedermi, offro una seggiola screpolata e il tepore di un piccolo focolare.

Incurante della qualità del mobilio, lei si accomoda con eleganza e solleva il sottile velo dal viso. È bella con i suoi occhi scuri, la fronte alta, le sopracciglia fini e arcuate come detta la moda. Bella in tutto, tranne che per le lievi cicatrici del vaiolo che, seppur sbiadite, ancora le deturpano il volto. I suoi occhi sono supplichevoli e per un istante ne resto abbacinata. Questa donna ricca e potente ha bisogno di me, e constatarlo mi provoca una sensazione inebriante.

Mi ricompongo. Non sono una giovinetta ingenua, obnubilata dallo squilibrio di potere che esiste tra me e l'aristocratica, né dal favore che ha voluto accordarmi. So bene che trascorre la sua vita tra palazzi e ville, tutto al contrario di me che, costretta a vivere sempre al riparo da occhi indiscreti, mi sento sicura solo nel buio dei vicoli, benché ricordi ancora i giorni in cui le cose erano differenti e anch'io indossavo gonne fruscianti e monili preziosi. Ora quei giorni sono lontani, giacché sono una sconosciuta per la società cui appartenevo, ma constatarlo mi suscita gratitudine. Quel che conta è che io mi riconosca più adesso di quanto non mi sia mai riconosciuta quando ero una figliastra che viveva sotto il giogo soffocante di un ricco patrigno.

Mi asciugo le mani sul grembiule, lo sfilo – per cancellare almeno il simbolo del mio basso censo – e punto lo specchio appeso sopra il camino, che mi restituisce lo sguardo di una donna prossima alla quarantina ma ancora attraente. I capelli sono sempre lunghi e fluenti, la pelle liscia, le labbra rosa e piene; solo l'espressione è cambiata. C'è un dolore di fondo, nascosto nei recessi dello sguardo. Ma ci sono anche forza e molto coraggio. Li colgo nella curva della mandibola, nella linea del collo e negli occhi che mi fissano combattivi.

Scopro di essermi distratta e che la nobildonna mi sta osservando.

« Come posso servirvi? » chiedo. Ha l'espressione innocente di una giovane di appena vent'anni. Eppure è venuta fin qui e sento che sta per chiedermi l'Acqua. Forse l'innocenza è un paramento, alla stregua dei gioielli.

Già il suo eloquio smentisce la mia prima impressione. Parla in modo diretto, conciso e senza veli: è evidente che il nostro è un dialogo tra pari, benché non del tipo che fuori di questa stanza tutti saprebbero riconoscere. « Mi chiamo Anna Maria Aldobrandini e ho bisogno del vostro aiuto », dice. « Posso parlare chiaro? »

« Ve ne prego, duchessa. »

Anna Maria Aldobrandini, esponente di una delle famiglie più importanti di Roma, forse persino dell'Italia intera, scruta la spezieria annuendo, come se apprezzasse ciò che vede. Neppure la pelle di serpente che penzola da una parete sembra dispiacerle.

Cammina per la stanza, accompagnata dal solito fruscio delle gonne.

Io resto in attesa, chiedendomi se non sia tutto un sogno, da cui fra poco mi sveglieranno le capre del vicino o le campane che chiamano alla preghiera.

Le sue labbra sono scosse da un lieve fremito prima che finalmente, decisasi a parlare, dica esitante: « La mia storia non è affatto nuova. Mi sono sposata appena tredicenne con un uomo di trent'anni più vecchio. Il mio avvenire e il mio destino sono riposti nelle mani dei miei genitori, della mia famiglia e dei loro interessi. In questo non differisco dalle altre donne del mio rango ».

Segue una pausa in cui si ode un suono flebile, come di un nastro fatto scorrere sulla pelle nuda. E, poiché non c'è nessun altro nella bottega tranne noi due, mi volto d'istinto verso la porta, poi di nuovo su di lei.

« Non mi compiango, o almeno finora mi sono guardata dal farlo », prosegue la nobildonna.

« Cos'è cambiato dunque, duchessa? »

I suoi occhi colmi di lacrime e il suo viso soffuso di rossore. « Ho sempre fatto tutto ciò che mi hanno chiesto, che mi *ha* chiesto. Ho giaciuto con lui, sebbene sia vecchio e laido e abbia un alito pestifero. L'ho assistito durante le febbri invernali, ho obbedito a ogni sua pretesa... ma ora non ne sono più in grado. »

« In che modo tutto questo mi riguarda, vostra grazia? » Adesso il mio cuore batte forte. Una parola nelle orecchie del suo illustre marito e sarei tradotta all'istante nelle prigioni pontificie. Posso fidarmi di lei? *Mamma, posso fidarmi?*

« Vi riguarda in tutto. È il vostro lavoro, tanto quanto essere sposata a un vecchio lo è stato il mio. Ho bisogno della mia libertà, della mia vita. E solo voi, madonna, potete venirmi in aiuto. Non vorrete negarmi l'unica felicità che abbia mai conosciuto, ora che ho incontrato l'uomo cui desidero donarmi anima e corpo. Senza di lui, la mia vita non avrebbe più senso. »

Finito di parlare, infila la mano nelle gonne e ne estrae un sacchetto che, posato sul tavolo, sprigiona il suono pieno e solido di una piccola fortuna.

La guardo, intrappolata com'è nella sua rete di filigrana, nelle parole che intesse, nelle monete che offre, e ancora mi chiedo perché si fidi di me, dal momento che, tra le due, forse è lei quella che più ha da perdere.

D'un tratto si alza e ricomincia a camminare per la piccola stanza. « Non posso, non *voglio*, restare sposata al duca. »

L'aria si fa pesante. Mi osservo le mani, come quelle di

mia madre macchiate dagli oli vegetali e piene di piccoli squarci e ferite causati dai coltelli che uso per tagliare e sminuzzare le erbe. So che la famiglia non acconsentirà mai al suo divorzio. L'idea è inconcepibile.

« Devo liberarmi da questo matrimonio, da questo dolore, madonna », dice sospirando. « Devo liberarmene per amare l'uomo per cui darei la vita. »

C'è un breve silenzio; un attimo di riflessione in cui entrambe soppesiamo lo scenario che ci si spalanca davanti. La duchessa pensa: *Non ho altre possibilità*. Io penso: *È una trappola?*

Forse è arrivato il momento della resa dei conti. Forse questa scena incongrua - due donne simili nell'animo e nel portamento, ma diverse per censo e ricchezza - è il culmine. Come siamo arrivate a questo punto? In che modo ogni nostra decisione, ogni piccola scelta, ogni nostro progresso ci hanno portate entrambe fino a qui? Trovo sorprendente come il destino abbia giocato le sue carte, e mi chiedo che cosa ora abbia in serbo per ciascuna di noi. Per quanto improbabile, questo incontro si sta compiendo realmente. E, nell'istante stesso in cui ci rifletto, tutte le ricchezze e lo splendore della duchessa svaniscono ai miei occhi e io non vedo altro che una donna dal cuore bramoso di libertà. Una donna come me.

« Vi aiuterò », mormoro. « Ma prima voglio chiedervi una cosa. »

« Chiedete pure. »

« Perché siete venuta di persona? Voglio dire, perché non avete mandato un famiglio o la fantesca che sta aspettando fuori? »

Lei sorride e il suo volto riprende i tratti della giovane e magnifica donna che è. « Volevo essere sicura di voi, madonna. Volevo incontrarvi e vedervi con i miei occhi. Sono poche le persone di cui mi fido, persino in casa mia. Volevo accertarmi che nessuno l'avrebbe riferito a mio marito. »

« Dovete soffrire molto. »

Si avvicina e mi prende le mani tremanti tra le sue. Indossa sei anelli di oro, perle e rubini, a suggello del fidanzamento e del matrimonio. Le lacrime le invadono le tenere guance. Dischiude le labbra rosse e carnose mentre si prostra in ginocchio, la seta delle gonne mischiata alle erbe sparse sul pavimento. « Aiutatemi. Liberatemi da questa tirannia. Consentitemi di amare un altro, madonna. Permettetemi di sposare l'uomo che desidero, poiché morirò di crepacuore se non potrò unirmi a lui. » A queste parole, posa tremante la fronte sulle mie mani protese. Brucia come se avesse la febbre. « Don Antonio mi ha detto che posso fidarmi di voi e di nessun altro. La mia famiglia mi ucciderebbe se solo scoprisse perché sono qui. Così come io ucciderei me stessa, se dovessi restare con il duca. La mia vita, il mio destino sono nelle vostre mani », sussurra.

Rivolgo una preghiera silenziosa a mia madre: *Indicatemi cosa fare... Il pericolo è grande, come non mai, ma questa donna ha bisogno di me... Parlatemi, mamma, in che modo mi devo comportare?*

Non segue alcuna risposta che io sia in grado di cogliere. Guardo quella figlia amata e vezzeggiata affrontare le dure leggi dell'essere donna. Vedo una moglie trascurata, una bambina costretta a diventare adulta, e so bene cosa si prova. Libero una mano e le sollevo piano il volto. Gli occhi sono due profondi laghi marroni. Le ciglia, fronde lunghe e folte. I nostri cuori battono all'unisono. Il sangue ferve e si agita mentre ci percorre i corpi pulsanti di energia e vita. Il respiro accelera e, per un breve istante, io e lei siamo complici.

« Chi mi assicura che non mi denuncerete? Quale garanzia potete darmi per la mia incolumità? Mi state chiedendo molto, duchessa. »

« Lasciate da parte le nostre differenze. Vi parlo da donna prigioniera e disperata. Se vi fosse un'altra strada la percorrerei, ma non esiste alternativa, vi prego di credermi. Perché dovrei denunciare un crimine in cui io stessa sono implicata? Perché mi sarei spinta fin qui per sottoporvi la richiesta? »

Mentre parla, il suono riprende come se non si fosse mai interrotto e non avesse cessato di sibilare.

La nota acuta mi riempie la testa.

« Vi recapiterò un messaggio tramite il prete. Dovrete seguire alla lettera le mie istruzioni. »

Per un attimo temo che non abbia sentito, ma poi posa la guancia sui miei palmi, bagnandomi la pelle di lacrime. Anna Maria (nobildonna, duchessa, assassina?) si congeda da me (avvelenatrice, fattucchiera, strega), non prima di aver sussurrato una preghiera. « Che Dio vi protegga », dice, e io rabbrividisco.

Saranno i resti delle deiezioni umane e animali gettate nelle strade e nei vicoli, ma d'un tratto avverto il familiare odore dolciastro di putrefazione e decadimento. Guardo con orrore la donna di nobili natali che si è inginocchiata davanti a me nel retrobottega e lei mi restituisce lo sguardo senza capire. Ma, proprio mentre penso di non riuscire più a tollerare un'altra boccata di aria fetida, il miasma svanisce, riassorbito dagli odori consueti delle vie secondarie di Roma. E, allorché neppure la testa può più tollerare un altro secondo del rumore, anch'esso si ritira come le acque del Tevere a ogni primavera. L'effluvio e il sibilo si ripresentano uguali ogni volta. E, pur riconoscendoli come segnali di pericolo, sento di dover aiutare la nobildonna, poiché io e lei siamo un'unica cosa. Tutte le donne che soccorro sono un tutt'uno con me. Forse il destino mi manda questa successione di visioni, presagi e segni sapendo che li ignorerò, giacché ascoltarli significherebbe tradire me stessa.

Sono spericolata. Sono disertata dalla rettitudine. Sono oscura, vendicativa e potente. Sono viva e, se non del tutto libera, libera quanto è concesso a una donna di esserlo. Forse proprio quest'ultima è la mia dote più temibile.

*Maggio 1657*

*Anna Maria Aldobrandini, duchessa di Ceri, una caraffina di Acqua (Giulia) 25 scudi*

*8 caraffine dispensate durante la messa (Giulia) Nessun compenso*

*Giugno 1657*

*11 caraffine dispensate nella spezieria (Giulia) Nessun compenso*

# 35

## ALESSANDRO

«Il duca di Ceri è morto, Santo Padre. Un male improvviso, una tragedia inaspettata.»

Bracchi, ora governatore di Roma, mi precede di due passi mentre percorriamo i corridoi che conducono alla basilica, dove celebrerò messa.

«Circolano voci...»

Mi fermo, imitato dall'intero corteo al seguito.

«Vi prego di lasciarci soli», dico al codazzo di prelati, che si disperde mormorando.

«La vedova, la duchessa Anna Maria Aldobrandini, ha insistito perché fosse eseguita un'autopsia per placare le chiacchiere che circolavano in città», dice Bracchi, quasi senza fiato. «Si vocifera che sia stata lei a ucciderlo. I barbieri chirurghi che hanno eseguito l'autopsia hanno confermato di non aver rinvenuto segni di avvelenamento, ma hanno escluso altresì eventuali cause di morte naturale.» Fa una pausa. Il silenzio tra noi si gonfia, poi si restringe. «Gli organi erano intatti, la pelle piena di vitalità. Proprio come in tutti gli altri. Tutti uomini. Tutti apparentemente in salute, se non fosse...»

«Se non fosse che sono morti», concludo.

Per una volta Bracchi sembra rimasto senza parole.

«Non è stato trovato nessun segno di avvelenamento o di altro atto criminale?»

«Nessuno.»

«E la vedova?»

« È affranta dal dolore. Inconsolabile, secondo tutti i resoconti, ma ci sarebbe dell'altro. »

Aspetto che Bracchi parli.

Finalmente si avvicina. « Beatissima grazia, secondo i miei informatori, avrebbe un amante, un farabutto di rango inferiore, di nome Santinelli. Sarebbe intenzione della duchessa sposare questo nobile minore, perciò avrebbe potuto avere un movente. Tuttavia, senza interrogarla... »

Eccoci giunti al punto.

La donna in questione è una delle più in vista di Roma. Arrestarla, accusarla d'intrattenere rapporti con streghe e avvelenatrici equivarrebbe a diffamare la sua nobile famiglia.

« Dobbiamo procedere con cautela », dico. In verità sono allarmato. Terrorizzato. Una duchessa in combutta con una strega. Se c'è un solo granello di verità in quelle voci, siamo di fronte a un atto di ribellione. Non aggiungo altro. Bracchi mi fissa. Nessuno di noi due è in grado di parlare. « Naturalmente godrebbe dell'immunità papale », rifletto ad alta voce. Non posso dare ordine che venga interrogata. Andrebbe contro ogni ragionevolezza. Equivarrebbe a perdere il sostegno di un casato potente e non avrei prove da addurre a fondamento dell'accusa.

Bracchi annuisce. Siamo del medesimo avviso. Non può essere processata, ma al contempo deve capire con chi ha a che fare.

« Lasciatemici riflettere », dico poi, congedandolo.

C'è una leggera esitazione, come se il mio inquisitore, il governatore di Roma, stesse per aggiungere altro. Ma poi si ricrede e, dopo essersi prodotto in una riverenza, gira i tacchi, che echeggiano sul marmo mentre si allontana.

La duchessa in combutta con le avvelenatrici? Che insolenza intollerabile. Inammissibile. Un affronto nei riguardi della società e della Chiesa. Se fosse vero, sarebbe un abominio.

Mi avvedo appena delle braccia e delle mani che provvedono alla mia vestizione. Lo stesso vale per le voci. « Da questa parte, Santo Padre. » « Di lato, Santo Padre. » I protonotari sorreggono le estremità della falda, vi sovrappongono l'alba, mi adornano, mi cingono, mi trasformano in vicario di Cristo. Ma la mia mente è distante, intenta a formulare la missiva che allerterà la famiglia Aldobrandini, a cercare le parole che convocheranno la loro figlia nelle mie prigioni per essere interrogata. Chissà se sarò in grado di metterle nero su bianco.

Più tardi, terminata la messa, mi ritiro negli appartamenti privati per accoglier vi il mio grande amico, il cardinal Camillo Maretti. Intendo mostrargli i bozzetti che Gian Lorenzo ha preparato per la nuova piazza che sorgerà davanti alla basilica.

Ma, al suo arrivo, Camillo appare dimesso, sofferente. Ha la pelle ingrigita, il volto scavato.

« Camillo, che cosa vi affligge? » Arrotolo la pergamena, occultando i disegni del colonnato e dell'emblema di famiglia scolpito nella pietra.

« Non è niente, Santo Padre, vi prego di perdonarmi. Ho solo un po' di mal di stomaco, qualche leggero fastidio », dice con una smorfia.

« Vi vedo sofferente, amico mio. Lasciate che vi aiuti. Chiederò assistenza. Portate del vino e dell'acqua e limone », ordino a uno dei numerosi camerieri, che si affretta a lasciare la stanza.

« Siete troppo gentile », dice Camillo, ma fa una smorfia di dolore non appena gli sfioro un braccio.

« Vi farò visitare. Andrà tutto bene », provo a consolarlo, ma, colto dall'ansia, mi accorgo di non credere alle mie stesse parole.

Bussano alla porta e appaiono due suore: una reca, sopra un vassoio, una caraffa d'acqua, l'altra va incontro a Camillo, che ora stenta a respirare.

« Portatelo nei suoi appartamenti », ordino. « Mandate subito a chiamare il mio medico. »

Lo osservo uscire barcollando, una mano premuta sullo stomaco, e vengo percorso da un brivido.

L'indomani il medico viene a conferire con me mentre mi sto preparando per la messa. Il mio amico sta meglio e uscirà a prendere un po' d'aria.

« La notizia mi allieta », dico, mentre si radunano i prelati e il corteo prende forma.

Nondimeno compio il percorso fino alla basilica in preda alla confusione. Vedo le teste piegarsi nelle riverenze. Il turibolo oscillare. Colgo la luce abbagliante del sole, poi l'oscurità della navata. E, al momento di levare le braccia al cielo, pervaso da un tormento crescente, prego per Camillo.

# 36

## GIULIA

Il duca di Ceri giace disteso immobile.

Il volto della salma è roseo. La pelle lucente di rugiada. La carnagione colorita dalle cavalcate e dalle battute di caccia. Benché prossimo alla cinquantina, appare vitale, come se fosse solo addormentato, e da un momento all'altro potesse rialzarsi, montare a cavallo e andar di nuovo per selvaggina. È disteso in una bara scoperta, sotto i cieli tempestati d'oro di Santa Maria sopra Minerva, mentre tutta Roma sfila davanti al feretro per rendergli omaggio.

«Santa Vergine...» Faccio il segno della croce.

«Che c'è, Giulia?» chiede Giovanna.

«Dobbiamo andarcene.»

«Ma io vorrei vedere questo duca.» Mentre la mia amica si fa strada tra la folla, le teste si voltano e qualcuno dà di gomito.

«Giovanna, ti prego, dobbiamo andare», sibilo.

Lei mi rivolge lo sguardo e si ferma. Poi lo riporta sulla bara, sulla salma ingioiellata al suo interno, sui ceri d'altare che baluginano nei candelieri cesellati, e d'un tratto cambia espressione. Mi afferra per un braccio cercando di trarmi in disparte, ma non c'è spazio a sufficienza.

«Che cosa hai fatto?» sussurra.

Io ricambio lo sguardo ma resto in silenzio.

«Giulia! Dimmi cosa succede. Che cosa hai fatto?»

«Solo quello che era giusto...» Inciampo nelle parole prive di senso.

«Cristo santo», si limita a dire la mia amica, prima di riportare lo sguardo su quell'uomo di potere e prestigio, morto per mia mano. « Molti dicono che la tua Acqua benedica i morenti donando loro bellezza, giovinezza e vitalità. Stentavo a crederci, ma ora ho cambiato opinione. » Giovanna scuote il capo. « Come hai potuto? Per di più alle nostre spalle? »

Non c'è nulla che io possa dire. Ho le palpebre roventi. Il cuore martellante. Vorrei andarmene, ma sono prigioniera della ressa. Che cosa ho fatto? « Mi dispiace », dico. E vorrei proseguire, ma un sussulto agita gli astanti. Una donna coperta di pizzo nero incede tra la folla, dividendola in due come Mosè con le acque del mar Rosso. Al suo fianco, un uomo la sorregge.

« La vedova! » dice una voce.

« Guarda come singhiozza. È un'attrice provetta! »

« Un Pantalone in gonnella », dice un'altra.

Anna Maria Aldobrandini solleva il velo e si porta un fazzoletto agli occhi.

Io mi ritraggo e Giovanna mi guarda come se non mi conoscesse, il suo volto pervaso dal terrore.

Oh, la recita è perfettamente credibile. Persino da quaggiù s'intuisce che la duchessa è un'attrice consumata. La nota lunga del suo lamento echeggia sui soffitti a volta. Il suo incedere è barcollante, tanto che rischia di cadere tra le braccia dell'uomo al suo fianco che, vestito di un farsetto nero tempestato di perline sulle maniche di doppio velluto, con le mani piene di anelli la sostiene per un braccio e la conduce avanti a testa ritta.

« Chi è quella, Giulia? Che cosa ha a che fare con te? »

Guardo la mia amica in silenzio, incapace di parlare.

Siamo delle assassine e la prova è davanti ai nostri occhi. Peggio ancora, ci siamo - o meglio, mi sono - immischiata in affari di Stato. Giovanna mi osserva e il suo volto pallido rispecchia il mio, passando dallo sconcerto alla presa di coscienza, all'ammissione di colpa. Abbiamo mutato il destino di una dinastia. Reinventato il futuro. Alterato gli equilibri politici e di potere. Tutto questo per una boccetta di liquido senza gusto né colore. L'ho riempita io stessa e, dopo averla affidata al reverendo, ne ho dispensate molte altre. Quante morti ho procurato?

La duchessa è il ritratto della sofferenza, con il suo pianto incontenibile, i gesti pieni di afflizione. Non sostengo più quella vista: l'ostentata esibizione della morte del marito; la finta afflizione della moglie. È tutto così smaccatamente ovvio.

« Andiamo », intimo a Giovanna. Ma, quando mi volto, trovo una donna a sbarrarmi la strada. Ha all'incirca dieci anni più di me, un viso vagamente familiare, anche se non saprei riconoscerla. Mi sorride mentre cerco di passare, tuttavia non accenna a farsi da parte.

« Posso esservi d'aiuto, madonna? » chiedo.

« Penso proprio di sì », risponde lei, scrutandomi dall'alto in basso.

Ho visto molte donne guardarmi in quel modo, come se volessi depredarle dei loro mariti smilzi e soggiogati. Rispondo al suo sguardo, sebbene lo spazio intorno a me cominci a vacillare.

« In molti qui dicono che sei la Signora della morte, colei che smercia un certo liquido... » Ha un accento forestiero. Porta gli occhi sul feretro, poi di nuovo su di me.

« Ebbene, si sbagliano », riesco a dire.

Provo ad avanzare, prima che compaia il sibilo, benché dentro di me ne senta già la vibrazione. Ma, mentre tento di superarla, la donna mi posa una mano sul braccio. « Davvero, bella? Dici che si sbagliano? A me non sembra proprio. » Emana un odore respingente. Un tanfo acre di latrina.

Scanso la sua mano con un gesto più brusco del previsto. « Non so di chi parliate. » Ora la mia voce è affilata. Se non si sposta, le andrò addosso e ruggendo l'atterrerò con la veemenza degli antichi giganti che popolavano i monti sopra Palermo.

« Rispedisci i pettegolezzi nella cloaca da dove provengono », le sputa in faccia Giovanna, afferrandomi la mano.

Sento il tepore della sua stretta sul palmo ghiacciato. Mi spinge di forza fuori della basilica. Né io né lei ci voltiamo indietro, ma so che la donna ci segue con lo sguardo. Ne avverto il bruciore, lo scaltro scrutinio. Raggiunta l'uscita, proseguiamo tenendoci alla larga dal nostro quartiere, dalle vie e dai vicoli che conducono alla spezieria, per inoltrarci verso altre zone della città. Non ci fermiamo finché non raggiungiamo gli archi in travertino del Colosseo che s'innalzano a schiere verso il cielo.

« Non ci hanno seguito », dice Giovanna, ansimando.

« Per ora no », le rispondo.

# 37

Si è fatto buio.

Io e Giovanna ci accingiamo a tornare alla spezieria, schivando persone e cavalli, barrocci e carrozze. Le strade sono animate. Una madre consola un bimbo in preda al pianto. Due uomini altercano animatamente. Da un lato all'altro dei vicoli le donne chiacchierano stendendo il bucato fuori della finestra. E dire che la pestilenza avrebbe dovuto portare tutti alla tomba.

Ogni cinque passi, Giovanna si ferma per guardare indietro, invece, nel frattempo, qualcosa dentro di me è mutato. L'orrore che avevo provato nel vedere il defunto e la vedova in lacrime è svanito. Il duca è morto. Le sorti di una stirpe sono cambiate. Una donna è stata liberata. Percepisco tutto il potere del veleno di mia madre, tutta la sua portata. La paura si è dissolta e ha ceduto il posto allo stupore e a qualcosa di simile all'orgoglio. Sono stata io ad alterare la linea dinastica di quel casato. Io. E nessun altro.

Mi appare nella mente il volto di Francesco. Il pallore impressionante, gli occhi che fissano il vuoto, vitrei, per sempre spalancati e ciechi. Sebbene non abbia mai visto la salma del mio patrigno, lo immagino vestito di velluto nero, disteso nella bara, e subito sono colta da un moto esultante. Non provo nessun rimorso per lui, ma solo un'ondata di gioia, forza e libertà.

Con tutta evidenza, non è così per Giovanna.

Il suo volto è cereo, benché non al pari di quello di Francesco. Continua a guardarsi intorno, tanto agitata e insicura quanto io sono entusiasta. Si muove furtiva mentre io quasi saltello. *Avete visto cosa sono stata capace di fare? Avete constatato il potere del mio veleno?* potrei urlare ai quattro venti, ma mi trattengo. Insieme attraversiamo la città sgusciando come topi, fino a raggiungere la piazza dirimpetto alla spezieria. Qui, come ogni giorno, uno stuolo di ragazzini si azzuffa sollevando polvere dal selciato. Uno di loro alza lo sguardo, ma la luce è fioca, la fiamma dei lumi dietro le persiane delle case emette un bagliore appena percettibile. Perciò non ne riconosco il volto.

« Che cosa avete fatto? » Girolama batte il piede per la stizza.

Graziosa fischia. Ridacchia mostrando i denti neri. Scuote la testa ed erompe in una risata prossima alla gioia quando riporto l'accaduto.

« Santo cielo, che cosa pensavate? Lei è una duchessa. Lui un duca! » Girolama ansima e cammina senza sosta in preda alla collera.

« *Era* un duca », dice piano la mia amica Giovanna.

Mia figlia continua a percorrere la stanza avanti e indietro, senza requie. A ogni passo un fruscio di gonne, un baluginio di gioielli. Il suo volto è una maschera di puro terrore. Poi finalmente si volta verso di me. « Ci avete proibito di dispensare l'Acqua. Ci avete ordinato di fermarci! Mi avete costretta a casa, lontano dai miei amici, dal mio amato! »

« Hai ucciso il duca di Ceri », sibila di nuovo Graziosa.

« Ho venduto il veleno ad Anna Maria », provo a dire.

« Ah, addirittura la chiamate Anna Maria, ora? L'avete anche invitata a cena, per caso? » sbotta Girolama.

« Ti prego, calmati », dice Giovanna, con le mani protese in segno di supplica verso mia figlia, come invito a moderare l'irruenza.

Girolama ignora la mia amica. « Perché lo avete fatto? Per denaro? Vi ha pagata generosamente per il vostro tradimento? Vi siete lasciata incantare, come a vostro dire farei io? Avanti, mamma, diteci.»

«Non c'è niente da dire. La duchessa è venuta da me. Il prete mi ha chiesto di aiutarla. Avrei voluto dirvelo, ma ho ritenuto più sicuro evitarlo.»

«Più sicuro?» Girolama è fuori di sé. Prorompe con quell'interrogativo e io arretro di un passo.

«Mi dispiace. Dovevo aiutarla, io e lei... io e lei...»

«Voi e lei cosa, mamma?» La sua voce è incredula.

«Siamo un'unica cosa. Io aiuto le donne a uccidere gli uomini, e anche tu, amore mio.» Le parole riempiono lo spazio tra noi, puntute, taglienti.

«Io no!» ribatte Girolama. «Il mio lavoro va ben oltre la pozione che vi è stata tramandata! Voi siete l'Ammazzamariti, io sono la Strologa. Io interpreto i segni celesti e predico il futuro. Voi fate poco altro eccetto uccidere.»

«Quindi dicci, Strologa, cosa succederà ora? Siamo al sicuro? O scopriranno che sono stata io a procurare l'Acqua alla vedova?»

Girolama non risponde, ma mi fulmina con lo sguardo.

Mi sono spesso chiesta se insegnerà la ricetta alle sue figlie, in modo da tramandarla nei secoli. Ebbene, ora conosco la risposta. È accecata, abbagliata dalle persone di alto rango che chiama amiche. Il mio veleno è qualcosa di oscuro, sottile. S'instilla silenzioso e nascosto. Sottrae la vita. Non riveste nessun fascino per Girolama, che ama fare sfoggio dei suoi incantesimi e delle sue abilità. Forse è meglio così, anche se constatarlo mi rende oltremodo triste. Quanto al suo talento nell'interpretare i pianeti, da tempo credo che sia più un *divertissement* che una sapienza.

Mi guardano tutte, ora: Giovanna, Girolama e Graziosa. Il mio gruppo, la mia sorellanza, le mie amate donne. Sento il filo invisibile che ci lega stringersi e ispessirsi. Darei la vita per loro, come loro per me. Eppure le ho ingannate. Le ho tradite dispensando la mia Acqua in segreto.

Vado incontro alla mia figlia terribile e la stringo tra le

braccia. Lei si lascia abbracciare, dapprima con riluttanza. Poi la rigidità si scioglie e, come faceva da piccola, appoggia la testa sulla mia spalla. Il calore della sua chioma corvina e il respiro acquietato mi fanno tornare ai giorni in cui si addormentava in braccio a me, trasportata nel mondo dei sogni dal battito calmo e regolare del mio cuore.

Giovanna mi raggiunge alle spalle e cinge entrambe in un abbraccio, mentre Graziosa si muove incerta nella stanza. Chiudo gli occhi e immagino una corda che ci tiene unite con i suoi trefoli ritorti e ben intrecciati. La collera tra di noi scompare e, per un breve istante, regna l'armonia.

Congedo le altre, certa che restare separate sia la scelta più sicura, finché le acque non si saranno calmate, e la sera preparo da sola un'altra partita di veleno.

Parlo a mia madre mentre avvolgo la benda intorno al viso, con la percezione che si tratti di un sudario. *Mamma, perché mi avete insegnato questo? Perché mi avete lasciato questa pericolosa eredità? Non sono stati sufficienti i rischi che abbiamo corso con le mogli e le figlie di Palermo? Perché darmi il potere di decidere della vita o della morte altrui?*

Continuo a rivolgere le stesse domande mentre la notte avanza, ma infine il lavoro mi assorbe e prende il sopravvento. È questo il mio posto. La stanza dell'alchimista, tra i metalli, le erbe, le piante e i rimedi in attesa di essere dispensati: per la diagnosi e la cura delle malattie; per l'individuazione e la riparazione delle ingiustizie.

Accendo il fuoco. Verso l'acqua nella pignatta di terracotta e attendo che inizi a sbuffare. Incorporo il primo ingrediente, la limatura di piombo, e l'alchimia ha inizio. Quando l'arsenico si scioglie e aggiungo le gocce di belladonna, ecco che comincia a risuonare la nota lunga e acuta della pozione. Parla al mio cuore, ancora sofferente. Il calore riempie la stanza. Mi asciugo la fronte. Ai due estremi del tavolo, due candele emettono il proprio bagliore. Il recipiente, ora sigillato, si raffredda e il liquido decanta. Potrei mettere fine a tutto questo, gettare via la soluzione, restituire l'arsenico al fratello speziale del prete, disfarmi dell'antimonio, ma so che non lo farò. La certezza m'illumina come un raggio di sole che abbia trovato uno squarcio nel cielo plumbeo. So di aver convinto delle mie ragioni me stessa - e tutte le altre -, eppure, ora che sono qui, da sola con il mio rimedio, ogni altra motivazione decade. Faccio questo perché il veleno è parte di me. Mi è vicino quanto può esserlo mia madre. È molto più di una somma d'ingredienti. Per me è come un braccio, un pensiero o una sensazione. È l'estensione del mio respiro. È la mia rabbia tramutata in materia, il mio odio tramutato in liquido. La sua fiamma non vacilla mai. Se viceversa la mia memoria dovesse farlo, mi basterà chiudere gli occhi e appariranno tutte le immagini: mia madre in ginocchio, due grosse mani arrossate che le cingono il collo sottile, il mio patrigno che guarda me mentre mia madre è al suo fianco, sempre lui che si slaccia il farsetto. So per certo che non troverò pace finché ogni uomo che lo meriti non assaggerà il mio elisir, quale che sia il costo da pagare, o il pericolo da correre.

Nei mesi a venire dispenso un numero sempre maggiore di caraffine. È come se il tempo stesse per esaurirsi e io dovessi agire, ogni giorno di più, per mantenere viva la fiamma della mia ira.

## 38

## ALESSANDRO

È evidente che qualcosa è accaduto. C'è fermento. Una certa concitazione nelle parole e nell'incedere dei porporati.

« Che succede? » domando al gruppo di cardinali in avvicinamento. « E dov'è Camillo? »

Sto compulsando un testo in smaccato odor di eresia, inserendo piccoli e ordinati segni a margine a mano a mano che avanzo nella lettura. Impiego un istante per rendermi conto che nessuno risponde. « Che cos'è che disturba la pace, di grazia? » Sollevo lo sguardo a incontrare quello dei prelati. Sua eminenza il cardinal Bandinelli, che io stesso ho creato, fa un passo avanti, china il capo e dice piano: « Santo Padre, mi duole annunciarvi che sua eminenza Camillo Maretti... il cardinale... »

« Il cardinale...? » Sollevo il capo, poco propenso a distogliere lo sguardo dai segni che sto tracciando con la penna.

« Il cardinal Maretti ci ha lasciati. È spirato alle prime luci dell'alba. Il medico è accorso, ma non c'è stato nulla da fare. »

Fisso Bandinelli, incapace di comprendere. « È spirato? Non c'è stato nulla da fare? » gli faccio eco.

« Sì, Santo Padre. E mi rattrista profondamente dovervi dire... »

C'è un mormorio alle sue spalle. Sul mio omero la mano livida di mia madre m'infonde un freddo sepolcrale. *Camillo è morto*, penso, e stento a comprendere il senso di quelle parole.

Ma c'è dell'altro. Lo avverto nell'aria intorno al mio scrittoio. La peste è stata sgominata. Io stesso ho celebrato una cerimonia per rendere grazie al Signore di avercene liberati, eppure gli uomini continuano a morire a frotte. « Avanti », ordino battendo le palpebre. « Parlate. »

Bandinelli, con i baffi e il pizzetto curati con perizia, le rughe profonde e marcate tra le sopracciglia, cerca l'approvazione degli altri porporati prima di schiarirsi la voce e proseguire nel racconto.

Impaziente, faccio rimbalzare lo sguardo da lui a loro, come se in questo modo le parole che stenta a dire si palesassero da sé.

« Santo Padre, corre voce che sia stato avvelenato », pronuncia infine.

Mi alzo di scatto e i documenti si sparpagliano tutt'intorno. La pergamena cade a terra e la stanza d'un tratto mi appare estranea, come se non avessi mai posato gli occhi sui vasi ornamentali, sulla croce dorata, sui tendaggi di velluto rosso, sulle seggiole in noce lucente. È come se vedessi tutto per la prima volta. Sento gli altri confabulare, i cardinali e gli emissari mormorare tutt'intorno, ma le parole mi giungono indistinte. Dentro di me immagino il corpo di Camillo come se lo vedessi nel suo letto di morte; il bagliore cereo della pelle tesa sulle ossa e sui muscoli, le labbra appena socchiuse, l'agghiacciante rigidità.

« Santo Padre? »

« Mandatemi Bracchi », è tutto ciò che riesco a dire.

Il governatore mi viene incontro con il volto cupo e s'inginocchia. Io tendo la mano, seppur tremante, e le sue labbra sfiorano l'anello. Non è venuto subito, sono trascorse diverse ore, tuttavia a me sembra che siano volate.

« Vi prego di accettare le mie condoglianze, Santo Padre. So che il cardinal Maretti era vostro grande amico », dice con gli occhi bassi. Ma è come se le sue parole restassero in superficie.

*Camillo, dove vi trovate? Dove siete andato?* Di tutti gli uomini sulla terra, almeno io dovrei saperlo.

So che il governatore ha parlato a me, il suo papa, ma decido di poterlo ignorare. Non m'importa di rispondergli. La commozione che mi ha colto è familiare e involontaria. Cresce e mi soffoca la gola, la mente, il cuore.

Bracchi annuisce, come se comprendesse tutto. « Mi corre l'obbligo d'informarvi che abbiamo avviato un'indagine per risalire alle cause della morte del cardinale. Ero con il barbiere chirurgo stamattina, quando è stata effettuata... l'autopsia », dice poi, visibilmente a disagio.

Guardo fuori della finestra e vedo la luce del sole ritrarsi dal cielo.

Il governatore di Roma tossisce, poi aggiunge: « Il corpo appariva perfettamente integro. Non sono stati riscontrati tumori, né altri segni che possano far pensare a una causa naturale ».

Il silenzio che segue si riempie di una verità sempre più ingombrante, benché ancora taciuta.

« E a una causa innaturale, invece? » Ora che riesco a proferir parola, l'accesso d'ira mi travolge. Mi coglie di sorpresa e ringrazio il cielo di essere seduto, l'imbottitura di velluto contro la schiena, i braccioli dorati a sostegno degli avambracci, la seduta che m'impedisce di svenire.

Bracchi mi guarda e sembra intuire il mio stato, anche se in cuor mio so di apparire perfettamente composto, con le mani raccolte in grembo, dignitoso negli abiti papali, tra il mormorio dei prelati alle mie spalle.

« Nessuna corruzione degli organi, nessun annerimento delle membrane, ma c'era qualcosa... »

« Qualcosa? » Mi sporgo in avanti.

« Il cardinale sembrava in perfetta salute, aveva un aspetto così florido da risultare incongruo. »

« Come si spiega? » È come se mi fossi ridestato da un incantesimo. Il cuore batte all'impazzata e, sballottato da ondate di dolore, a stento riesco a parlare. Ho perduto il mio amico più caro. L'unico.

« Con la stregoneria », risponde Bracchi.

# 39

## GIULIA

Qualcosa è cambiato.

Lo percepisco nell'aria, nel battito d'ali di un uccello, nel ringhio del cane del vicino. Lo sento nel rintocco delle campane che chiamano alla preghiera. Lo annuso nelle brezze che giungono al porto da terre lontane. In qualche modo sono scampata alla cattura, sono rimasta nascosta, ma ora la protezione è venuta meno.

Come lo so?

L'ho visto nel gesto delle corna che ha fatto il venditore d'olio a Campo de' Fiori quando mi sono avvicinata al banco. L'ho colto nei sussurri e negli sguardi affilati delle madri e delle figlie durante la messa. L'ho letto sul volto di mia figlia quando, con un messaggio vergato su uno spesso foglio di pergamena, le è stato annunciato che nella villa della sua benefattrice non era più gradita la sua presenza.

Qualcosa è cambiato.

Tuttavia le donne continuano a presentarsi alla spezieria ogni giorno. La notizia del mio veleno è circolata durante la pestilenza e ora è incontenibile. Più cresce il pericolo, più divento decisa anziché timorosa. Sempre più determinata a raddrizzare le ingiustizie che, invece di scemare, vengono perpetrate con sempre maggiore frequenza dagli uomini ai danni delle donne.

Si trova conforto nell'uccidere. Si trova la verità tra le menzogne. Ecco perché, qualsiasi cosa succeda e a dispetto di tutto, io andrò avanti.

*Agosto 1658*

*13 caraffine dispensate al lavatoio (Giulia, Giovanna)*
*Nessun compenso*

*Settembre 1658*

*Isabetta, la moglie del barcaiolo,*
*una caraffina di Acqua (Graziosa)*
*Nessun compenso*

*16 caraffine dispensate durante la messa (Giulia)*
*Nessun compenso*

Novembre 1658

Isabetta (la vedova del barcaiolo per conto di sua sorella), una caraffina di Acqua (Graziosa)
Nessun compenso

6 caraffine dispensate nei postriboli della vecchia Roma (Maria, Girolama)
Nessun compenso

# 40

Quando qualcuno bussa con fragore alla porta della spezieria, restiamo di sasso.

«Sono venuti a prenderci», dice mia figlia.

Mentre mi alzo da tavola con le gambe tremanti, le faccio segno di tacere e di continuare a mangiare, come se niente fosse. «Aspettami qui sul retro.» Mi ravvio i capelli per liberare il volto. Le gambe avanzano. Le braccia scostano i due lembi della tenda per poi riavvicinarli. Il corpo si dirige verso l'uscio, poi sento il suono della mia voce, anche se pare provenire da un'altra bocca.

«Cos'è questo trambusto?» chiedo, come farebbe qualunque bottegaia.

«Apri, sono io, Graziosa!»

Il sollievo mi pervade.

«Calma, un attimo di pazienza!» esclamo mentre ruoto la serratura.

Prima che io possa aggiungere altro, l'anziana che sbriga le nostre commissioni irrompe nella spezieria, in lacrime. «Tutta Roma parla della moglie del macellaio e delle sue sorelle!» balbetta, mentre si torce le mani singhiozzando e scruta la stanza senza vedere.

«Tutta Roma parla di cosa?» Girolama, che è emersa dal retrobottega, la guida verso la seggiola accanto al focolare.

«Calmati e raccontaci tutto senza fretta», intervengo, cercando di celare l'allarme nella voce. «Cos'ha combinato, adesso, la moglie del macellaio?»

Nello stesso istante, anche Giovanna spunta dalla tenda e

si ferma a osservarci. « Che sta succedendo qui? » chiede. Mi basta vederla per sentirmi rassicurata. È presente nella mia vita quasi più di quanto non lo sia mai stata mia madre.

Graziosa ingoia l'aria, poi dice: « Non c'è piazza, mercato o taverna in cui non se ne parla per colpa di quell'arpia! Non so perché sta accadendo proprio ora, dopo tanto tempo che ci hai avuto a che fare, Giulia. Forse le si è sciolta la lingua. O se n'è vantata con le amiche o con le vicine. Non lo so, ma tant'è che tutti dicono apertamente che in città opera una cerchia di avvelenatrici e che la moglie del macellaio si è servita della nostra pozione. Molti di quelli cui arrivano queste voci sanno che sono vere e forse ora non si premurano più di *smentirle*! Anche quando è morto il duca di Ceri sono circolate voci - come in ogni altra occasione –, ma finora la gente non ne aveva mai parlato così apertamente, senza peli sulla lingua, e non mi aveva mai guardato come se fossi una minaccia. Questa è una novità, Giulia. E se ora siamo sulla bocca di tutti significa che... »

« Che siamo state smascherate », intervengo, completando la frase.

« Smentirle al cospetto di chi? » chiede Girolama, prima che io possa aggiungere altro. Da quando ha ricevuto la lettera della sua benefattrice è più remissiva, ma giorno dopo giorno intravedo indizi a riprova che la sua vera natura sta per riprendere il sopravvento: quando maledice il fornaio per aver bruciato il pane, per esempio, o quando ride sprezzante di un ricordo condiviso. « Nessuna cliente oserebbe parlare. Se lo facesse, si autodenuncerebbe. È sempre stata questa la nostra salvezza. »

Io e Giovanna ci scambiamo una lunga occhiata. Forse finora è stato davvero così. Ma vale ancora adesso?

Non può essere un caso se gli inviti alle feste che prima venivano di continuo recapitati a Girolama di colpo sono svaniti, disciolti come burro rimasto troppo a lungo sul davanzale. O se il venditore d'olio ha fatto il segno delle corna al mio indirizzo nel vedermi.

« Dovranno tenere a bada la lingua, non hanno scelta », aggiungo, fingendo una calma che non possiedo. Al contrario, c'è un fondo di agitazione nella mia paura. Sono un topo finito nella visuale di un falco. Se le donne che serviamo temono più noi che gli inquisitori, allora siamo davvero in pericolo.

« Vi preoccupate troppo! » Girolama inarca un sopracciglio. « Non c'è da aver paura. La vecchia non ci ha riferito altro che dicerie, niente più. Chi se ne importa se la moglie del macellaio e le sue sorelle l'hanno sparata grossa con i vicini! Chi può provare che fosse veleno? Chi può provare che non si sia trattato di una semplice febbre estiva? I miei amici ci proteggeranno se ci fosse altro in aggiunta alle mere voci di piazza. E Paolo mi aiuterà: al primo sentore di pericolo, verrà in nostro soccorso e tutto andrà per il meglio. »

Dentro di me, sento la rabbia crescere di pari passo con lo sconcerto, ma è Giovanna a parlare. « Ti sbagli, Girolama. Se le voci circolano, gli inquisitori le ascolteranno. E prima o poi arriveranno a noi. Togliti dalla testa che i tuoi amici potranno trarci in salvo. Per loro siamo meno dei maiali che grufolano tra gli avanzi, poiché, perlomeno, dai maiali si ricavano i salumi! »

« Ti prego, Giovanna », la imploro. Eppure, per quale altro motivo avrebbero recapitato a mia figlia quel biglietto fregiato d'oro e profumato, che l'ha dispensata dai suoi servigi?

Per un po' restiamo tutte in silenzio. Il terrore si spande come la foschia sul mare in bonaccia. Permea ogni angolo della stanza.

« Circolano anche altre voci. »

Tutti i nostri sguardi confluiscono sulla vecchia avvizzita, che per una volta non sembra per nulla contenta della nostra attenzione.

« Il cardinal Maretti è stato avvelenato. Ormai è sulla bocca di tutti. » Graziosa ci passa in rassegna una per una, facendo oscillare le medagliette che penzolano dal collo rugoso. « Era lui l'amante che Celeste de Luna voleva riconquistare », aggiunge.

« Questo lo sappiamo », dico.

« E sapete pure che i filtri d'amore non hanno funzionato? Quando il cardinale li ha scoperti, ha scatenato l'inferno, accusando Celeste di aver tentato di avvelenarlo. O almeno questo dicono le prostitute del bordello dirimpetto alla strada. Parlo spesso con loro, perché sono aggiornate su ogni vicenda romana. Celeste temeva per la propria vita, per questo, quando le cose si sono calmate, lo ha avvelenato con l'Acqua, Giulia. I segni sono inconfondibili. La salma non presentava tracce di putrefazione, anzi, con le guance rosee e la pelle lucente, il cardinale sembrava più in salute che mai. Le ragazze mi hanno raccontato che, secondo i suoi camerieri, da morto sembrava persino più florido che da vivo... » dice Graziosa.

« Ma chi le ha dato il mio veleno? » chiedo esasperata alla vecchia. « Perché io non sono stata di sicuro. » Sento il panico proliferare come la muffa sul pane di una settimana.

« Non lo so, ma può essere stata Maria. Lavora nello stesso bordello, quando ne ha voglia. Sarà venuta a conoscenza dei tormenti di Celeste. Il cardinale ha avuto crampi allo stomaco per settimane e un bruciore terribile. Celeste gli avrà avvelenato il vino poco a poco, con l'aiuto di Maria. »

Comincio a camminare avanti e indietro nella spezieria. « Dobbiamo fare attenzione. Agire con ancora più prudenza. Dobbiamo fare in modo di percorrere strade sempre diverse, quando torniamo a casa. Dobbiamo stare in guardia, muoverci nell'ombra e uscire solo con il favore delle tenebre. Non possiamo rischiare di essere riconosciute. »

« Qualunque cosa abbia fatto Maria, gli inquisitori sono già sulle nostre tracce », dice la mia amica.

« Mamma! Giovanna! Vi sbagliate entrambe! Non ci sono prove che sia morto a causa nostra, o dell'Acqua! » obietta Girolama.

Poso la mano sul corsetto e cerco di respirare, mentre la mente prende il largo. Come ha potuto Maria sottrarmi l'Acqua da sotto il naso? Lo stipo è sempre chiuso, ma in effetti la chiave è nei paraggi, dietro il vaso in cui galleggia il feto abortito. Lo guardo e penso che non sarà stato difficile trovarla e aprire il mobile.

D'un tratto un altro rumore si diffonde dalla porta d'entrata. Udiamo dei passi, poi dalla tenda appare Maria, come se fosse stata inviata dal demonio in persona. Il suo sorriso svanisce quando incrocia i nostri sguardi.

Girolama è la prima a parlare. « Hai dato tu l'Acqua a Celeste de Luna? » dice in tono brusco.

Vedo lo smarrimento negli occhi di Maria, poi noto anche il resto. « Basta, Girolama », la interrompo, mentre vado incontro alla donna. Sulla sua guancia destra c'è un livido viola e giallognolo. Ha un taglio sul braccio e sangue rappreso nei capelli. « Tuo marito è tornato, non è così? » dico dolcemente.

Lei annuisce e scoppia a piangere.

Mia figlia socchiude le labbra per parlare.

« Basta con le domande. Quel che è fatto è fatto. Girolama, portami le bende. Giovanna, prepara una bevanda lenitiva. Stanotte dormirai qui, tesoro », dico alla mia amica.

Lei mi dà la mano e si lascia condurre come una bambina verso il tepore del focolare. Ancora una volta mi chiedo perché non usi il nostro rimedio per porre fine ai suoi problemi, pur essendo al corrente dell'amore che prova per il marito: un uomo che meriterebbe molto meno e non le dà in cambio nient'altro che dolore.

« È colpa mia », dico. « Avrei dovuto custodire meglio il mio rimedio. Non prendetevela con Maria: adora Celeste e farebbe di tutto per lei. »

« Ma ora cosa facciamo? » chiede Giovanna, mentre le accarezza i capelli e le porge una coppa di vino scaldato sul fuoco e addolcito con spezie e miele. « È davvero arrivata l'ora di smettere di dispensare il veleno? Ci sono troppe avversità, troppe voci. Se le donne della città ci voltano le spalle, saremo in grave pericolo. È davvero arrivata l'ora di cessare per sempre?»

Girolama spalma l'unguento sulle ferite. Graziosa guarda altrove. Io non dico niente.

«Giulia, è imprudente. Ogni boccetta che dispensiamo è un rischio in più di essere catturate.» Giovanna si volta a guardarmi.

«Mia madre non si è fermata! Non ha mai abbandonato coloro che avevano bisogno di lei. Devo seguire il suo esempio, in sua memoria.» Mentre lo dico, mi autoassolvo per la bugia.

«Ma è morta per loro, Giulia», dice Giovanna, «e, ogni volta che dai a una donna il tuo veleno, avvicini sempre di più anche noi alla condanna.»

L'aria è tesa. Giovanna sta in piedi di fronte a me.

«È così», dico, «non lo nego.»

«Allora perché vuoi continuare, Giulia? Perché mettersi a rischio?»

Per un breve istante rivolgo la stessa domanda a me stessa. Perché non riesco a fermarmi? A guidarmi è la rabbia, tanto quanto il senso di colpa. Mia madre è morta e io non sono stata in grado di salvarla. Ho lasciato che me la portassero via e sono rimasta in silenzio a guardare mentre veniva ammazzata per vendicare l'uomo che io stessa avevo portato nella nostra vita accendendo i suoi desideri incestuosi. È stata colpa mia. Una colpa che devo espiare. E non so in quale altro modo, se non recando giustizia alle donne abusate, e morte ai loro uomini.

«Perché non posso fermarmi. Perché lo devo a mia madre», dico poi. Sento il pizzicore umido delle lacrime solcarmi il viso. «Sono spaventata, Giovanna, lo ammetto. Terrorizzata persino, ma non mi fermerò. Non chiedermi di fare questo.» Mi avvicino ancora di più alla mia amica, le prendo le mani irruvidite dal lavoro, le dita macchiate di tintura come le mie. La sua pelle emana l'aroma astringente del timo e del rosmarino. Protende una mano per asciugarmi le lacrime con un gesto di tenerezza infinita. E io sento tornarmi le forze e lo spirito risollevarsi. « Se c'è un senso nella mia vita, è dato dal mio lavoro. Non c'è libertà né giustizia per le donne, se non per mio tramite. Abbiamo visto quanto è potente la mia Acqua. Ha ucciso il duca. Assassinato il cardinale... »

« Non puoi andare fiera di spargere morte, Giulia! Puoi farlo per necessità, giustizia, o in qualunque altro modo tu voglia chiamarla. Ma non per orgoglio di potere! » Giovanna ritrae anche l'altra mano e indietreggia di un passo. Tra noi c'è un divario che non avevo mai sperimentato prima.

Segue una pausa e, quando riprendo a parlare, la mia voce suona più dura del voluto. « Continuerò a compiere l'opera di mia madre e a dispensare libertà e vendetta alle donne di Roma. Procurerò loro il veleno di cui hanno bisogno per porre fine a un matrimonio, sposare la persona amata o recare morte e miseria a coloro che le hanno maltrattate. Non vacillerò ora. Non tremerò. È il lascito che mi è toccato in sorte e che condivido con voi. Un dovere che abbiamo verso le donne al di fuori della nostra piccola cerchia. Volete dire che non ve ne servireste al loro posto? Sareste davvero capaci di abbandonarle al loro destino? »

Guardo le altre con sguardo fiero.

« Ebbene no, andremo avanti. »

*Senza data*

*Celeste de Luna, Acqua, quantità imprecisata (Maria?)*
*Compenso imprecisato*

# 41

## ALESSANDRO

È tardi.

Mi coglie come uno smarrimento nel contemplare lo spazio smisurato, la vastità aerea che mi sovrasta. Pallide lame di luce lunare filtrano attraverso i finestroni della cupola, in un chiarore tenue che, soffondendo l'oscurità, mi rammenta i marmi che rivestono questa meraviglia della fede cattolica: la terra asservita al divino. Tutt'intorno regna il buio della notte, trafitto dal bagliore dei ceri e, benché non riesca a scorgerli, ricordo che tutt'intorno, nei tondi dei pennacchi, sono raffigurati i quattro evangelisti - san Matteo con l'angelo, san Marco con il leone, san Luca con il bue alato, san Giovanni con l'aquila - e, sopra di essi, il cielo color zaffiro è punteggiato di stelle d'oro che fluttuano splendenti, inaccessibili.

Ho la mente frastornata e confusa. Stasera sono estraneo a me stesso. Risuonano passi sul vasto pavimento in marmo e piano piano scopro che sono i miei. Riprendo a camminare e il calpestio echeggia di nuovo, prima di affievolirsi e spegnersi. Dubito vi sia altri che me, eppure avverto come uno sguardo severo, un piglio accigliato che mi rincorre e intima di fermarmi, ma invano. Dacché il mio caro amico è morto, infatti, ogni volta che cerco requie, la terra prende a vorticare, e mi assale la paura di cadere risucchiato dall'oscurità sottostante.

«Santo Padre, non vi sentite bene?»

Sollevo lo sguardo e dal buio vedo apparire un cameriere, e poi un altro accanto a lui.

In assenza di una mia risposta, si scambiano un'occhiata, come un segnale, dopo il quale uno dei due si gira e prende a correre verso la porta, pestando le suole sul marmo.

«Santo Padre?»

Ignoro la ragione della loro presenza. Gesticolo sperando che anche il secondo se ne vada, invece resta immobile. D'un tratto sento freddo alle ginocchia. Sono bocconi, eppure non ricordo di essermi prostrato nel luogo più sacro della cristianità. Ho il volto madido e, quando mi porto le mani agli occhi, li trovo pieni di lacrime.

*Madre mia.*

Credevo di aver invocato Camillo, ovunque si trovi nel Regno di Dio padre.

*Mamma.*

Ma l'immagine che ho davanti non è né la sua né quella di mia madre. Bensì l'effigie di colei che mi tormenta l'anima e mi scatena dentro questo maledetto fuoco. La donna della piazza, con il volto celato dal cappuccio. Colei che cerco incessantemente, a ogni messa che celebro, a ogni udienza che concedo. Senza trovarla mai.

Dev'essere trascorso del tempo, perché sono disteso sul pavimento della basilica. Stavolta non sento il rumore dei passi che si avvicinano.

«Santo Padre? Sono il governatore Bracchi. Non state bene, Santo Padre. Lasciate che vi accompagni nei vostri appartamenti.»

Mi tende una mano, ma io non l'afferro. Sto pregando. Sto implorando il Signore di ascoltarmi, di dissipare questo amalgama di dolore e desiderio.

«Santo Padre. Dovete alzarvi. Non potete restare qui.»

«Non posso restare qui», gli faccio eco, e porto lo sguardo al suo volto vigile e agli occhi arguti che sembrano leggermi dentro.

Finalmente ogni cosa riprende i suoi contorni e d'un tratto torno in me. *Cosa ci faccio qui?*

«Aiutatemi», dico, tendendogli le braccia.

Cammino nella stanza sotto lo sguardo vigile di Bracchi, che mi porge un calice di vetro di Murano. Osservo il liquido vermiglio, ma mi rifiuto di portarlo alle labbra. «Non ne fate parola con nessuno.»

Bracchi china il capo in segno di risposta, senza fiatare.

Poso il bicchiere, assicurandomi che il contenuto non venga a contatto con la pelle e rabbrividisco nel chiedermi: *A quest'ora Camillo sarebbe vivo, se avesse usato le mie stesse precauzioni?*

«È una questione grave, un crimine terribile. La morte del cardinale è inammissibile. Se avete ragione – se si tratta di un'opera di stregoneria –, allora la situazione è più seria di quanto pensassi: un attentato al cuore della Chiesa e del nostro Stato. Chi sarà il prossimo, Bracchi? Toccherà a voi? O forse a me?»

Il governatore continua a rimanere in silenzio e io sento la rabbia montarmi dentro: ha disilluso me e Camillo.

«È tempo d'intervenire. Di agire con rapidità e decisione. Il bilancio dei morti aumenta di giorno in giorno. Non possiamo tollerare che un tale crimine resti impunito.» La testa pulsa e le guance mal tollerano il sale delle lacrime rinsecchite.

«Santo Padre, cosa volete che faccia?»

Riprendo a camminare, ma l'affanno si è placato, la nebbia si è diradata. La momentanea follia che mi aveva colto per eccesso di dolore ora si è trasformata in fredda spietatezza. Come una Medusa, guardo l'arrivista davanti a me, con il desiderio di tramutarlo in pietra. Ma non è lui il male da sgominare, con un rimedio rapido e crudele.

«Tappezzate la città di manifesti. Divulgate le mie disposizioni ai cittadini di Roma. Pretendo la loro collaborazione.

Chiunque venga sorpreso a dare ospitalità a streghe o eretici sarà punito. Non è più tempo di agire nell'ombra. Indaghiamo alla luce del sole, Bracchi. Facciamo capire al volgo che non può tacere. Solo in questo modo staneremo i colpevoli, e chiunque oserà sfidarmi ne subirà le conseguenze. Inoltre, Bracchi... »

« Sì, Santo Padre? »

« Quando scoprirete l'identità delle streghe, tendete loro un agguato, in modo da coglierle con la pozione satanica in mano. E imprigionatele, affinché Camillo possa riposare in pace. »

Quando finisco di parlare, ho il fiato corto, ma me ne sto eretto, in tutta la mia maestà, dimentico dello smarrimento, trionfante sul dolore. Sono il papa. Il vicario di Cristo sulla terra. Riporterò l'ordine nei territori pontifici, a cominciare da Roma. Stavolta estirperò il male a modo mio.

# 42

## GIULIA

Il sole invernale mi scalda la nuca mentre mi dirigo verso Trastevere. Una carrozza entra nella piazza sobbalzando al traino di quattro cavalli neri con le froge sbuffanti e le teste che si sollevano a turno, ma io non vi presto attenzione e proseguo per la mia strada. Ogni giorno traccio un nuovo tragitto e mi reco in una chiesa differente. So bene che mi stanno braccando, esattamente come lo sa un cervo che sia pedinato dai cacciatori attraverso una foresta. Strisciano alle mie spalle, mi spiano furtivi e a passo svelto. Sono così abili a nascondersi e camuffarsi che non li vedo, tuttavia so di averli alle calcagna.

Mentre percorro il selciato dei vicoli serpeggianti, diretta alla basilica di Santa Maria, le persiane si spalancano, gli uccelli sorvolano i tetti e la gente fa il bucato o spettegola, gesticola o si azzuffa. Ma è quando odo un rintocco richiamare i fedeli alla preghiera e osservo uno stormo di gabbiani alzarsi nel cielo azzurro, che noto tutte quelle donne abbigliate come corvi.

Escono dalle case, dalle carrozze, dagli angoli delle strade, in un mare di veli neri e abiti a lutto. Se, prima, le vedove dell'Urbe erano dissimulate dalle quotidiane tragedie della peste, ora che l'epidemia è scongiurata il nostro operato è sotto gli occhi di tutti. Le osservo, come se le vedessi per la prima volta, e sento il cuore che comincia a martellare.

Neppure il tempo di attraversare il fiume, che scorre luccicante sotto il ponte, e faccio un altro avvistamento inedito. I manifesti. Sono stati affissi sui muraglioni in pietra, l'uno dopo l'altro, in successione, e quello che ho davanti si sta già scollando da un angolo.

Batto incredula le palpebre e mi chiedo come abbia fatto a non notarli prima. Forse li hanno affissi oggi stesso, prima dell'alba. Oppure sono lì da giorni o persino settimane, solo che non mi sono mai avventurata sufficientemente in là dalla spezieria per vederli.

Mi addentro nei vicoli e anche i loro muri ne sono pieni, affinché non passino inosservati agli occhi di nessuno, nemmeno ai miei. Ed ecco che arriva il suono. Lo stavo aspettando. Mi perfora la testa, progredendo da una vibrazione bassa a un sibilo acuto. Mi afferro le orecchie, le copro, grido. La gente mi fissa stranita. Vicino a me, una donna con i capelli grigi e la bocca sdentata mi deride come se cogliesse i miei pensieri. Un uomo mi fulmina con lo sguardo, imprecando per poter passare, quando resto aggiogata come un bue all'aratro.

NOTIFICAZIONE

DI PUBBLICA UTILITÀ

PER LA SALUTE E LA LIBERAZIONE DAL VELENO
DEI CITTADINI DI ROMA

UN MACABRO E SORDO MACELLO È STATO COMPIUTO
AI DANNI DEGLI UOMINI DELL'URBE.
UNA CERCHIA DI AVVELENATRICI, STREGHE E FATTUCCHIERE
CAPEGGIATA DALLA «SICILIANA» HA FABBRICATO
UN VELENO COSÌ LETALE CHE POTREBBE AVER CAUSATO
TRA DI ESSI CENTINAIA DI VITTIME.
LA DIABOLICA POZIONE, CHE UNA VOLTA IN CIRCOLO
PROVOCA UN'AGONIA COSÌ DOLOROSA DA RENDERE LA
MORTE UN GRADITO SOLLIEVO, NON HA ODORE NÉ SAPORE.
UNICA MANIFESTAZIONE DEL SUO MALEFICIO
SONO IL VOMITO E VIOLENTI CRAMPI ALLO STOMACO.
ESSA AGISCE LENTAMENTE E PUÒ ESSERE SOMMINISTRATA

DA DALILA COME DA SANSONE, TANTO NEL BRODO
QUANTO NEL VINO O NELL'ACQUA.

SI AVVERTONO PERTANTO I PROBI CITTADINI DI PRESTARE
LA MASSIMA ATTENZIONE E DI DENUNCIARE ALLE AUTORITÀ
TUTTE LE DONNE SOSPETTATE DI STREGONERIA O ERESIA,
OVVERO COLPEVOLI DI RECARE DANNO AGLI UOMINI
E ALLO STATO.

AFFINCHÉ LA CITTÀ DI ROMA PERMANGA AGLI OCCHI
DEL MONDO UN ESEMPIO DI SOMMA PIETÀ E DEVOZIONE
NEI RIGUARDI DEL SIGNORE NOSTRO GESÙ CRISTO,
LE SUDDETTE STREGHE SARANNO ASSICURATE
ALLA SACRA GIUSTIZIA!

I piedi sprofondano e, mentre cerco di allontanarmi, ogni passo si fa più pesante e malfermo del precedente. È come se m'inabissassi nel limo del Tevere, l'acqua grigioverde schiumasse e il letto del fiume si richiudesse sul mio volto soffocandomi. Respiro, ma mi sembra d'inalare granelli di sabbia e detriti dilavati dalle montagne.

Poi, finalmente, riesco a indietreggiare e prendo a correre a perdifiato, finché, riattraversato Ponte Sisto, la sensazione di annegamento non svanisce e il suono si ritira come i ciottoli che, sospinti dalle acque vorticose, dal greto vengono risucchiati nel Tevere e trascinati verso il mare.

*La Siciliana.*

Sanno chi sono. Quanto ci vorrà perché scoprano il mio vero nome?

# PARTE TERZA

*Ubi multae feminae, multae veneficae.*
Dove ci sono molte donne, ci sono molte streghe.

MALLEUS MALEFICARUM,
H. Kramer e J. Sprenger, 1486

# 43

## GIULIA

Il giorno in cui venni alla luce, più che trarre il primo respiro ingoiai l'aria, come a voler risucchiare la vita, mi diceva sempre mia madre quando era certa che nessuno fosse in ascolto.

Mi affiora alla mente questo pensiero, mentre fuggo dai manifesti e dallo sgomento in cui mi ha precipitata la vista di quel proclama.

Sgusciai fuori da lei e dalle sue cosce viscide di sangue e sudore, raggrinzita, decisa. Non emisi vagito. Non tremai né gridai. Feci a meno dell'abile intervento della levatrice. Mi spinsi fuori da sola, imbrattata e appiccicosa degli umori del parto, pronta a occupare il mio posto nel mondo.

Trangugiai l'aria per rivendicare il mio spazio, la mia eredità, benché non fossi altro che la figlia di una nota cortigiana; una bastarda cui non spettava un posto in società.

Mia madre si accovacciò sullo sgabello da parto, sostenuta dalle donne con cui lavorava; le stesse che si azzuffavano come gatte randagie per contendersi l'attenzione degli uomini necessaria al proprio sostentamento. Quelle reiette ora le tergevano la fronte con acqua di lavanda, il cui profumo oleoso si sovrapponeva al tanfo bestiale della stanza, tra le fiamme ardenti e il calore soffocante. Le tenevano la mano. Pregavano per lei. Seppur rivali, in quell'arena privata ora combattevano al suo fianco. Lontano dai falsi sorrisi, dalle occhiate torve, dal teatro lascivo del loro mestiere, un legame le univa. E, mentre lei gemeva tra le doglie lancinanti, gli spasmi delle gambe e le spinte del bacino, loro la incitavano, la confortavano, le portavano acqua e limone, infine si commossero alla comparsa della mia testolina. Mia madre raccontava di aver pianto di gioia quando venni alla luce, forte e gagliarda. Ma qualcosa mi dice che sarebbero state lacrime di dispiacere, le sue, se solo avesse saputo cosa la vita aveva in serbo per me.

Incerta sulla meta da raggiungere, m'insinuo nei vicoli, scegliendo i più angusti e fatiscenti, come se potessero ancora proteggermi. Poi, raggiunta trafelata piazza Farnese, finalmente mi concedo un attimo di respiro, nella speranza di passare inosservata in mezzo al viavai incessante della gente. La sabbia della clessidra è sul punto di esaurirsi. Ne sono consapevole e forse per questo rimugino sulla mia nascita, quasi a volere aggrapparmi al tempo, riavvolgerlo come lana intorno a un fuso.

D'un tratto arrivano gli attori, a bordo di un carro sobbalzante, e prorompono in un turbinio di costumi, parrucche, volti truccati. Sembrano giovani e affamati, i volti scavati da anni di stenti per colpa del contagio. Il cerone già sbavato, gli abiti, un tempo sgargianti, stinti e impolverati dall'itineranza.

Lo spettacolo inizia come di consueto con il saluto alla folla. Parla Scaramuccia e la sua voce echeggia nella piazza: « Per il vostro diletto e piacere, vi presento gli attori della famosa e lodevole compagnia dei Corvi... »

A quelle parole, fa il suo ingresso sulla scena un bambino con indosso un costume nero e stracci dello stesso colore cuciti sotto le maniche, a simulare un paio d'ali che prende a sbattere, gracchiando e beccando. E, sebbene il travestimento sia scarno e il numero di poco conto, il pubblico contempla il tutto a bocca aperta.

Sono troppo esposta in mezzo alla calca, in pieno sole. Dovrei andarmene. Tuttavia il corpo è renitente, disobbedisce al comando di prendere il largo, si aggrappa al respiro.

La folla tutt'intorno mi è aliena, con il suo clamore festante. E altrettanto lo è lo spettacolo, del cui avanzare a malapena mi avvedo.

Poi, d'un tratto, intercetto il suo sguardo fisso su di me. Dalla piazza si leva un grido. Un bambino strilla. Un uomo urla. Un altro impreca gesticolando contro un vicino. Ma lui non si volta. Non fa nulla per nascondere... il suo scrutinio. O dovrei dire il suo interesse? Ha un volto piacente; il piglio deciso, l'espressione franca, una luce singolare negli occhi. Le spalle larghe, gli abiti scuri e un mantello semplice, di cui tuttavia non mi sfuggono le gemme lucenti che ne decorano il fermaglio. Mi guarda e di nuovo sono incapace di andarmene. I suoi occhi mi smascherano a lui e a me stessa. Sa forse chi sono?

Quando spunta piroettante Arlecchino, finalmente capisco che è ora di andare. Di raggiungere le altre e avvertirle dei manifesti, qualora non li abbiano ancora visti. Perché ho indugiato così a lungo? È stato folle pensare di eludere il panico. Mi decido a muovermi mentre Rugantino annuncia la coppia d'innamorati, che viene accolta da tiepide acclamazioni. Colombina trova comunque la forza di ridere e battere le mani, e con il compagno getta al pubblico i fiori che insieme hanno colto lungo il tragitto.

D'un tratto il palco comincia a offuscarsi. La mente si annebbia e si confonde. Prego di non svenire nella piazza, lasciando alla mercé degli sciacalli il borsellino che porto celato tra le gonne.

Mi passa sopra la testa un corvo ed è come se il suo volo fosse rallentato e per un istante il mondo si fosse interrotto e il tempo immobilizzato. Sventolano ali lucide e nere. Si spalanca un becco aguzzo. *Cra-cra.* L'uccello del malaugurio è qui per me. Nel levare lo sguardo, colgo la gemma nera del suo occhio e raggelo, nonostante il tepore del giorno.

Poi, come se nulla fosse, il corvo si dilegua nell'azzurro con la sua cattiva novella e d'un tratto suoni e colori tornano a pervadere i miei sensi. Il pubblico applaude e getta monete.

Gli attori si puliscono il viso dal cerone. Nella calca pressante dei corpi, cerco con lo sguardo l'uomo con il mantello, ma si è volatilizzato al pari del corvo. Devo farlo anch'io prima che sia troppo tardi, ma forse lo è già da tempo.

Respiro a fatica, mentre cerco di aprirmi un varco. Una vecchia si volta per rampognarmi e la sua bocca aperta svela un unico dente marcio. Anche una giovane con le guance rosse e paffute, e in braccio un bambino urlante, inveisce al mio passaggio e io mi scuso tirando dritto.

Infine, si fa strada la verità. Il messaggio del corvo arriva forte e chiaro. Mi si para davanti e mi ostruisce la strada nella persona di don Antonio. Il suo abito stinto dal sole, il suo volto in parte coperto dal mantello.

*Non puoi tornare indietro. Le hanno prese tutte quante.*

Sulle prime non colgo il senso delle parole. *Cra-cra.*

*Non puoi tornare indietro.*

*Le hanno prese tutte.*

Vengo catapultata nel tempo ormai lontano in cui gli inquisitori catturarono mia madre. Questa volta hanno preso mia figlia e la mia cerchia di reiette e sagge donne. Non così sagge né astute, a quanto pare, dal momento che il prete m'informa che sono state tutte prelevate e condotte alle carceri di Tor di Nona. La testa prende a roteare, come quando Valentina m'informò della cattura di mia madre. Mi si stringe la gola e, di nuovo, temo di perdere i sensi. Di nuovo, mi hanno sottratto le persone cui tengo di più.

Mia figlia; mi hanno tolto mia figlia.

Il prete mi ha cercata ovunque. Mi prende per un braccio e mi conduce attraverso la folla. A un lato della piazza, una donna vende il pane. Senza pensarci, mi fermo a chiedere una pagnotta. Dico al prete che ne abbiamo bisogno per cena. Lui mi guarda come se fossi ammattita. Faccio per insistere ma, com'era ovvio, la venditrice ambulante mi rivolge improperi che stavolta percepisco forti e chiari: «Strega! Vattene, strega! Non ho niente per te, strega!»

La gente si volta per risalire all'origine del baccano. Io guardo inespressiva la donna che rifiuta il mio denaro. Poi, con un urto improvviso, vengo spinta, scaraventata di lato. Solo la tempestività con cui don Antonio mi afferra il braccio m'impedisce di cadere. Alzo lo sguardo, stordita, e vedo un moccioso vestito di stracci e con la pelle arrossata intento a fissarmi. Lo riconosco: è lo stesso che ho notato per strada mentre, con le caraffine d'Acqua tintinnanti nel paniere, mi dirigevo dalla moglie del macellaio. Lo stesso che gioca nella piazza davanti alla spezieria e di cui mi sono servita tante volte come messaggero. Ha il volto affilato, lo sguardo duro. Mi ha spinto e non so perché. Mi fissa e non riesco a distogliere gli occhi. Mi è nemico anche se non so nulla di lui.

Non faccio in tempo a riflettere su niente di tutto ciò che, mentre alle mie spalle gli attori già scuotono i cappelli per far risuonare le poche monete all'interno, don Antonio esclama: «Giulia, dobbiamo andarcene da qui. Siamo in pericolo, in serio pericolo. Dovete mettervi in salvo. Gli inquisitori vi stanno dando la caccia».

Guardo il prete, ma le sue parole mi suonano incomprensibili e sono incapace di rispondere.

«Vi prego di ascoltarmi. Mi è stato riferito che stanno chiedendo di voi per taverne e mercati. Mio fratello sostiene che non più tardi di stamattina sono state catturate quattro streghe, due nelle loro case e due presso la villa di una nobildonna che è stata usata come esca per attirarvi in trappola. Vi hanno incastrato. Sanno cosa fate con la vostra pozione e hanno convinto la ricca dama a fingersi vostra cliente. Le hanno catturate mentre erano sul punto di consegnare il rimedio.»

Ripenso alla carrozza che attraversava la piazza, trainata da quattro cavalli neri, e mi chiedo se l'esca fosse al suo interno. Dov'era la visione? Perché non mi ha avvertita?

Se mai avessi dimenticato che l'uomo di fronte a me, il prete, appartiene a una famiglia aristocratica, ora mi sovviene senza ombra di dubbio. È a conoscenza di troppe cose e non avrebbe potuto apprenderle in altro modo. Forse il suo parentado sapeva di doverlo avvertire. Anche perché, attraverso di me, le autorità potrebbero risalire anche a lui.

«Sto andando a nascondermi», dice infatti, come se avesse colto i miei pensieri. «Il nome e i legami della mia famiglia lo rendono necessario.»

«Ma perché siete venuto ad avvertirmi? Perché avete rischiato di farvi scoprire?» chiedo confusa, in preda alle vertigini.

«Non ho il tempo di spiegarvi nulla, se non che vi ho osservata, conosco il vostro operato e le ragioni che lo sorreggono. Ci sono molte crudeltà in questo mondo e noi due condividiamo il bisogno di appianarle, se non di vendicarle. Ma dovete starmi a sentire, Giulia. Hanno in mano le donne della vostra cerchia, tutte quante. Dovete fuggire subito, non c'è altro tempo da perdere.»

Guardo il religioso senza pronunciare nessuna delle parole che mi affollano la testa. Chi ci ha tradite? Come sapevano dove trovarci, chi cercare? Come hanno scoperto il mio nome? Tuttavia ora non c'è tempo per pensare; devo agire. Finalmente le parole del prete vanno a segno. È la prima volta che si rivolge a me chiamandomi con il solo nome e, stranamente, è la cosa che mi fa più effetto. Sfilo il braccio dalla sua presa.

«Giulia, vi conoscono. Sono al corrente del vostro operato. Fate conto che sappiano tutto. Parlano di voi come di una strega, una fattucchiera che pratica oscuri incantesimi. La vostra fama si è diffusa come fuoco tra le sterpaglie.»

La mia fama.

Di strega.

Di fattucchiera.

Forse ho sempre saputo che un giorno le donne di Roma mi avrebbero tradita. Che presto o tardi avrebbero fatto il nostro nome, qualora glielo avesse ordinato un padre, un marito, un inquisitore, o fossero state minacciate di arresto. Hanno distolto lo sguardo da me e dalla mia sorellanza quando ci hanno incrociate per strada o al mercato. In molte preferiscono dimenticare certe azioni e di essere ricorse alle nostre arti per compierle. Forse non è stato così, finché il papa non ha sguinzagliato gli inquisitori. Ma ora il mio cuore è funestato da questo tradimento. A cosa è servito correre rischi immani per prestare aiuto a tante donne, se questa è la ricompensa?

«La mia fama», gli faccio eco.

«Ci sarà sempre qualcuna che vi volterà le spalle. Ci sarà sempre qualcuna che venderà il vostro nome per denaro o per evitare la stanza dei tormenti. Dovete farvene capace. Vi prego di ascoltarmi.» Con mia sorpresa, il prete mi afferra la mano nelle sue, ben più grandi, e stavolta non mi sottraggo. «Ignoro i dettagli, e il tempo per indagare è poco. Posso ipotizzare che vi abbia tradita una delle vostre clienti. Oppure che la morte del marito della nostra ricca benefattrice abbia dato adito a investigazioni più approfondite. Oppure ancora che le voci abbiano travalicato le strade cittadine e siano arrivate alle orecchie dei cardinali, o persino del papa. Il motivo potrebbe essere uno di questi, come nessuno. È tardi per cercare le risposte. Dovete andarvene!» Ora il tono è accorato.

Vedo che la panettiera continua a fissarmi. Torno a guardare il prete e di nuovo mi chiedo perché sia venuto a cercarmi. Non frequento quest'uomo al di fuori del nostro commercio segreto, eppure oggi potrebbe avermi salvato la vita.

«Ma dove posso andare?»

«Andate al convento di Trinità dei Monti. Dite alla madre superiora Innocenza che vi ho mandata io e lei vi accoglierà. Le nostre famiglie sono legate da vincoli matrimoniali. Non vi abbandonerà al vostro destino. Però, vi prego, Giulia: andate subito.»

«Sì, vattene, strega!» dice la venditrice ambulante, con uno sputo a rimarcare il disprezzo.

La gente mi guarda torva. Non posso rimanere qui e rischiare di essere linciata dal pubblico in fermento per questo misero spettacolo. Giro i tacchi e m'incammino, sollevando le gonne per meno intralcio. Uscita dalla piazza, prendo a correre a perdifiato. Oltrepasso la fontana di piazza di Spagna, m'inerpico lungo la ripida salita alberata, con le gambe brucianti. È una delle chiese più sontuose, ricche e prestigiose della città, voluta dal re di Francia Luigi XI più di un secolo fa. La vista dei due campanili che si ergono ornati di splendore ai lati mi lascia senza fiato.

Sono esausta quando, con le orecchie che ancora risuonano delle imprecazioni della panettiera, identiche a quelle che in passato furono rivolte a mia madre, finalmente busso al portale di legno.

# 44

## ALESSANDRO

*È sbagliato volervi?*

La corda annodata mi lacera la pelle.

*È sbagliato desiderarvi?*

Il sangue scorre lungo la schiena. Tra i gemiti soffocati, il flagello squarcia, scava, fessura.

*Signora madre, aiutatemi. Benché siano passati anni da quando l'ho veduta nella piazza, rivolta alla mia finestra, il desiderio non si placa...*

Con lo schiocco di un'altra frustata, lo strazio del fendente acuito dalle sette code, attuo la mortificazione della carne; la mia segreta penitenza contro la brama peccaminosa e imperitura che nutro per quei capelli baciati dal sole e quegli occhi color dell'acqua.

La notte volge al termine.

I militi dell'esercito papale sorvegliano immobili il palazzo illuminato da fiammelle tremule e danzanti, nonostante l'assenza di vento. Le rondini riposano silenziose sotto le grondaie. Persino le campane tacciono, tra l'ora della Compieta e quella del Mattutino, quando tutto il creato si placa, e alberi, astri e mari si zittiscono per lodare il Signore.

Da solo, nei miei appartamenti privati, incapace di dormire e alle prese con desideri degeneri, anch'io lo imploro di liberarmi dal dolore, che traspongo dall'anima al corpo a colpi di scudisciate sanguinose e scarnificanti. Sono soggiogato dal peccato. Non trovo pace. Dacché il sole tramonta e si accendono le fiaccole, gli appetiti mi consumano al punto che ho dovuto trovare un modo per estirparli da me.

I nodi delle corde schioccano a contatto con la pelle. Costringo il braccio, ora tremante, a sferrare un altro colpo sulla schiena striata di sangue e stavolta il dolore mi costringe in ginocchio. Ne sferro un altro, poi un altro ancora, con le corde che scudisciano l'aria, ognuna in rappresentanza di un peccato capitale: lussuria, gola, avarizia, accidia, ira, invidia e superbia. Li ho commessi tutti e sette, ma uno sopra gli altri domina le mie notti insonni. Uno, forse il più potente, mi scorre nelle vene e mi pervade la mente, il cuore, i lombi. Il peccato che porto nel cuore è come una fiamma che brucia, arroventa, carbonizza. *Signore Dio, so che in notti come queste vi allontanate da me, il vostro vicario in terra, il prescelto. Perché mi avete innalzato così in alto, se poi mi affossate con tanta lussuria? È il castigo che mi tocca sopportare per aver raggiunto vette così auguste? La prova suprema che mi occorre superare in questa vita? Se di una prova si tratta, la sto fallendo miseramente, mio Signore. Senza rimedio.*

Crollo bocconi, il viso a contatto con la frescura del marmo, e non so dire per quanto rimango così. Ogni sera, prima di ritirarmi, chiedo che mi vengano portati nella stanza un catino d'acqua e un telo di lino pulito, senza spiegare a cosa servano né che alcun cameriere osi chiedermelo. Tantomeno m'interrogano l'indomani, quando tornano a ritirare il telo intriso di sangue e sudore, benché non mi sfuggano le fugaci occhiate al mio indirizzo e lo sconcerto che anticipa sul loro volto la comprensione. Allo stesso modo, quando al mattino mi sveglio tra lenzuola chiazzate di rosa e con indosso la camicia insanguinata, non me ne domandano la minima ragione, quasi avessero scelto di non vedere.

Infine esultante, mondato dal peccato, sgravato del fardello dei miei appetiti, mi sollevo dal pavimento, sento le piaghe vive ed essudanti e percepisco la mostruosità delle mie azioni, pur sapendo che, se non domani, molto presto tornerò a infliggermi la miserevole penitenza.

È il momento di riporre il flagello. Maneggio le corde con deferenza, come in una carezza, per pulirle del sangue secco e ormai rappreso. Sono loro a liberarmi dal peccato; a ricordarmi le pene di Gesù Cristo; a riportarmi al Signore Dio e alla sua rettitudine, benché a un prezzo quasi eccedente il limite che sono in grado di sopportare; sono loro a rammentarmi le sette virtù da contrapporre ai rispettivi peccati: la castità contro la lussuria, la temperanza contro la gola, la generosità contro l'avarizia, la diligenza contro l'accidia, la gratitudine contro l'invidia, l'umiltà contro la superbia. *Signore, insegnatemi la modestia. Rendetemi un uomo a vostra immagine. Vergine benedetta, concedetemi il dono dell'oblio.*

Con una smorfia di dolore, apro adagio il cassetto segreto in cui sono riposti le lettere di mia madre e il fazzoletto che ho sottratto alla sua camera la notte in cui ha lasciato questo mondo. C'è spazio a sufficienza per riporvi anche la disciplina e occultarla agli occhi di tutti tranne ai miei. Deve rimanere il mio segreto. Qui a Roma, in Vaticano, agiamo con dignità e silenzioso riguardo. Non siamo spagnoli. Non ci dilettiamo a ostentare le nostre sanguinose penitenze. Nel richiudere il cassetto per nascondere la mia vergogna, colgo il mio riflesso nello specchio intarsiato. Gli occhi sembrano lividi, il viso gessoso e scavato. Sulla mano che sollevo per lisciare i baffi, mia unica vera vanità, noto croste di sangue. Vedo un uomo sconfitto. Un suddito di Dio annichilito, nonostante la fermezza nello sguardo. Un mortale che, consapevole delle proprie forze e debolezze, porta il peso della cristianità sulle spalle. Un rampollo di nobili natali che ha trovato il proprio posto nel mondo. Ma, al contempo, vedo l'ombra del suo passato che incombe.

# 45

## GIULIA

Vengo accolta nel convento arroccato sull'altura del Pincio.

Per il momento, il nome di don Antonio pare garantirmi una sorta di libertà.

La madre superiora mi scorta attraverso il chiostro fino alla sua cella, chiude la porta e si gira a guardarmi. Ha il volto segnato dagli anni, ma indossa il velo con dignità e autorevolezza. «So chi siete», dice.

La testa mi ronza come un alveare prima che la regina lo abbandoni per dare avvio allo sciame. La paura, che m'investe con onde simili a quelle che solcai tanti anni addietro, mi ha ridotta al silenzio, privata di parole e pensieri. Il flusso e riflusso del passato, beccheggiante e rigonfio, mi ha ormai travolta e mi sta trascinando in profondità. Forse ho sempre saputo che sarebbe andata a finire così. Da quando sono nata, grava su di me lo stigma della femmina reietta, puttana, strega, avvelenatrice. Sono ugualmente figlia, madre, sopravvissuta, guaritrice, ma nessuno documenterà mai queste altre facce della mia storia. Lo so per certo, ma non m'importa. Tutto quello cui riesco a pensare adesso è che Girolama è nelle loro mani. E così la mia cerchia.

«Chi sono, reverenda madre?» chiedo in tono appena percettibile, anche se in cuor mio vorrei domandarle dove si trovi Girolama. Dove sia stata portata.

Devo ricongiungermi a mia figlia. Alle mie compagne. Devo sfuggire ai santi demoni che mi vogliono male. Ma non so come fare né da dove iniziare.

*Dov'è Girolama? Dove l'hanno portata?*

«Sedete, figlia mia, e vi dirò chi siete», risponde la superiora in tono affabile.

Tremo da capo a piedi mentre affondo in una sedia, con il volto della panettiera ancora davanti agli occhi.

*Strega.*

Quella donna mi ha rivolto lo stesso insulto che in passato era stato riservato a mia madre e a Faustina. Non so cosa darei stasera per possedere i poteri che mi affibbiano, ma tutto quel che possiedo sono un paniere vuoto e i vestiti che indosso. Niente con cui preparare un intruglio magico, o per tentare il diavolo perché esaudisca i miei desideri. Non ho denari, né una casa, né amici su cui contare, tranne la suora che mi siede di fronte.

«Siete colei che chiamano 'la Siciliana'. Tutta Roma parla di voi. Figuratevi che dai mercati e dai banchi delle pescivendole la voce è giunta persino fino a me, umile serva di Cristo, sebbene noi suore siamo invisibili, abbiamo orecchie per ascoltare e lingue che restano silenziose. Dicono di voi che siete ancora bella e avete capelli che ondeggiano come spighe di grano nei campi. Ebbene, non posso che confermarlo. Dicono altresì che siete venuta da Palermo per vendicarvi degli uomini, sebbene ne ignorino il motivo. Che siete la figlia di Teofania di Adamo e siete conosciuta con il soprannome di Signora della morte o Assassina di mariti.»

Annuisco. Quel che racconta risponde al vero. Ho già udito simili appellativi, e molti altri ancora, benché finora in pochi abbiano osato pronunciarli in mia presenza.

«Dacché i muri di Roma sono stati riempiti di manifesti che denunciavano l'azione silenziosa del vostro veleno, sono stati messi in allarme tutti i cittadini. I quali, sapete come hanno reagito, figliola?»

Scuoto la testa, senza parlare.

«Si sono spaventati», prosegue la madre superiora, anche se l'ascolto appena, poiché sto per cadere in deliquio e, sentendo il momento approssimarsi, mi concentro sul respiro.

*Dov'è Girolama?*

«Hanno capito che potrebbero subire la stessa fine del duca di Ceri. Hanno cominciato a dirsi: 'E se capitasse a me?' consapevoli che con i denari, o forse anche senza, chiunque potrebbe procurarsi il vostro preparato e fare ciò che solo Dio nella sua infinita sapienza potrebbe ardire.»

Cerco di decifrare le parole della suora, ma non vi trovo nulla di ciò che vorrei ascoltare, solo inezie di nessun conto o utilità. *Mia figlia è nelle loro mani,* vorrei urlare. *Ascoltatemi. Ascoltate bene. È nelle loro mani, e non so se sia viva o morta.*

Ma lei prosegue: «Solo Dio può decidere del nostro destino, Signora della morte. Solo lui può decretare se farci vivere o morire, e stabilire l'ora in cui saremo ammessi alla beatitudine del paradiso o alle profondità infuocate dell'inferno. Dacché hanno visto che sfuggivate al loro controllo, figliola, hanno iniziato a temere di cadere loro stessi vittime del vostro veleno e da allora la marea è cambiata. Tanto che, se prima potevate contare sul silenzio di coloro che servivate, ora non più».

La suora parla con voce pacata, anche se il suo messaggio è sferzante e cristallino come l'acqua di una sorgente ghiacciata. Non c'è luogo dove possa nascondermi. Sono sola e pressoché priva di amici.

Sollevo lo sguardo e i nostri occhi s'incontrano quasi da pari a pari. Ma sono io la prima a distoglierli. «Cosa ne sarà di me?» chiedo.

Sembra essere la domanda che voleva ascoltare, perché l'accoglie con un sorriso. «Qui dentro siete al sicuro. Questo è un luogo consacrato. Un santuario. Non permetterò a nessuno di profanarlo. Siate grata al Signore, figliola. Lui vede i peccati di tutti e non considera nessuno degno di scagliare la prima pietra.»

Abbasso lo sguardo e mi rendo conto di non avere scampo, di essere in trappola. Sono in un convento, in un luogo consacrato di donne sante, ma pur sempre in trappola, tanto quanto se mi trovassi nelle segrete papali.

Mi accompagna alla cella una novizia che non mi guarda negli occhi né mi parla. Ma il suo disprezzo, o forse paura, non mi turba. La stanza è spoglia, tranne per una croce di legno appesa al muro, su cui è inchiodato Gesù Cristo nella sua eterna sofferenza, e per un materasso duro e sottile.

Benché sia stanca morta, non riesco a prendere sonno, così cammino per la cella pensando alla mia inutilità e all'agonia che provo al pensiero di ciò che staranno subendo Girolama, Giovanna, Maria e Graziosa. Ma è per mia figlia che prego più di tutte.

Stavolta invoco il loro Dio, non le nostre divinità. Il Dio della madre superiora, il Dio degli inquisitori, il Dio del papa. Chiedo perdono, assumendo su di me tutte le colpe. Sono stata io a tramandare il lascito di mia madre e sempre io a istruire le donne della mia cerchia su come confezionarlo. È come se le avessi uccise con le mie mani e stasera questo pensiero non viene controbilanciato dalla constatazione che ora il mondo ospita meno uomini malvagi. La mia temerarietà ha messo in pericolo tutti coloro che amo. Senza eccezioni. Il mio cuore sembra diviso in due; una metà rimpiange ogni cosa, l'altra non rimpiange nulla e si compiace delle morti che ho procurato. Come possono essere due parti dello stesso cuore? Domando al loro Dio: «Sono stata abbandonata?» Ma non ricevo risposta, o almeno nessuna che riesca a decifrare. Allora chiedo: «Mia figlia e la mia cerchia sono state abbandonate?» Ma di nuovo non vengo accontentata. Allora continuo a pregare fino alle prime luci dell'alba, quando infine sprofondo in un sonno tormentato.

## 46

### ALESSANDRO

Secondo mia madre, tardai a emettere il primo vagito.

Il medico che mi estrasse dal suo nobile grembo, nel vedermi, mi dichiarò morto. Avevo il colorito livido, le carni fredde, tanto che calò il silenzio tra i cerusici che, nerovestiti, si erano radunati nella grande stanza per assistere alla mia illustrissima nascita. Sui loro volti, illuminati dalle fiammelle delle candele di cera d'api, lo sconcerto era prevedibilmente palpabile. Forse si segnarono con la croce, attenti a mantenere un'espressione impassibile, benché il loro cuore martellasse sotto il farsetto di velluto. Forse sapevano d'incorrere nell'ira di mio padre Flavio, uomo formidabile e capostipite della dinastia. E forse anche loro, come me, restarono in apnea.

Finché poi, come se fossi stato pungolato da Dio in persona, non presi a piagnucolare. Chissà cosa mi aveva impedito di reclamare subito la vita, il mio ruolo di erede del nome illustre di uno dei principali imperi bancari d'Italia, sebbene non del suo patrimonio, che a quel punto era già in declino, anche se mai ne fu fatto cenno in mia presenza. Mia madre, tra lacrime prima di dolore poi di gioia, mi prese tra le braccia e mi proclamò suo prediletto, suo miracolo, e mi baciò la piccola fronte, o almeno così raccontò molti anni dopo, mentre eravamo seduti da soli presso il loggiato, davanti al sole che calava sulla campagna toscana e il cielo che si striava d'arancio. E nel ricordarlo mi sorrise, con i capelli grigi e l'incarnato sfiorito, ma ancora bella e fiera, altera e regale come sempre.

Io ricambiai il sorriso, consapevole di essere il prediletto. Certo che il suo amore appartenesse a me sopra ogni altro, mentre levavo il calice a lei, regina tra le donne.

Da allora mi fu riservato solo il meglio.

In quanti, come me, possono affermare per esempio di essere stati condotti al fonte battesimale da un celeberrimo artista? Ebbene, quando il freddo dell'acqua consacrata colse di sorpresa la mia fronte, io strillai tra le braccia di Francesco Vanni, che mi porgeva a Dio come fossi il cherubino di un suo dipinto.

Liscio l'abito di stoffa spessa. È mattino presto e passeggio per i giardini vaticani, beandomi dell'aria fresca. La mente è placata. Le piaghe sulla schiena si stanno rimarginando e da giorni non sento il bisogno di ricorrere al flagello.

« Perdonate l'intrusione, Santo Padre, ma il governatore di Roma chiede che gli accordiate udienza affinché possa illustrarvi una questione della massima premura. Domanda di conferire con voi oggi stesso. » Il cardinale Ottobeni si genuflette e, mentre si avvicina, in cuor mio reprimo il desiderio che sia Camillo a venirmi incontro, per portarmi notizie.

I miei pensieri sono rimasti ancorati all'ultima missiva recapitatami stamattina presto da alcuni messi, giunti stremati dalla Spagna. Con il sigillo miracolosamente intatto e in modo del tutto inaspettato, non trattava di politica, bensì di questioni religiose. Una delegazione di vescovi chiedeva d'incontrarmi per perorare la richiesta che le misure per la repressione delle eresie siano rese più rigorose e severe. Il loro, d'altronde, è il Paese che ha creato l'autodafé, ovvero la condanna al rogo degli eretici.

Ho meditato sui contenuti della lettera passeggiando per il mio eden, tra le piante esotiche che si contendono l'attenzione, lo scroscio di una cascatella e i profumi che provengono dal *viridarium novum*, il giardino officinale dove si studiano i poteri curativi delle piante di Dio. La botanica, infatti, si attesta sempre più come una nuova scienza a mano a mano che gli archiatri studiano il creato e tutto ciò che in esso è contenuto.

Porgo la mano a Ottobeni, che china il capo per baciare l'anello.

« Vi prego, eminenza, accomodatevi. Sembrate agitato. Questo è un luogo di calma e tranquillità », mormoro, facendogli segno di sedersi.

Ci sistemiamo come due anziani che prendono il fresco, rivolti verso la cupola di San Pietro, e per un istante restiamo rapiti, alla stregua di due diaconi che, nuovi di ordinazione, sperimentino per la prima volta la bellezza autentica di Dio.

« È magnifico. »

« Sì, Santo Padre », concorda Ottobeni.

Restiamo seduti in silenzio, quasi che quello fosse il nostro unico intento. Mentre i tagli e le ferite che ho inflitto alla mia schiena bruciano nel guarire, inspiro a fondo e annuso la salubrità dell'aria, al riparo dai miasmi urbani. Lo sguardo si riempie di luce radiosa, di verzura lussureggiante, di architetture sopraffini. Nondimeno, nel mio cuore, la pace latita.

Dopo alcuni istanti riprendo la parola. « Dite al governatore Bracchi che gli concederò udienza oggi stesso. Ora potete andare. »

Ottobeni si alza, si sistema l'abito e s'inchina per congedarsi. Lo guardo allontanarsi in direzione della basilica, e so già che farò attendere Bracchi. Dovrà aspettare. Siamo tutti quanti soggetti ai tempi e al disegno di Dio. Il governatore deve imparare a essere paziente, come noialtri. Mi sento alla stregua di un precettore che insegni al suo allievo come comportarsi.

Rimango seduto a pensare alla lettera. Forse è vero, siamo stati troppo indulgenti e Roma rischia di apparire debole agli occhi del mondo. Se ciò fosse vero, come i vescovi tengono a sottolineare, allora dobbiamo mutare registro.

Forse i monsignori hanno ragione ed è tempo d'intraprendere misure più severe contro le eresie, la stregoneria e i vizi. Ci sono molto male e molta oscurità su cui riflettere in mezzo a questo paradiso in terra.

Trascorso un certo tempo, mi sollevo goffamente. Un cameriere mi porge il braccio, ma io lo rifiuto. Avanzo lento verso la basilica e lo mando ad avvertire Bracchi del mio arrivo e a dirgli di aspettarmi sotto la cupola che ho appena finito di rimirare, al fine di dare la giusta solennità all'incontro e ospitarlo nel cuore stesso della Santa Sede. Per un istante mi attraversa la mente l'immagine di me, prostrato sotto quella stessa cupola a invocare l'aiuto di Dio, ma subito mi affretto a scacciarla.

I miei passi echeggiano sul marmo policromo della basilica. La pianta maestosa, la navata, la cupola, le cappelle, gli altari e le tombe fanno sentire piccolo chiunque. Me compreso.

Si ode un altro calpestio e appare Bracchi. Forse anche a lui è tornato in mente il ricordo di quella notte, ma si guarda bene dal farne menzione.

«Santo Padre, grazie per avermi concesso udienza.» Il governatore è un uomo impaziente. Parla in fretta e pensa in modo ancor più rapido. Si china su un ginocchio, bacia l'anello piscatorio e fa per proseguire.

Ma stavolta lo interrompo: «Governatore Bracchi, quale notizia è così importante da interferire con i miei programmi giornalieri?»

Nonostante la fierezza, lui china il capo e risponde in modo più lento e pacato di prima. Senza darlo a vedere, nel profondo mi compiaccio di averlo ammansito. Non può permettersi di sollecitare l'attenzione del pontefice. Deve attendere finché non vorrà Dio che lo incontri. L'allievo sta imparando, ma c'è ancora un che di indomito in lui. Devo preoccuparmene? Ha effettuato le indagini e stilato i rapporti che ho chiesto. È un uomo pio, franco, giudizioso e privo di macchia. Tuttavia qualcosa nella sua natura mi sfugge.

Mi chiede il permesso di parlare e infine glielo accordo.

« Santo Padre, le abbiamo catturate », dice, senza riuscire a mascherare un tono di trionfo. « Sono tutte ai ceppi tranne una. »

« Di chi parlate? » Nei paraggi ronza un'ape e una foglia si arriccia.

Bracchi resta chino su un ginocchio. « Abbiamo preso quattro delle streghe che da lungo tempo minacciano gli uomini dell'Urbe, Santo Padre. Le abbiamo tratte in arresto e hanno svelato il nome della loro capofila. Sono al sicuro nelle nostre prigioni, in attesa di essere nuovamente interrogate per rispondere dei propri crimini. »

Per un attimo sono colto dal balzano desiderio di manifestare la mia gioia, ghermire colui che ho di fronte e abbracciarlo. Ma mi volto per ricompormi e nel farlo m'impettisco per celare l'entusiasmo. « Avete catturato le responsabili di quella sporca carneficina? Se ciò che dite è vero, allora dobbiamo rendere grazie al Signore. Ma perché siete venuto da me? Se ne resta ancora una in libertà, urge dare la caccia e catturare quella Gezabele », concludo sprezzante.

« La Gezabele è una siciliana di nome Giulia, figlia di un'avvelenatrice. Siamo già sulle sue tracce », dice Bracchi.

Sposta il peso sull'altra gamba. Forse ha male al ginocchio e alla schiena. Ma, imperterrito, non faccio alcun cenno che lo autorizzi ad alzarsi per alleviare il fastidio. Dio chiede a ognuno di noi di sperimentare la sofferenza. Ci chiede di resistere, di rinunciare ai piaceri della carne, del corpo e della mente, in modo che lo spirito si elevi e il cuore si fortifichi. Lo so così bene che lo porto impresso sulla schiena.

Mi ergo ancora a suo precettore, ma l'allievo è duro di comprendonio.

« Le mie spie l'hanno seguita. Ha trovato rifugio nel convento della Santissima Trinità dei Monti. I miei uomini e gli armigeri del Sant'Uffizio hanno riferito che ora si trova sotto la tutela della madre superiora, che le ha offerto protezione. Ho inviato degli emissari affinché chiedessero a suor Innocenza di consegnarcela, ma lei si è rifiutata. Sono venuto da voi perché non ho altro modo per stanare il ragno dal buco.»

I nostri occhi s'incontrano e gli faccio cenno di alzarsi.

Per un istante vacillo. *Signore, come possiamo scovare quella criminale? Dio onnipotente, ascoltate le mie preghiere e guidatemi.* Innalzo la mia supplica e fisso l'imponente vastità che ci sovrasta, suprema e paradisiaca, svettante di leggiadria. Come capita spesso, in giornate di sole splendente simili a questa, penso al Tevere che attraversa Roma scorrendo dagli Appennini fino al Tirreno e mi coglie una certa sete. Nello stesso istante un'idea prende forma, come veicolata da Dio, nostro salvatore. Guardo Bracchi e sorrido. Gli faccio cenno di avvicinarsi, affinché le mie parole non risuonino per tutto l'edificio.

«Ordinate ai vostri uomini di spargere la voce per tutte le taverne, i mercati, i cantieri fluviali, le botteghe e le piazze. Di aggirarsi per la vecchia Roma raccontando che Giulia la Siciliana minaccia di avvelenare le acque della città per vendicarsi di tutto il genere maschile. Ordinate loro di riferire che la sua smania di uccidere l'ha resa così folle che ormai sparge morte indiscriminatamente. Diranno che dobbiamo adoperarci per stanare quella diavolessa dalle mura del convento e fermarla prima che compia l'opera che Satana le ha dettato. Nessun angolo dell'Urbe dovrà rimanere immune da queste notizie. E vedrete che la gente si radunerà. Avrà paura e prenderà d'assalto le porte del convento. Invierò sul luogo anche i miei cavalleggeri, ma resteranno all'esterno, poiché non possono infrangerne l'inviolabilità.»

Bracchi mi guarda sorpreso.

«Ma badate che non le venga fatto alcun male», aggiungo. «Dovrà essere consegnata nelle vostre mani senza un graffio. Subire un adeguato interrogatorio. Confessare spontaneamente. In questo modo eviteremo che diventi una martire agli occhi del popolo e smentiremo chiunque oserà dire che è stata linciata, cosicché non assurga a eroina delle donne di Roma. Andrà annientata con cautela e precisione.»

Benché il governatore appaia sbalordito dalle mie parole, non mi dilungo in ulteriori spiegazioni. Ho espresso gli ordini e mi aspetto che li esegua. Insieme abbatteremo quella spregevole sciagurata. È arrivata la sua ora, il suo regno di violenza è finito. Nessun uomo di questa città tremerà più di fronte a un bicchiere di vino o a una ciotola di brodo. Nessun uomo avrà paura di coloro che Dio ha posto sotto di lui: mogli, figlie e serve. Insieme cattureremo Gezabele e la giustizieremo per la sua malvagità.

Per intanto, ordino che venga approntata una legione di nuovi assaggiatori per i miei pasti e che siano poste guardie pontificie fuori da ogni stanza. E mi premuro di scrutare con ancor maggiore circospezione ogni famiglio.

# 47

## GIULIA

Cammino avanti e indietro, poi mi sciolgo in lacrime.

Resto a fissare per ore le pareti tirate a calce, prima di cadere in un sonno inquieto. Pronuncio il nome di Girolama per invocare il suo spirito, ma non accade nulla; nessun segno, nessun portento, niente di niente. Sento di non poter più vivere così, preferirei una morte da eretica a questa attesa.

Seguo la liturgia delle ore ascoltando le suore intonare i canti, prendo parte ai servizi religiosi e le affianco in tutte le attività. Nessuna di loro mi parla se non per annunciarmi che è ora di desinare, pregare o dormire. Nessuna mi osserva in volto, preferendo dirottare lo sguardo altrove: ai piedi della croce, sull'orlo del mio abito o sull'arco di una porta. Meglio così. Sono una reietta, una condannata. Il loro rifiuto di guardarmi è rivelatore. Forse sono già morta e questo è il purgatorio di cui predicano.

Solo la madre superiora m'invita nel suo studiolo per sorseggiare un calice di vino dopo le preghiere della Nona. Forse, in altre fasi della nostra vita, io e lei non avremmo avuto niente da dirci, ma adesso scopriamo di avere molte cose in comune.

« Come fate a resistere? » le domando, poche sere dopo il mio arrivo.

Mi sento sopraffatta, impotente; alterno crisi di pianto e di puro terrore per mia figlia e la mia cerchia a ondate di disperazione al pensiero che mai più rivedrò la luce del sole fuori dei confini del convento. Le mura del cenobio mi ricordano quelle della villa di Palermo, della gabbia dorata che teneva rinchiuse me e mia madre. Questo luogo non ne differisce affatto. Pertanto, già al terzo giorno, avrei voluto urlare e sfondare le porte, correre a gambe levate e respirare a pieni polmoni la libertà, raggiungere la prigione dove sono rinchiuse le mie donne e demolirne i muri.

Non mi capacito di come si possa essere felici, quali appaiono le suore, in un luogo di tal fatta e in mezzo a tante restrizioni. Mi mancano le erbe, i rimedi, le pozioni, le tinture. La porta della spezieria qui è sempre chiusa a chiave e gli odori familiari - gli aromi floreali e pungenti della lavanda, della camomilla, dei chiodi di garofano - che, ciò nonostante, trapelano per gli anditi e per i corridoi, mischiandosi con il tanfo dell'alcol usato come conservante nei linimenti o nei tonici, non fanno che sottolineare il divario tra questa vita e quella di prima, che ora non mi appartiene più.

Ho avuto il tempo di ruminare sulla precedente esistenza, osservarla da ogni angolazione, dissezionarla separando i tessuti molli dalle ossa. Ne rimpiango tutto e niente. Ho sempre saputo che il prezzo da pagare per la libertà sarebbe stato alto, e a farne le spese sono state le mie compagne. Non che avessero molte possibilità, senza un marito, una famiglia, una posizione, un nome o un patrimonio che le proteggesse. Per loro non c'era alcuna speranza di una vita rispettabile, ecco perché sono venute da me e hanno imparato la mia arte di buon grado. Nondimeno mi sento in colpa. Con il mio agire ho messo in pericolo loro e le nostre clienti, pur avendole provviste di una vita libera dalle restrizioni del talamo o del velo monacale, per quanto rischiosa e oscura. Siamo state coraggiose o folli? Siamo davvero colpevoli, come pretendono i rappresentanti della Chiesa? Dopo aver sviscerato la mia vita come un pollo approntato per la casseruola, ancora non so dirlo. Benché non ci fosse per noi altra vita possibile, eccetto quella di prostitute o sagge donne - ed entrambe siano arrischiate, scandalose, inermi –, nondimeno la conclusione resta la medesima: sono colpevole. Lo siamo tutte, e le mie compagne moriranno per causa mia.

«Madre, come fate a resistere?» ripeto, mentre con la mano indico le pareti del suo studiolo, arredato con un lucido scrittoio e due sedie intarsiate, un bel camino e ripiani ingombri di manoscritti.

Sono questi ultimi a stupirmi, unici suoi possedimenti in aggiunta a un grande crocifisso d'oro su cui Gesù Cristo versa copiose lacrime di sangue. Ricoprono gli scaffali in mucchi e pile, a riprova che il convento è uno dei pochi luoghi in cui una donna istruita possa essere libera di coltivare la mente.

«Non ho mai desiderato diventare una suora di clausura, Giulia», dice Innocenza, dopo che le ho rivelato il mio nome, come unica concessione. Lei mi ripaga guardandomi negli occhi e il gesto mi lusinga. Questa donna d'illustri natali sembra interessarsi a me, mi tratta come una sua pari, sebbene per la società non potremmo essere più distanti. «Per quanto ricca, la mia famiglia ha scelto di maritare la primogenita per fornirle dote e terre. Invece ha destinato me a un futuro tra queste mura, poiché risulta di gran lunga meno dispendioso mandare una figlia in convento che procurarle un buon partito. Io ho pregato in ginocchio di potermi sposare. Ho implorato mio padre di concedermi un marito rispettabile, benché privo di fortuna o rango, pur di poter travalicare i confini della mia esistenza. Ho desiderato con tutta me stessa di conoscere altri luoghi, altri volti, altre voci. Avrei voluto diventare madre un giorno, avere dei figli. Ma le mie suppliche sono cadute nel vuoto e, al compimento degli undici anni, sono stata destinata al convento.

«In parte i miei desideri sono stati esauditi. Dopo circa un anno, la badessa di un monastero lontano molte miglia mi chiamò a sé e io accorsi da lei con pia obbedienza. Per lunghi anni quel luogo fu la mia prigione e alimentò il mio risentimento. Ma, con il trascorrere del tempo, la collera svanì. Lentamente, ma inesorabilmente, i gioielli della fede cattolica, rivelatimi dalle donne che mi avevano preceduta, si rivelarono a me in tutto il loro fulgore. La loro forza silenziosa, la saggezza e l'ardimento, la loro viva fede mi mostrarono quanto fossi ancora infantile. È solo grazie a loro se sono diventata la donna che sono oggi. Ho vinto la mia ira. Ho immolato la mia immagine di erede di una famiglia nobile e, così facendo, la mia anima è rinata. Dovevo morire e risorgere, come Gesù Cristo è morto per redimere i nostri peccati. Ma il processo di redenzione è durato molti anni.»

D'un tratto la suora si è ammutolita e ora mi studia alla luce fioca della candela, forse la stessa per la quale il suo volto mi appare trasfigurato. Da qualche parte, arriva il soffiare di un gatto.

«Forse spetta anche a voi lo stesso destino.»

La osservo bere un sorso di vino e addossarsi allo schienale per lasciarmi recepire l'affermazione.

*Lo stesso destino.*

Vorrei dire che un giorno anch'io potrei indossare il velo e immolarmi sulla croce dell'obbedienza e della sottomissione. Ma, anche se il pensiero affiora, qualcosa dentro di me lo soffoca. Mi conosco, e so che mai potrei fare ciò che ha fatto lei. Per nulla al mondo piegherò la mia volontà al suo Dio che ci osserva dall'alto e tutto vede, come sostiene la Bibbia.

Segue un breve silenzio, prima che io trovi le parole per rispondere in modo che lei possa capire.

«Credo che il mio destino sia stato determinato il giorno stesso in cui sono nata, madre.» Accaldata, nonostante il fresco del convento, mi passo le dita tra i capelli sciolti. «So che mi uccideranno, così come so che uccideranno mia figlia e le mie compagne. Il nostro destino è diverso da quello delle donne come voi», affermo, stavolta con un'alzata di spalle che fa accigliare suor Innocenza.

«Non è così, Giulia. Il Signore dice che tutti quanti saremo perdonati ed entreremo nel Regno dei cieli, se faremo la sua volontà e avremo fede.»

Mi trattengo dal ridere. «Madre, io sono al di fuori di ogni redenzione! Sapete bene cosa ho commesso. E, come voi, anche Dio è al corrente delle centinaia, forse migliaia di morti che ho causato per procura e m'impedirà di entrare nel paradiso di cui parlate.»

Un uccello intona un rauco vespro, benché la primavera sia ormai alle porte. Il suo bianco piumaggio è stato annerito per sempre dal fumo, o così narra la leggenda dei giorni della merla. Entrambe portiamo lo sguardo alla finestra e cogliamo uno sfavillio di ali scure. Per un breve istante, oltre il vetro sfrecciano piume, artigli e un becco giallo. Poi il pennuto scompare.

Restiamo in silenzio. L'atmosfera è inquieta, irrisolta. Poi la madre superiora mi rivolge lo sguardo, come se percepisse l'ombra dei miei pensieri.

«Non credo alla profezia riguardo alla vostra vita, Giulia.» Si alza e si dirige alla finestra. «Dio ha il potere di perdonarvi, anche se voi per prima non lo fate.»

«Madre, io non cerco il perdono. Io cerco la verità! Nessuna delle donne che ho aiutato aveva altra scelta.» Scrollo di nuovo le spalle. «E, se anche l'avesse avuta, riguarda la loro coscienza, non la mia! Nessuno di quegli uomini, nessuno dei responsabili di tante ingiustizie ha mai chiesto perdono. Allora perché dovrei farlo io? L'unica cosa di cui ho motivo di pentirmi è non essere stata abbastanza scaltra da impedire agli inquisitori di catturarci. L'unica cosa che mi rimprovero è che abbiano in mano mia figlia e le mie amiche.»

D'un tratto mi è tutto chiaro, come se la mia vita mi fosse offerta su un vassoio d'argento. Il cuore è saldo, le azioni mi appaiono cristalline, intellegibili. Seduta in questo luogo sacro in compagnia della madre superiora, ora so che rifarei tutto quanto, nonostante i rischi.

«Non sopporto di rimanere qui mentre mia figlia probabilmente viene torturata, forse uccisa; senza poter fare nulla per cambiare il suo destino. È questa l'unica cosa che rimpiango, reverenda madre.»

Le lacrime mi riempiono il viso. Il dolore mi travolge. Gemendo, mi prostro in ginocchio sul pavimento gelido. La madre superiora resta in silenzio. Non cerca di confortarmi né di raccontarmi facili bugie, di dirmi che il Signore mi ama e anche questo fa parte del suo disegno. Resta immobile. Mi guarda come per indagare, ma sento che lo fa per testimoniare la mia afflizione e, in tal modo, elevarla. In questo istante sono una discepola del dolore. Per qualche motivo sono profondamente commossa dalla sua impassibilità mentre piango e mi stringo le mani intorno al busto per agevolare il respiro.

Alla fine mi asciugo il viso sulla manica e mi sollevo per rimettermi a sedere, mentre la suora continua a tacere. Non mi sento giudicata come il giorno del nostro primo incontro. Lei è immobile, come una pia donna raffigurata in un affresco: silenziosa, calma, paziente. Io invece sono l'opposto, come vuole il mio destino. Ho il viso congestionato, gli occhi ancora pieni di lacrime, il naso che cola e il cuore che si spezza a ogni respiro. «Mia figlia è nelle loro mani. A quest'ora, potrebbe essere già morta.»

Innocenza annuisce, come se mi comprendesse a pieno, benché sarebbe inspiegabile. Cosa può saperne, infatti, della mia vita, di ciò che sarei capace, di cosa si provi ad aver generato una figlia, a essere una vera madre?

«Pregherò per voi, Giulia», si limita a dire, come se di nuovo mi leggesse nel pensiero e lo trovasse carente.

Non mi reco alla cappella per i Vespri, né per la Compieta. Resto sul duro giaciglio ad affrontare duri pensieri. Rievoco ogni litigio avuto con mia figlia, rimpiangendoli uno per uno. Mi figuro lei e le altre, e sono pervasa dallo spavento.

So che versano in grave pericolo, lo sento, anche se la visione è un'alleata poco affidabile in questi giorni e mi ha quasi del tutto abbandonato. So di essere ancora viva, ma è l'unica cosa che riesco a percepire. Quando chiudo gli occhi, non vedo altro che il nero infinito del vuoto. Tuttavia c'è una cosa che ho portato con me, una cosa che ho nascosto nel convento, dietro una pietra del muro di cinta del giardino. I miei tarocchi. Li ho presi con me come portafortuna, o forse come conforto. Chissà?

I soli sul retro sono sbiaditi, i bordi ormai laceri e consunti, eppure vibrano ancora della loro arcana sapienza.

Quando le campane suonano la Compieta, aspetto che inizino le preghiere e il suono delle voci femminili si alzi e si abbassi adorante, prima di sgattaiolare in giardino e, una volta scostata la pietra e assicuratami che nessuno mi guardi, recuperare le carte fasciate nel lino. Le nascondo sotto il velo e sento che mi chiamano, che mi riportano alle vecchie consuetudini, alla vecchia saggezza.

Sebbene stia infrangendo ogni regola, ogni codice di questo luogo sacro, torno agli antichi metodi con la naturalezza di sempre. La mia eredità di saggia donna, levatrice e speziale si tramanda da secoli di madre in figlia, di guaritrice in guaritrice. Estraggo le carte dall'involucro, metto da parte la vecchia piuma di merlo, la conchiglia e la moneta, gli amuleti che mi accompagnano da una vita, e le dispongo sul letto. Controllo di nuovo che nessuno mi abbia seguito, ma il corridoio fuori della cella è vuoto. Le preghiere si levano. La sera volge al termine.

Mi siedo e passo le dita sugli adorati simboli. Nell'*Amore*, due amanti sono sovrastati da Cupido, che scocca le sue frecce. Nel *Mondo*, ultima carta degli arcani maggiori, una donna nuda sospesa tra cielo e terra, circondata da una ghirlanda di frasche e scortata agli angoli dai quattro evangelisti – l'angelo, l'aquila, il leone e il bue –, simboleggia il compimento delle azioni, la saggezza, il raggiungimento dei traguardi. Nella *Morte*, lo scheletro del Tristo Mietitore che brandisce la falce ricorda la fragilità della vita, la condizione effimera delle cose, la fine di tutto. Le carte mi chiamano.

Non so quanto tempo mi resti prima che le suore si accorgano che non sono nella cappella e mi vengano a cercare. Decido di pescarne una, una soltanto.

Esito per un istante, poi la prendo e la poso a faccia in giù sul letto. La mano trema nel rovesciarla. Benché sia logora e consunta, non lascia adito a dubbi. L'uomo raffigurato indossa il triregno e ha la mano destra levata in un gesto di benedizione. Il suo dominio spirituale è assoluto, inconfutabile, eterno. Ha dipinta sul volto un'espressione di severa autorità. Nella mano sinistra regge una triplice croce dorata. È lo ierofante. *Il Papa.*

Sta venendo a prendermi.

# 48

Per primo ci giunge il suono di risa sprezzanti. Poi tocca alle urla di voci maschili.

Il baccano penetra dentro le mura mentre ci prepariamo per la Compieta. Dal retro della cappella sento i rintocchi serali risuonare dolci e lievi, seguiti dalle preghiere che si alzano e danzano intorno a ognuna di noi, prima di librarsi verso le travi del soffitto.

*... Che ho molto peccato in pensieri, parole, opere e omissioni, per mia colpa, mia colpa, mia grandissima colpa...*

Poi giunge una successione di colpi tonfanti. Qualcuno sta percuotendo con violenza i portoni. Si direbbe una folla. Ci basta un istante per capire che sta cercando d'irrompere all'interno. Le suore prendono a guardarsi intorno, ma la madre superiora resta impassibile, a testa dritta. La sua voce si fa più alta e possente e loro, come greggi dietro il pastore, la seguono dappresso.

*... Il Signore onnipotente e misericordioso ci conceda il perdono, l'assoluzione e la remissione di tutti i nostri peccati...*

*Bam, bam, bam.*

Un clangore metallico percuote gli usci, seguito da una scia d'imprecazioni. «Dateci la strega! Dateci l'avvelenatrice che contamina le nostre acque. Consegnatela a noi!»

*... Chi abita al riparo dell'Altissimo passerà la notte all'ombra dell'Onnipotente. Io dico al Signore: «Mio rifugio e mia fortezza, mio Dio in cui confido». Egli ti libererà dal laccio del cacciatore, dalla peste che distrugge...*

«Dateci la strega! Dateci la sposa di Satana! Deve pagare

per i suoi crimini! Se non si consegna da sola, verremo dentro a prenderla! »

*Tum, tum, tum.*

Interviene un'altra voce, con tono autoritario: « Aprite le porte. Ve lo ordino in nome di sua santità papa Alessandro VII! »

Per un istante lungo un battito o un respiro, osservo intorno a me il terrore. I volti bianchi delle suore, circondati dai veli neri che ricadono sugli abiti di lino, ruotano nella mia direzione. Cerco lo sguardo di Innocenza, ma lei continua a restare immobile, rigida come una statua della Vergine Maria. Riprende a recitare i salmi da dove si era interrotta, ma stavolta solo poche suore la seguono.

*... Ti coprirà con le sue penne, sotto le sue ali troverai rifugio; la sua fedeltà ti sarà scudo e corazza. Non temerai il terrore della notte...*

È un terrore reale, presente in mezzo a noi, quello che ci investe con un ruggito. La folla è un animale pronto all'assalto, con il pelo irto, il fiato rovente. Giunge il sibilo acuto che attendevo da tempo, poi un odore di bruciato così intenso che mi guardo intorno per vedere da quale cero provenga, ben sapendo che invece è la visione a essere tornata. E con essa la paura.

Ora la madre superiora interrompe il canto. Le voci delle suore si smorzano all'istante e tutte quante ci guardiamo intorno in attesa di ciò che accadrà.

Innocenza è la prima a muoversi. S'incammina ad ampie falcate e, senza neanche riflettere, decido di seguirla anziché correre nella direzione opposta; di scortarla, anziché ripiegare nelle cripte, nella cantina o nelle latrine, intuendo con chiarezza, quasi che il messaggio fosse stato scritto nero su bianco, che devo affrontare ogni eventualità, poiché è la visione a chiederlo, a sospingermi con quel sibilo ora fattosi così assordante da prendermi lo stomaco e quell'odore di bruciato divenuto così acre da soffocarmi i polmoni.

Quando le suore si rendono conto che la madre superiora

marcia decisa verso il portale principale della chiesa, si disperdono l'una dopo l'altra come galline nere. Innocenza trae un sospiro e proclama: «Non varcherete questa porta! Chi siete voi per osare violare la sacralità di questo luogo? Andate via!»

D'un tratto, fuori tutto tace. Non si odono che sussurri. Poi solo il silenzio.

«Allontanatevi dal portale, in nome di Dio onnipotente!» Scaglia il suo grido all'indirizzo della folla che, in attesa davanti alle mura del convento, resta ammutolita. Si direbbe una regina, altera e forte come una vera sovrana. Poi, senza porre altro tempo in mezzo, agisce. La madre superiora afferra il chiavistello, lo trascina di lato per intero e, aperto il battente, oltrepassa la soglia. Solitaria. Impavida. «Qual è il motivo di tanto disturbo durante il sacro ufficio della Compieta? Le suore della basilica della Santissima Trinità dei Monti sono intente nella preghiera. Come osate interromperle? Come ardite sconvolgere la pace della casa di Dio a quest'ora della sera?» domanda, piena di magnificenza.

Celata nell'ombra alle sue spalle, scorgo le fiamme delle fiaccole. Il bagliore dei pugnali, delle mazze e dei forconi. I volti degli uomini e persino di alcune donne. Decine e decine di individui, torce, armi. Finché non riesco più a trattenermi e, come una falena che, orbitando intorno alla fiamma, si brucia le ali di filigrana, mi sollevo il velo sul capo e avanzo a mia volta.

All'inizio la folla tace. Poi si divide goffamente per fare spazio a un uomo con indosso un'armatura che riflette il barbaglio arancio delle fiamme. Forse perché è calato il crepuscolo, stento a mettere a fuoco la scena, come se la mente fosse in ritardo sui sensi. Ma poi li vedo: dietro il capitano sono appostati numerosi armigeri che, sotto le corazze lucenti, vestono uniformi nei colori rosso, giallo e blu della guardia pontificia e reggono in mano alte alabarde. «Sua santità papa Alessandro VII vi ordina di rilasciare e affidarci la donna di nome Giulia Siciliana. Non ce ne andremo di qui finché non si sarà consegnata di sua volontà.»

Sicché hanno scoperto il mio nome. Hanno torturato mia figlia e le mie compagne per ottenerlo?

Il capitano parla con un ghigno sprezzante sulle labbra, sputa per terra e sorride beffardo. La folla applaude, agita i pugni serrati, lancia occhiate e sberleffi, principalmente le donne. Tanto odio mi sconcerta, ma cosa mi aspettavo? Io che ero abituata a essere protetta dal genere femminile, a contare sulla sua complicità, ho finito per perdere il suo appoggio. La sua fragile fiducia.

«Non profanerò questo luogo di Dio.»

La madre superiora resta immobile, ma vedo che inizia a vacillare. Mentre il tempo sembra fermarsi, avverto il cuore battere, la vita pulsare dentro di me, e capisco cosa fare.

«I miei uomini non profaneranno questo luogo di Dio, poiché così ha ordinato il papa, ma molti dei presenti rischierebbero la dannazione pur di mettere fine allo sterminio degli uomini. Se non sarete voi a consegnarla, la prenderanno con le loro mani.»

Per un istante sono incerta se venir meno, ridere o dar di stomaco. Le gambe prendono a tremare e, prima che Innocenza possa rispondere, mi sottometto tanto alla nota acuta - che ora sfarfallando mi percorre, attraversa ogni cellula del corpo e mi spinge incontro al destino - quanto alla visione, che infine è tornata e mi indica cosa fare. Ma, se pure l'una e l'altra non si fossero manifestate, mai metterei in pericolo la vita delle suore che mi hanno dato rifugio.

Mi faccio avanti.

Ritraggo il velo.

I capelli sono illuminati dalle fiamme e luccicano d'oro al bagliore delle torce.

Pronuncio quelle che potrebbero essere le mie ultime parole. «Sono Giulia Siciliana.»

C'è un moto di sorpresa, seguito di nuovo da imprecazioni, urla, sputi, pugni serrati. Se fosse una recita risulterebbe comica, ma non siamo sul palco. Quella parte deve ancora arrivare. Invece, so bene cosa accadrà adesso. Sarò tratta in carcere. Torturata. Interrogata e processata. Sarò giustiziata in pubblico per ciò che ho fatto. Tuttavia, di fronte a questa consapevolezza, confermo di non rimpiangere nulla. E mi chiedo se, in fin dei conti, quello che provo non sia pura libertà.

Porto lo sguardo sulla madre superiora, che ricambia con fermezza. Ci scambiamo un cenno d'intesa. Sappiamo entrambe che lo spettacolo volge al termine e si avvia all'ultimo atto. Era solo una questione di tempo. La mia morte ormai è ineludibile, perciò è inutile indugiare.

Scendo i gradini e di nuovo la folla si biforca. Due guardie mi accolgono con le lance alzate e i volti cupi. La mia unica certezza è che vedrò mia figlia, le mie compagne, la mia cerchia, anche se sarà l'ultima cosa che farò.

# 49

## ALESSANDRO

*Mia nobile e amatissima madre,*

*le abbiamo prese tutte.*

*Cinque fattucchiere. Cinque avvelenatrici che, con spietata malvagità, hanno assassinato dei gentiluomini con un malefico intruglio. Non hanno somministrato il veleno, ma lo hanno confezionato e dispensato, per agevolare il compiersi del destino tanto agognato da mogli e figlie traditrici, dentro e fuori i confini dell'Urbe. Speravano che la peste avrebbe coperto i loro atti diabolici ma, per grazia di Dio, così non è stato e ora pagheranno per i loro innumerevoli peccati.*

*So che starete sorridendo, dal paradiso, signora madre. So che, da lassù, starete guardando vostro figlio compiacendovi del contributo che ha apportato alla gloria di Dio, di Roma e forse dell'Italia tutta. Quelle serpi non erano semplici assassine. Erano vipere in seno alla Chiesa e allo Stato, che spargevano false speranze e idee pericolose tra le donne sotto l'autorità di mariti, padri, confessori e fratelli. Piantavano il seme del dissenso, della ribellione, dell'amaro disaccordo e, peggio ancora, dell'indipendenza di pensiero e di azione. Poiché, non è forse vero, come scrivono i reverendi Kramer e Sprenger nel* Malleus Maleficarum, *il « Martello delle streghe », che quando una donna pensa da sola pensa male? E che gli appetiti carnali di siffatte femmine le inducono a intrattenersi con il demonio? Quanti grandi ingegni potrebbero essere andati perduti a causa del rancore femminile? Andremo a fondo di ogni dettaglio. Smaschereremo ogni conni-*

*venza e complicità. Porteremo tutto allo scoperto in nome di Dio onnipotente. Useremo ogni metodo necessario per risalire alla pura verità.*

*Quelle streghe hanno privato gli uomini d'Italia del meritato riposo e della pace dello spirito proprio nei luoghi in cui costoro dovrebbero essere confortati, riveriti e obbediti. Come hanno osato, madre mia? Sono consapevoli di ciò che hanno fatto, quelle sirene dal cuore nero? Hanno prodotto uno squarcio nel tessuto della società ed è questo il loro vero crimine. L'arroganza! E l'inganno!*

*Oggi ho concesso udienza al governatore Bracchi per ringraziarlo e conferirgli quegli onori che gli uomini nella sua posizione possono attendersi di ricevere da me, che sono il loro vicario di Roma e intercessore presso Dio onnipotente.*

*Non ho parole per esprimere il disgusto e la gioia che provo al pensiero che stasera, mentre accenderò una candela e penserò a voi, le cinque streghe cui a lungo abbiamo dato la caccia andranno incontro al loro destino e langui-ranno congiunte nelle carceri di Tor di Nona. Concederemo loro gli ultimi istanti. Le lasceremo contorcersi e infuriarsi, tremare e piegarsi, per poi domani, oh, sì, domani, indurle a rispondere delle loro colpe senza beneficiare di nessuna pietà o misericordia. Gli interrogatori avranno inizio all'alba. Ho ordinato a Bracchi di ragguagliarmi tramite rapporti giornalieri.*

*Perché tutte le donne non sono come voi, madre mia? Perché devono artigliare e graffiare, nella speranza di elevarsi e di abbattere noi uomini?*

*Voi siete stata la più grande. Benché afflitta dalle debolezze e dalla fragilità del corpo e dello spirito, vi siete innalzata al di sopra della condizione che Dio ha voluto attribuirvi e siete divenuta un esempio di pietà e di forza per tutte le altre donne, sebbene mai possano sperare di eguagliare la vostra dignità, intelligenza e limpida saggezza.*

*Ora è venuto il momento di lasciarvi. Forse stanotte riu-*

*scirò a riposare senza ricorrere al flagello. Forse stanotte i desideri scellerati per la donna che mi ha intrappolato nella sua rete si placheranno e finalmente ritroverò sonno e pace.*

*Voglia il Signore.*

*Il vostro affezionato e devoto figlio,*

SUA SANTITÀ PAPA ALESSANDRO VII

## 50

## GIULIA

Mi trattano con durezza.

Mi spingono, mi trascinano, mi sputano addosso. Mi strattonano, mi picchiano, mi lanciano occhiate lascive. Ridono delle mie vesti lacere. Si sollazzano della mia sofferenza. Ma a me importa solo dello sguardo che poserò sul volto di mia figlia.

I muri di pietra trasudano acqua putrida. I lastroni sconnessi del pavimento sono ricoperti di paglia lercia. Sfrecciano ratti. I detenuti berteggiano e gemono. Il puzzo delle latrine improvvisate, un secchio per ogni cella, si mescola al fetore dei corpi sporchi e pulciosi. Le sbarre risuonano al mio passaggio. Una donna sibila, ormai abbrutita. Un'altra impreca, ma io continuo ad avanzare sui lastroni macchiati di piscio, incalzata da un grasso carceriere.

Poi, finalmente la vedo. I suoi lunghi capelli sono inconfondibili, neri e ancora lucenti lungo la schiena. Si volta al suono dei miei passi.

Le carceri di Tor di Nona sono all'altezza della loro fama. I muri assorbono infelicità e paura. Le celle sembrano concepite a imitazione del purgatorio: luoghi di passaggio per esseri già mezzi morti; buie, squallide, sudicie.

Alcune donne, cui sono stati strappati i capelli, hanno grumi di sangue secco sul capo calvo. Altre sono già state torturate e giacciono cieche nel loro abisso di dolore. Le fiaccole, allineate lungo i corridoi, proiettano ombre tremule e oscure fin nei recessi di questo tugurio, dove si respira un tanfo di orrore e povertà, un misto di sudore, sporcizia e liquami.

Per un istante mi vengono in mente le stamberghe in cui vivevano le clienti cui andavo a far visita con mia madre: appena adatte a ospitare gli animali, pregne com'erano di un odore di sudore stantio mischiato a quello di pietanze vecchie di giorni ed escrementi. Una cacofonia di effluvi in cui s'infiltrava anche quello acre della paura. Quale altra calamità potrebbe abbattersi su queste donne? Di quale residuo di dignità potrebbero essere ancora private? Quale nuovo dolore o disastro potrebbe colpirle? La differenza qui è che sanno cosa succederà dopo. Sanno che verranno condotte nelle stanze di tortura, dove saranno straziate fino al pentimento. Sanno che non usciranno da queste mura se non per essere stipate sul carro che le condurrà attraverso le strade fino al luogo dell'esecuzione. Conoscono il loro destino, come io conosco il mio.

« Mamma! » Girolama mi cade tra le braccia come faceva da bambina. La stringo forte come allora. Le porte della cella vengono sprangate alle mie spalle. Le accarezzo i capelli, le sussurro all'orecchio false promesse come un tempo. Restiamo strette l'una all'altra, dondolanti.

Poi riapro gli occhi e vedo Giovanna. Accanto a lei ci sono Graziosa, accovacciata in un angolo, con uno sguardo ferale negli occhi, e Maria, intenta ad ammatassare fili invisibili tra le mani, con gli occhi vuoti e l'aspetto di una bambina confusa e trasognata.

« Siamo felici di vederti, Giulia. Ti credevamo morta. » Giovanna si avvicina ad abbracciare me e mia figlia, di cui cerco di placare il pianto come quando era piccola.

« Il carceriere, quel bastardo, ci ha detto che eravate stata massacrata dalla folla nel centro di Roma. Che il vostro corpo era stato smembrato, i vostri seni strappati e le pudende esposte al pubblico. » Girolama sputa sulle sbarre e sul grasso carceriere che ci adocchia torvo dal corridoio.

« Be', se non altro ha fantasia. E sono contenta di vedere

che il tuo spirito è ancora intatto, figlia mia. Come vedi, sono tutta intera. E viva, anche se chissà per quanto... »

« Ma dove siete stata, mamma? Come avete fatto a sfuggire per tutto questo tempo? » La vedo toccarsi le dita nel tentativo di giocherellare con gli anelli che non porta più.

« Amore mio, ci è mancato poco che mi facessi suora. Gli inquisitori sapevano dove trovarmi. Il Sant'Uffizio ha inviato una delegazione di uomini a parlare con la madre superiora del convento che mi ospitava, ma lei si è rifiutata di consegnarmi. Poi sono tornati con una folla di cittadini, su ordine diretto del papa, ed è stato allora che mi sono arresa. Se non lo avessi fatto, sarebbe scorso sangue sacro. La madre superiora era coraggiosa, ma non poteva rivaleggiare con un esercito. »

« Ma, mamma, come avete saputo di dovervi nascondere? Chi vi ha avvertito della nostra disgrazia? » Girolama posa il capo sulla mia spalla e io la bacio di nuovo.

« È stato don Antonio ad avvertirmi. Ha messo a rischio la sua posizione, e forse anche la sua vita, per trovarmi e mettermi in guardia. »

« Improbabile come salvatore, non c'è che dire », dice Giovanna.

Condividiamo un sorriso triste, un cenno d'intesa.

« Hai idea di cosa accadrà? » Maria, che finalmente mi ha riconosciuto e ci ha raggiunto, ha fili di paglia avviluppati tra i capelli. Sul volto, uno sguardo strano in odor di pazzia. Quando finisce di parlare, comincia a canticchiare come se ci provasse per la prima volta.

Io e Giovanna ci scambiamo un altro sguardo, ma stavolta scuoto la testa. « No, Maria, non ne ho idea. Davanti ho solo buio pesto. Non riesco a vedere nessun futuro. »

Per un po' restiamo tutte in silenzio. I nostri pensieri sono interrotti da uno strillo improvviso di Graziosa, che poi torna a zittirsi. Maria si allontana, come in preda alla confusione.

« Allora, raccontami cos'è successo. Com'è stato che vi

hanno catturate? » chiedo a Girolama, mentre continuo a stringerla come se non dovessi separarmene mai più.

« Sapevano tutto, Giulia », interviene Giovanna. « Probabilmente ci sorvegliavano da settimane, se non da mesi. Saranno stati messi sulle nostre tracce da qualcuno, o forse da più d'uno. Quella mattina, dopo che te n'eri andata, si è presentata alla spezieria una nuova cliente. Ha detto di essere la fantesca di una donna elegante che vive in una villa fuori città. Ha raccontato che la sua padrona veniva picchiata dal marito sadico, che la costringeva a giacere con i suoi amici illustri in festini di orge e depravazione. Ha detto che le facevano del male e che per questo necessitava di un rimedio urgente. Noi le abbiamo creduto. »

« Pensavo che avessi deciso di smettere di dispensare l'Acqua. »

« Infatti è così », replica Giovanna. « Ma tu non c'eri, e io non sapevo come comportarmi. Abbiamo creduto a quello che la ragazza ci ha raccontato, così io e Girolama l'abbiamo seguita nell'elegante vettura. Graziosa e Maria non erano ancora tornate. La fantesca ci ha detto che presto il marito sarebbe rincasato e avremmo dovuto fare in fretta. È stata colpa mia se ci hanno catturate. Non sai quanto mi dispiace, Giulia. Ho messo nei guai tutte quante. »

Le lacrime rigano il caro volto di Giovanna. Sono combattuta tra il desiderio di abbracciarla e quello di scuoterla.

« Non devi darti la colpa. Sono stata io a spingervi a continuare, pur sapendo quale pericolo correvamo. Sospettavo che ci stessero alle calcagna, ma non potevo smettere. Se quella trappola non avesse funzionato, ce ne sarebbe stata un'altra. Nessuna di noi avrebbe potuto fare niente, tranne lasciare Roma e fuggire lontano, ma ormai era troppo tardi e un giorno o l'altro ci avrebbero trovato comunque. »

« Hanno preso le mie cose; mi hanno trascinata per i capelli. » La voce di Maria è quella di una bambina.

Lascio mia figlia e corro da lei, le accarezzo le ciocche aggrovigliate e le sussurro parole dolci all'orecchio.

Poi torno a rivolgermi a Giovanna. « A dire il vero sono stanca di questa esistenza, di vivere come una fuggitiva, nel buio delle strade notturne, dei vicoli secondari. Andremo incontro alla morte, consapevoli di aver prestato aiuto al nostro genere. Di aver permesso a tante donne della città di condurre una vita migliore. Molte di loro non sarebbero vive, se non fosse stato per il rimedio di mia madre. »

Giovanna annuisce. L'espressione di Girolama è difficile da decifrare.

« Il nostro destino era segnato, mie care, fin dall'inizio, per il solo fatto di esistere e di fare ciò che facevamo. L'unica possibilità in nostro potere era fuggire. In convento ho avuto il tempo di pensare. Non c'era altro da fare a parte pregare. Mi sono detta che ho rischiato più di quanto non avrei dovuto. Sono stata imprudente con le nostre vite, ma c'era forse un altro modo di vivere?

« Quando preparai per la prima volta l'Acqua di mia madre, a Napoli, sapevo di aver intrapreso una strada pericolosa e che avrei messo in pericolo chiunque avesse collaborato con me. Lo sapevo, eppure scelsi di continuare. La diedi a una donna che senza l'Acqua sarebbe morta. Ma non pensate che lo feci per nobiltà d'animo. Avevo le mie ragioni. Non saprei spiegare quali, ma il veleno è parte di me e io sono asservita a lui, al suo potere e alla sua potenza. Inoltre gli devo l'indipendenza, poiché all'inizio lo cedevo in cambio di denaro e, senza di esso, sarei morta di stenti.

« Mi ha dato una vita che molte donne non possono permettersi, senza un padre o un marito che detti loro ogni parola, pensiero o azione. Io stessa ho potuto vedere con i miei occhi cosa significa. Mia madre viveva alle dipendenze del mio patrigno e, prima di lui, era il trastullo di uomini di corte e persino di un sovrano, ma niente di tutto ciò le ha apportato mai gioia né libertà. L'Acqua era la mia unica opportunità e l'ho colta. E, sì, sono stata responsabile della morte di molti uomini, forse migliaia. Ma questo non è stato il nostro unico crimine. Il principale è stato vivere fuori dei ranghi. Il nostro destino era segnato fin dall'inizio.»

C'è silenzio quando finisco di parlare. Girolama piange, ma lo sguardo che ricambia è diretto, aperto.

«Vi voglio bene, amiche mie. È un onore essere qui con voi, aver fatto ciò che abbiamo fatto. Ed è un miracolo che siamo sopravvissute fino a oggi», aggiungo. «Sono fiera di noi tutte. Orgogliosa di affermare che abbiamo raddrizzato i torti degli uomini. E sono davvero tanti.»

Maria sta bisbigliando tra sé, quando la abbraccio e mi accorgo che il suo vestito è strappato in diversi punti. Tasto la sua pelle e la sento appiccicosa e fredda, anche se la prigione è più torrida dell'inferno. «Che cosa è successo?» chiedo.

Maria mi rivolge uno sguardo assente e capisco che l'abbiamo persa. Si è ritratta in un luogo che non possiamo raggiungere.

«Il carceriere l'ha presa e ha abusato di lei.» Girolama sputa per terra. «Sapeva che lavorava nei bordelli, dev'essere un frequentatore abituale. Qui sono tutti animali. Hanno istinti più bassi di quelli delle bestie.»

Graziosa resta accovacciata al suo posto. I suoi capelli colorati sono umidi, le radici grigie molli e prive di vita, la vivace tinta ormai sbiadita. I suoi occhi si muovono rapidi intorno alla cella come se cogliessero tutto, ma dubito che vedano alcunché. Non sembra riconoscermi, tanto che mi chiedo se non abbia perso il senno anche lei. Chiamano questo posto «il pozzo» e ora capisco perché. Ci sono briciole di pane ammuffito sparse sul pavimento e una brocca vuota poco più in là. I resti del vitto, se così si può chiamare.

«Coraggio, sorelle. Possono picchiarci e costringerci a confessare, ma non potranno cambiare il nostro cuore e la nostra mente. Non dimenticate mai che la libertà risiede altrove, nei pensieri che coltiviamo, nelle azioni che abbiamo nascosto, nell'amore che abbiamo provato. Gli uomini di Chiesa possono degradare e mutilare i nostri corpi, ma non possono toccare le nostre anime: è questo che li spaventa. Noi abbiamo le nostre divinità. Abbiamo i nostri principi. La nostra sola salvezza è sempre stata dentro di noi e nessuno potrà sottrarcela.»

«Però possono farci del male», dice piano Giovanna.

«Se solo un inquisitore si azzarda a mettermi una mano addosso, gli strappo i testicoli a morsi», dice Girolama con inaspettata soddisfazione.

C'è un istante di silenzio, poi tutte e tre scoppiamo a ridere. Forse per l'immagine di mia figlia che si avventa su un ecclesiastico. Forse per la consapevolezza della nostra attuale impotenza che rende impossibile tale azione. O forse per la gioia di odiare, per la pungente bellezza di provare rabbia e fredda furia assassina. Ridiamo insieme, tenendoci la pancia, versando lacrime di disperata allegria, mentre detenute e carcerieri ci guardano come fossimo impazzite. E forse lo siamo. Forse sì.

# 51

L'indomani chiamano il mio nome.

Me lo aspettavo. Sperano di piegare per prima me, che sono la capofila della cerchia, colei da cui tutto ha avuto inizio.

Stanotte ho dormito a stento, distesa per terra, stretta a Girolama, tra i guizzi dei topi, il brulichio dei pidocchi e i pianti delle detenute. Il carceriere incombe ghignando, con le chiavi tintinnanti appese a una catena intorno al ventre flaccido. Mi indica con il suo dito grasso e io mi sollevo, scrollandomi di dosso la paglia e la terra, come se ancora importasse qualcosa. Da quando sono arrivata non ho toccato né cibo né acqua. Ho la testa annebbiata.

Con le mani nei ceppi, incespico dietro di lui che si trascina su per le scale verso una stanza posta sul retro dell'edificio, grattandosi il sedere e fischiettando senza sosta. A mano a mano che saliamo, la torre non ospita più una prigione, bensì una sequenza di stanze rivestite di volumi e rotoli di spessa pergamena bianco latte. Trovo incredibile che la dolorosa pratica punitiva si attui in un simile luogo di calma e sapere. Vengo condotta nella stanza nell'inquisitore. Ci sono il camino acceso e un balcone che affaccia sul Tevere.

La porta alla mia destra è stata lasciata aperta, forse perché io possa vedere la spessa fune appesa al gancio e alla carrucola fissati al soffitto. Una tortura, quella della strappata, nota anche come « corda ». Ma io resto rigida, rifiutandomi di guardare.

Poi, d'un tratto, capisco tutto.

È lui.

L'uomo che mi fissava in piazza Farnese il giorno in cui mi sono rifugiata nel convento. L'uomo che ho visto nella carrozza il giorno in cui la visione è tornata a farmi visita.

Mi sta seduto di fronte, dietro un enorme tavolo sormontato da pile di carte e documenti e da una grossa Bibbia rilegata in pelle. Solleva il capo e m'indirizza uno sguardo fermo e diretto.

« La Siciliana », si limita a dire.

Non sapendo cosa rispondere, resto zitta. Sono determinata a giocare d'astuzia, eludere le sue domande, difendere me e la mia cerchia dall'Inquisizione. Tuttavia, dentro di me, tremo fino al midollo.

In verità, il dolore mi atterrisce. Quando ho partorito mia figlia, nonostante le mani esperte di Giovanna, ho sperimentato cosa significhi sprofondare nell'agonia. Rammento come se fosse ieri le doglie violente, le contrazioni infinite. L'istante in cui è spuntata la testa e ho sentito il corpo lacerarsi in due. Eppure, di fronte alla minaccia della corda, quei ricordi impallidiscono. « Perché mi trovo qui? » mi limito a dire. Ricambio lo sguardo, anche se non posso fare a meno di tremare e so che lui lo nota. Ma c'è qualcosa nei suoi occhi che mi attrae. Non sembrano quelli di un uomo crudele, anche se solo il tempo mi dirà se ho ragione. Esprimono intelligenza, persino curiosità. So che il suo scopo è ottenere un'ammissione di colpa, dal momento che non bastano gli indizi per condannare. Per legge, serve una confessione firmata. Sicché, perlomeno ho un certo margine, pur sapendo che si tratta solo di una dilazione e che, in un modo o nell'altro, troveranno comunque il modo di giustiziarmi.

« Siete al cospetto di Stefano Bracchi su invito del Sant'Uffizio dell'Inquisizione. »

*Su invito.*

« Siete stata condotta nelle prigioni papali poiché da lungo tempo sospetto che siate la Signora della morte, colei che fabbrica un certo veleno che da diversi anni viene dispensato in tutta l'Urbe e in molti altri luoghi d'Italia.» Si ferma a constatare l'effetto delle sue parole. È come se mi leggesse dentro, se captasse il mio terrore. Non c'è nessuno in tutta la cristianità che non tremerebbe a essere ospite dell'Inquisizione.

Sento un rumore alle mie spalle. È un uomo vestito di nero da capo a piedi, che reca in mano un tomo rilegato in pelle e tenuto chiuso da una fibbia lavorata. Senza guardare nella mia direzione, siede in fondo alla stanza e apre il volume. Si schiarisce la gola e comincia a sfogliarlo finché non si ferma sulla pagina che cercava, quindi solleva il capo, in attesa che l'interrogatorio abbia inizio.

Dev'essere il notaio, colui che redigerà il verbale che sarà registrato negli atti dell'Inquisizione per essere letto fra molti anni a venire, quando sarà ridotto a pochi tratti stinti e macchie d'inchiostro, e le nostre vite non avranno maggiore rilevanza per chi leggerà di quanta non ne avrà una qualsiasi storia immortalata su carta. Per poco non vacillo al pensiero. Quanta tragicità nel dissolversi della vita, della passione e della speranza in una pergamena ingiallita e imbrattata d'inchiostro.

Penso alla mia cerchia, alle donne che mi hanno accompagnata. Penso al sangue caldo nelle loro vene, al sudore sulla loro pelle, alle espressioni di gioia o dispiacere sulle loro labbra. Al loro entusiasmo, alla speranza, alla fame di vita. Anche loro saranno condotte qui? Anche loro, dopo essere state perseguite e catturate, saranno torturate, esposte al pubblico ludibrio e giustiziate? Oh, io so già come andrà a finire. Potrei afferrare una penna d'oca e compilare io stessa il verbale del notaio. E, proprio mentre mi chiedo quanto manchi, mi torna in mente un altro volume, il libro mastro cui ho affidato tutti i nostri segreti, in cui ho annotato tutti i nomi accanto ai rimedi che abbiamo dispensato. Sono stata una stupida a non disfarmene, essendo una prova così compromettente. Perché non l'ho bruciato quando sono fuggita da Palermo? Forse perché era l'unico legame tangibile che mi rimaneva con mia madre, ecco perché. Ma ora mi rendo conto che, se è finito nelle loro mani, il silenzio non basterà a salvare le mie compagne.

Come se mi leggesse nel pensiero, Bracchi prende qualcosa che giaceva nascosto dietro una pila di libri e io comincio a vedere la stanza ondeggiare davanti ai miei occhi e avverto i suoni distorcersi. Quando si avvicina, è come se i suoi passi risuonassero da molto lontano.

Cala il buio.

Non so per quanto tempo resto sul pavimento ma, quando rinvengo, nulla è cambiato. Tutto è come prima. Stefano Bracchi, l'uomo che rappresenta l'istituzione più temuta d'Europa, è di fronte a me. Mi osserva dall'alto, con uno sguardo privo di acrimonia, tenendo in mano il libro mastro con tutti i miei segreti. Allunga l'altra per aiutarmi a rialzarmi, ma io la rifiuto e incespicando mi risollevo da sola. Non si ode suono, eccetto un brusio nelle orecchie simile al frangersi delle onde.

«Ponete una mano sulla Sacra Bibbia e giurate di dire tutta la verità. Se mentirete, metterete in pericolo la vostra anima immortale. Avete inteso?»

Annuisco. Poso il palmo delle mani incatenate sulla Bibbia che l'uomo mi porge. Il metallo intorno ai polsi si rivela così pesante che li sollevo a fatica. Pronuncio la formula. Giuro al suo Dio che sarò sincera e, benché siano parole per me di nessuna importanza, lui sembra soddisfatto e annuisce in direzione del notaio.

«Siamo in possesso di questa prova che v'inchioda», aggiunge, come per un retropensiero, alludendo al libro mastro nell'altra mano.

Io annuisco di nuovo.

Bracchi posa la Bibbia sul tavolo e apre a caso il libro mastro su una pagina su cui scorgo la grafia infantile di Girolama e i suoi primi tentativi di scrittura, nell'annotare il nome di una cliente e il compenso da lei corrisposto. A quella vista, per poco non cedo alle lacrime, ma tengo duro e aspetto d'incassare il colpo successivo; che non tarda ad arrivare.

«Questo ci è molto utile, in quanto contiene i nomi di ogni vostra cliente, e le cifre corrisposte o non corrisposte per procurarsi i rimedi. Tra questi, compare l'Acqua che, se sono stato informato a dovere, è il nome del vostro veleno. Dico bene?»

Eccoci infine arrivati al punto.

Mi taccio. Non ammetto nulla. Non muovo palpebra. Mi limito a respirare.

È l'inquisitore ad annuire. Quando si avvicina, colgo il suo profumo di cuoio, incenso e muschio. Gli occhi di un bruno profondo, i lineamenti volitivi. In un'altra vita l'avrei trovato attraente.

«Giulia.» Sorride nel pronunciare il mio nome e subito mi torna in mente il prete. Mi chiedo dove sia, se abbia trovato rifugio in seno alla sua potente famiglia, poi mi soffermo sui riccioli neri dell'inquisitore.

«Giulia, non potete opporvi a questo. Avete lottato a lungo, lo so bene. Ma dovete comprendere che la vostra impresa è giunta al termine. Si è conclusa qui, al mio cospetto. Ritroverete la pace in un'altra vita, Giulia Siciliana, se vi affidate a Dio onnipotente come faccio io, come facciamo tutti.» La sua voce è dolce e avvolgente come miele.

So bene di non poter riporre fiducia in quest'uomo. Non sono una ragazzina sciocca che ha perso la testa per una bella mandibola o un fisico virile, anche se in questo momento lo preferirei di gran lunga.

«Confessate e sarete assolta. Potrete ricevere i sacramenti e affidare l'anima a Dio.»

Resto immobile. Non dico una parola. Non gli rivelerò i miei pensieri. Deglutisco a fatica, ma resto muta.

«Vi prego, Giulia. Venitemi incontro. Non voglio farvi del male, ma devo ordinarvi di dire la verità. Rilasciate la vostra confessione, come esige la legge.» Ora le sue parole sono come carezze. Le sussurra piano, mentre continua a reggere in mano il libro mastro di mia madre. Tutto ciò che mi è rimasto di lei. Tutto ciò che mi *era* rimasto di lei.

«Non ho niente da dirvi, signor inquisitore.» La mia voce è flebile, ma la testa è alta e la schiena dritta. Non ci saranno altri svenimenti. La forza è tornata a scorrere dentro di me. Rammento chi è, chi rappresenta, chi serve, e mi rianimo. Ma, se pure lui se ne accorge, non lo dà a vedere.

«Ve lo chiedo di nuovo. Non voglio farvi del male. Ho sorvegliato la vostra amica Giovanna dal momento in cui l'abbiamo rilasciata. Sapete perché l'ho liberata, pur essendo certo che il liquido che recava con sé non era altro che il vostro infame veleno?»

Distolgo lo sguardo e continuo a tacere.

«Ve lo dico io. Perché volevo essere certo che foste la donna cui davamo la caccia. Io e i miei armigeri - insieme con altri - vi abbiamo inseguite per mesi, ma non avevamo in mano nessuna prova sostanziale, finché non abbiamo arrestato Giovanna de Grandis. In seguito, l'ho lasciata andare e ho riferito al papa che l'Acqua era in verità manna delle ossa di san Nicola, come volevate farci credere. Intendevo darmi il tempo d'indagare, di comprendere cosa vi spingesse a commettere quei peccati mortali. Volevo che la vostra amica ci conducesse a voi, anche se così facendo ho messo a rischio la vita di altri uomini. Tuttavia, per mesi non sono riuscito a raccogliere ulteriori prove. Suppongo che sia stato perché avevate interrotto lo smercio del veleno, è così? Ci siete sfuggita per lungo tempo, Giulia, fino a questo momento.»

Continuo a tacere.

«Giulia, io vi ho compresa. So cosa vi muove, cosa vi guida. So che vostra madre è morta a Palermo per mano dell'Inquisizione spagnola. So che il suo lascito - e il vostro voto - prevedeva che vendicaste la sua morte. Come lo so? Ci sono arrivato con l'intuito. Vi ho osservata non senza una certa fascinazione. Vi prego di dirmi ciò che sapete, di rivelarmi i nomi delle donne che si sono rivolte a voi, i loro indirizzi, e io vi aiuterò.»

Le sue parole melliflue gocciolano e colano, ma io mi sento leggera come l'aria. Non trapelerà nessuna informazione dalla mia bocca. Non mi lascerò corrompere dai suoi modi gentili. Resisterò per le donne di Roma, serberò i loro segreti - almeno quelli non scritti nel libro mastro - sino alla mia ineluttabile fine.

«Non vi dirò nulla», rispondo.

# 52

Ora Bracchi avanza verso di me con un coltello in mano.

La lama è affilata, aguzza. Il tempo di un respiro e me lo ritrovo di fronte. Il tavolo al centro della stanza è ancora ingombro di pile di pergamene ricoperte di righe su righe di parole e lettere calligrafate in inchiostro nero di galla. Il fuoco continua a crepitare. A un suo movimento sobbalzo, ma presto scopro che si sta solo portando lento e cauto alle mie spalle. Avverto il suo respiro sulla nuca. Mi accarezza appena i capelli con un gesto d'impensata intimità. Mi afferra una ciocca. La tira piano per farmi inarcare il collo. Poi taglia.

Folti ciuffi ricoprono il pavimento a mano a mano che mi recide delicatamente i lunghi capelli e li fa ricadere in una nuvola bionda ai miei piedi. Sospiro e lui mi sfiora il collo e le spalle per togliermeli di dosso mentre continua a tagliare, finché non sento la lama fredda e appuntita venire a contatto con il cranio. Smetto di guardare per terra, immobilizzata e rapita come sono dai gesti con cui quest'uomo mi sta trasformando in una condannata a morte.

Il notaio ha smesso di scrivere. La voce del fiume si è spenta. Rimane solo questo momento, la lenta ablazione dei miei capelli d'oro, il mio tesoro più grande. O forse no, tale primato spetta a mia figlia, che mi verrà recisa come i capelli, tanto che di me non resterà più nulla. Questo pensiero s'insinua nella stanza e vi s'insedia per essere meditato mentre il governatore porta avanti la sua opera. Non ho mai riflettuto prima su quale lascito tramandare, né ho mai pensato di possedere nulla di davvero prezioso. Ma ora si fa strada e si cristallizza la percezione che sia troppo tardi. Di me non resterà altro che i minuziosi verbali del notaio. Nessuna testimonianza della mia vita, eccetto i documenti che decretano la mia condanna. Inizio a piangere, ma non me ne avvedo finché anche l'ultimo capello non viene reciso e resto calva.

Il governatore torna di fronte a me. La sua espressione è cupa. «Sono desolato per quanto sto per fare, Giulia.» Lancia un'occhiata al notaio, che allontana la penna tremante dalla pergamena e smette di annotare questa bislacca conversazione in cui addirittura l'inquisitore si scusa con me. Eppure sembra tutto naturale, come se entrambi fossimo nati per vivere questa tenera scena, come se fossimo la coppia d'innamorati delle recite in piazza.

Non sono in grado di rispondere. Fluttuo in un altrove privo di parole. Ho la mente vacua e il salmastro delle lacrime mi punge il viso.

«Sono desolato», ripete.

Stavolta posa in disparte il coltello. Afferra le stringhe del mio corsetto, tirando scioglie le prime allacciature e poi sfila il nastro. Dacché respiravo, ora ansimo e il cuore prende a martellare veloce. Mi spoglia con una danza lenta. Poche mosse e mi libera dal corsetto. M'invita a sfilarmi le gonne e, reggendomi alla sua mano, lascio cadere la stoffa sul pavimento. Resto in camicia e sostengo il suo sguardo.

Lui mi abbassa piano anche quella, lasciandomi nuda nella stanza. C'è un sospiro nell'aria, forse un lamento o un soffio di desiderio. Il silenzio è interrotto dai passi che Bracchi compie per riprendere il coltello e tornare da me. Percorre le cicatrici che ancora mi solcano la schiena. «State ferma, Giulia, o vi taglierò.»

Mi chiedo cosa intenda, ma poi mi sovviene che quella dei capelli non è l'unica rasatura che gli inquisitori infliggono. Lo osservo inginocchiarsi davanti a me, il volto incollato al mio corpo. So cosa significhi desiderare un uomo. Dopo Francesco, avevo giurato a me stessa di non unirmi a nessun altro, nondimeno negli anni ci sono stati altri amanti. Eppure nessuno mi ha lasciato senza fiato come adesso. La lama è fredda sul mio luogo segreto. Scivola e taglia la peluria che solo un amante può vedere. L'inquisitore si muove piano e sento il suo respiro caldo sulla pelle. Poi la lama gli scivola e io mi contraggo in una smorfia di dolore.

«Scusate», dice, mentre asciuga il sangue.

Guardo in basso e noto che sta usando la sua camicia di lino bianco per tamponare il taglio rosso vivo. Quando smetto di sanguinare, prosegue, stavolta più lentamente. Il mio respiro ridiventa normale e scopro di non provare vergogna a stare nuda di fronte a due uomini che non conosco. Ci trovo una specie di potere, il potere della terra e degli alberi, del mare e dei fiumi in cui batte il cuore del mondo naturale. Sono nata nelle stanze di una cortigiana. Sono cresciuta nell'harem di un palazzo. Non sono una fanciulla timida e timorata di Dio. Sono fatta di sangue e ossa, nervi e cartilagine. Sono cielo e campi, cima dei monti e riva sinuosa. Sono viva, e in questo istante non temo nulla.

Come se lo percepisse, il notaio distoglie lo sguardo, per riportarlo di tanto in tanto su di me quando pensa che non me ne accorga.

«Guardate dove volete», gli dico con voce squillante.

Lui mi getta un'occhiata stupita e di colpo imbarazzata. Mi accorgo di aver marcato una vittoria quando allontana lo sguardo, questa volta in modo definitivo.

L'inquisitore osserva il mio corpo con gli occhi di un innamorato, sebbene mi stia preparando... a cosa di preciso? Ho sentito dire che gli inquisitori denudano le vittime prima della tortura. Rasano il corpo degli afflitti per prepararli al tormento della vite, della corda, delle percosse e della fame. Mi chiedo quale di questi metodi sceglierà. Ma ha davvero poca importanza.

Quando torno nella cella, le mie amate si radunano intorno a me.

Maria sembra essersi ripresa, somiglia maggiormente a quello che era prima. Si arrotola e si stira i capelli, ma almeno adesso è presente, non alienata chissà dove, alle prese con un immaginario re delle fate. Rimane scossa alla vista di me calva, coperta da uno scampolo di iuta e tremante, seppur con i polsi liberi. Gli occhi di Girolama sono abbacinati, immagino per la previsione del cupo destino che attende lei e le altre. Solo Giovanna si avvicina e mi passa un braccio intorno alla spalla. « Cosa ti hanno fatto? » I suoi occhi sgranati mi scrutano il volto, il capo rasato.

Scuoto la testa. « Niente, amica mia. Non mi hanno torturata, anche se hanno lasciato la porta aperta perché vedessi gli strumenti di pena. Non mi hanno fatto nulla eccetto rasarmi e mettermi addosso questo... »

Mi viene da ridere per l'assurdità della situazione. Sollevo il sacco come se fosse un abito pregiato e abbozzo un inchino.

Giovanna e mia figlia si scambiano uno sguardo preoccupato.

« Sto bene, vi assicuro. Non ho perso la ragione, almeno per ora. » Sorrido. Sento il cuore leggero, non lo nego, come se si stesse aprendo una nuova strada e mi accorgessi con sollievo che sia di un tipo che sono felice di percorrere.

« Sta delirando », sussurra Girolama mestamente. « Sedetevi, mamma, riposatevi. »

« Ma che ne è stato di Graziosa? » chiedo, incurante di mia figlia. Vedo la nostra amica agitarsi. È diventata vecchia e ricurva in queste settimane di permanenza in carcere. La paura le ha sottratto qualcosa di vitale, anche se non saprei dire cosa. Gratta per terra in cerca di briciole immaginarie. Sussurra ai topi, alla pietra e ai ragni che deve essere liberata. Posso solo provare compassione per lei ora. Forse si sta dirigendo in un altrove oltre il dolore, oltre il corporeo e, se così fosse, non potrei che essere grata. È la più anziana tra noi. Se a qualcuna potrà essere risparmiata la tortura, spero che la scelta ricada su di lei.

Aleggia un senso costante e palpabile di terrore adesso. Incombono preoccupazioni più terrene. Il secchio dei bisogni è colmo fino all'orlo e devo respirare dalla bocca per non farmi rivoltare lo stomaco dal fetore. E poi c'è lo squittio continuo dei nostri compagni di cella roditori, che amano dimorare nei luoghi luridi e oscuri. In fondo, non siamo poi così dissimili.

« Cosa accadrà adesso? » chiede Giovanna. I capelli le ricadono polverosi e unti sulla schiena. Ha i vestiti lerci, la pelle sozza. Ha perso peso, come le altre, nelle settimane di prigionia. Anche quando abbraccio Girolama, ne tasto le costole.

« Ora che vi hanno catturato, ci interrogheranno tutte », dice mia figlia. « Stavano aspettando solo questo, o così hanno detto. »

Si volta a guardarmi e io non posso fare altro che darle ragione. « Sì, è quello che faranno. »

Segue una pausa, durante la quale si sente un lamento di donna provenire da qualche recesso della prigione.

« Hanno detto che vi uccideranno e che, quando lo avranno fatto, uccideranno anche noi. Hanno detto che il nostro regno del terrore è finito e ora pagheremo per i nostri crimini. Hanno detto che trascineranno i nostri corpi nella polvere... »

Mi sento stringere la gola e non riesco a trovare le parole per rispondere.

Girolama si scioglie dal mio abbraccio. « Avreste dovuto lasciare Roma. Sareste dovuta fuggire lontano da qui. Invece ora farete la fine dell'assassina come tutte noi. Vi sareste dovuta salvare.»

Le afferro il viso fiero tra le mani. «Non vi avrei mai lasciate. Questa è la nostra ora più buia, ma la affronteremo insieme.»

«Allora siete una sciocca, mamma, e avete il cuore troppo grande.»

Ci scambiamo un sorriso amaro.

Posso essere una sciocca. Posso essere molte cose. Ma sono anche una bugiarda. E non ho detto alla mia cerchia ormai dissolta, a mia figlia e alle mie compagne, che l'inquisitore ha il libro mastro. Ho deciso di lasciarle trascorrere la notte, ignare che le prove a nostro carico giacciono sul tavolo dell'inquisitore e ci condanneranno tutte al patibolo.

# 53

## ALESSANDRO

*Mia nobile e amatissima madre,*

*se solo poteste discendere dal cielo stasera, per sedere al mio fianco, vi confiderei un'incredibile vicenda di stregoneria e morte di cui sono venuto a conoscenza.*

*Oggi stesso, infatti, ho infine concesso l'immunità papale a colei che mi ha affidato una confessione della più esecrabile e grottesca natura: la duchessa di Ceri, Anna Maria Aldobrandini, una giovane vedova dall'indole e dalla reputazione assai discutibili. I suoi nobili natali, in quanto pronipote di papa Clemente VIII, l'hanno protetta dallo scandalo dopo la morte improvvisa, e inattesa, del duca e le precipitose nuove nozze con Santinelli. Se il suo casato non fosse stato uno dei più antichi, ricchi e potenti d'Italia, a quest'ora starebbe già languendo nelle prigioni pontificie in compagnia delle sue complici. Dovete sapere, infatti, signora madre, che ci si era interrogati a lungo sulla dipartita del duca, già prima dello scandaloso secondo matrimonio della duchessa. Correvano voci in tutta l'Urbe ch'ella avesse usato un malefico intruglio per disfarsi del marito che tanto disprezzava. Allorché poi è convolata a nozze con il giovane amante, tali voci si sono moltiplicate a tal punto che sono stato costretto a intervenire. Ho aspettato mesi prima di poterla interrogare. Bracchi mi esortava a farlo attraverso la sua Congregazione sul crimine, ma non potevo certo acconsentire: un processo presso il Sant'Uffizio avrebbe suscitato scandalo in tutta la cristianità. Per quanto sia una stolta, e un'assassina, è pur sem-*

*pre una donna potente e protetta. Pertanto mi sono visto costretto ad agire con la massima cautela.*

*Ho avvicinato la famiglia Aldobrandini con estrema cura e circospezione. Naturalmente ho promesso che alla nobildonna non sarebbe stato imputato nessun crimine, se mai ne avesse commesso uno, e abbiamo convenuto che la duchessa mi facesse visita in privato. Così è stato. È giunta al mio cospetto pentita e, a buona ragione, piena di vergogna. Oh, signora madre, avreste dovuto vederla, con il volto coperto dal velo nero, come se in quel modo potesse nascondere la sua colpa! Sfarzosamente vestita, con le dita piene di anelli e il collo carico di perle, ha implorato il mio perdono per quello che stava per confessarmi. Si è prostrata sul pavimento in marmo. Le ho porto la mano perché baciasse l'anello piscatorio e, nel farlo, ha alzato gli occhi per incontrare i miei.*

*Ha tutto per sedurre e incantare i sensi di un uomo mortale. Le iridi grandi e le ciglia folte. I capelli neri e lucenti, il collo bianco e lungo. Le guance di un rosa tenue e le labbra carnose e sensuali. Persino i segni lasciati dal vaiolo non riescono a sminuirne la bellezza. Qualsiasi uomo soccomberebbe al fascino di quella sirena, di quella Dalila infedele, eppure, ai miei occhi, non è che un'ombra di donna che si staglia nel bagliore del vostro sole, della vostra maestà, madre mia. Non potrebbe incantarmi né sedurmi, poiché il mio cuore appartiene alla più grande delle donne, anche se ogni notte ancora mi tormentano le fantasie e i ricordi della giovane dai capelli fluenti e dagli occhi verde mare.*

*Ho lasciato che la duchessa si prostrasse ai miei piedi. Ho lasciato che avvertisse la freddezza del marmo e della mia attenzione. Ma in seguito le ho consentito di alzarsi. Era visibilmente umiliata, eppure esibiva un piglio riprovevole e all'apparenza per nulla scalfito dalle sue intollerabili azioni.*

*Non appena le ho garantito che non sarebbe incorsa in alcuna pena, la verità è sgorgata dalle sue labbra rivelandomi la natura della sua anima degradata. Ha insistito nel volersi liberare del peso della verità. Mi ha riferito di aver confidato le sue afflizioni coniugali al suo confessore. Mi ha detto che il nobile duca non l'affascinava né la soddisfaceva. Che era vecchio, brutto e impotente. Che si è innamorata di Santinelli e, da donna, ha trovato la sua vocazione nell'amare quell'arrivista. E che, stanca del matrimonio con lo stimato duca, infine è ricorsa ai servigi dell'avvelenatrice siciliana. Ma come ha fatto, signora madre? Come ha potuto la più nobile donna dell'Urbe immischiarsi con la più infima?*

*Il confessore in questione era un certo don Antonio. Da tempo mi erano giunte voci su quel prete e le sue pratiche diaboliche. Da tempo avevo ordinato che le sue messe nere fossero tenute accuratamente al riparo da occhi indiscreti. Si sarà sorpreso nell'apprendere che ero a conoscenza delle sue celebrazioni di riti satanici per conto di chi ha abbastanza denaro da poterli richiedere. Naturalmente non posso denunciarlo, poiché i clienti che commissionano messe nere sono sì nobiluomini traviati, ma pur sempre ricchi e potenti, e pertanto meritevoli di protezione.*

*La bella duchessa mi ha riferito che il confessore le aveva assicurato di poterla aiutare a risolvere il suo «problema». La sirena aveva finto titubanza. Si era detta timorosa, ma il prete le aveva assicurato che nessuno avrebbe scoperto il suo crimine e che il marito sarebbe andato incontro a una morte clemente, dopo aver avuto il tempo di garantirsi confessione e assoluzione. Dalle lacrime che sgorgavano dagli occhi della duchessa, benché in parte nascoste dal velo, si sarebbe potuto pensare che fosse afflitta. Dalla sua espressione, dal lamento della sua voce, si sarebbe potuto credere che fosse colma di rimpianto. Eppure, signora madre, non ho intravisto il minimo dispiacere per il duca. Né ho scorto la vera pietà, o la modestia che è virtù tanto apprezzata presso il genere femminile.*

*Mi ha confessato che il prete ha acquistato il veleno dalla Signora della morte, la Siciliana, ma ha aggiunto di non sapere dove vivesse e operasse la donna. Forse l'ho creduta, o forse no. M'importava poco che stesse mentendo. Forse stava proteggendo la Siciliana in virtù di una cospirazione al femminile, ordita da donne piene di bile e risentimento verso gli uomini. Ma Bracchi sapeva dove trovare l'avvelenatrice e i suoi informatori lo hanno condotto da lei. Le sue spie l'avevano seguita, così si è messo sulle tracce di quella strega e ne ha osservato i traffici. Dopodiché ha mandato in avanscoperta una donna, la moglie di un macellaio, che ha confermato il luogo in cui la pozione veniva preparata e gli ingredienti da cui era composta. Così il mosaico è stato ricostruito ed è scattata la trappola. Le nostre leggi prescrivono che siano raccolte prove a sufficienza prima di condannare i criminali e gli eretici. In fondo non siamo in Spagna. Senza un equo processo non li giustiziamo né li bruciamo sul rogo, fomentando le fiamme ai loro piedi.*

*Chiedo perdono, signora madre, ma sono scosso da forti emozioni. Ho perduto un amico, un cardinale, per colpa di quel maleficio e, sebbene i dottori mi abbiano assicurato che sia morto di vecchiaia, in cuor mio so qual è la verità.*

*Agitandosi, tormentando il vestito di seta, contorcendo le mani mentre si confessava a me, il tramite di Dio onnipotente, Anna Maria Aldobrandini ha confermato ogni sospetto del governatore Bracchi. Ha riferito che il prete le ha consegnato una fiaschetta di quel veleno trasparente e inodore durante la confessione. Dopodiché è stato gioco facile per lei somministrare l'Acqua nel cibo del duca, di nascosto dai famigli che lo assaggiavano prima di ogni pasto.*

*La duchessa, infatti, era bene al corrente delle dinamiche domestiche e perfettamente in grado d'individuare il momento migliore per versare l'intruglio nel vino del marito. Ha dato istruzioni alla sua fantesca Lucia, la quale ne ha aggiunto un paio di gocce nel bicchiere del duca una sera, durante una cena intima tra i due; e naturalmente pagherà per questo. La duchessa ha specificato che la dose è stata sufficiente a procurargli la febbre e i primi accessi di vomito. Poi, quando le condizioni si sono aggravate, si è opposta alle visite dei dottori. E, mentre fingeva di accudire il marito come ogni donna virtuosa che si rispetti, gli ha somministrato le due ultime dosi fatali. Tanto che il duca è spirato di lì a una settimana.*

*Gli Aldobrandini mi hanno pregato di salvaguardare il nome della duchessa. Per mesi ho lasciato che mi supplicassero di salvarla dallo scandalo e dalla punizione, che m'implorassero persino e, quando ho ritenuto che il tempo trascorso fosse sufficiente, ho acconsentito alla loro richiesta, a condizione che la loro figlia di rango e fortuna prendesse i voti. Or bene, quella donna, che ha assassinato il marito a sangue freddo, una volta liberata dai vincoli del secondo matrimonio resterà a piede libero ed espierà le sue colpe per il resto della sua vita tra le ali della Chiesa. È un epilogo appropriato e dignitoso per questo scandalo che avrebbe gettato nello scompiglio tutta Roma.*

*Al termine della confessione, la duchessa si è asciugata le lacrime. Io l'ho ringraziata e solo allora l'ho informata del suo destino, del futuro che ho deciso per lei con il beneplacito della sua famiglia. È rimasta in silenzio per un istante, poi si è alzata, ha fatto un inchino e si è allontanata in fretta. Teneva la testa alta, signora madre, diversamente da qualunque donna umiliata e piena di vergogna. E si è guardata bene dal rivolgermi il minimo ringraziamento per averla risparmiata.*

*Stasera, mentre termino di scrivere questa lunga lettera, di tamponarne l'inchiostro e di riporla con cura nello scrigno che custodisce le missive che vi indirizzo, signora madre, tengo accostato al viso un vostro fazzoletto per annusarlo. Sono consapevole che il tempo ha cancellato ormai ogni traccia, ma confido sempre di poter tornare a respirare il vostro profumo. Lo porrò sopra il cuscino e sarà come avervi accanto.*

*Il vostro umile e obbediente servo,*

SUA SANTITÀ ALESSANDRO VII

# 54

## GIULIA

Pare che in pochi resistano a lungo al supplizio della strappata.

Causa del tormento è il peso stesso del condannato, che viene legato con le mani dietro la schiena e issato tramite funi avvolte intorno ai polsi, fino a quando le braccia non fuoriescono dalle giunture. È a questa sopraffina tortura che è stata sottoposta Giovanna.

E ora la mia amica adorata giace sulla paglia con le braccia esanimi e ferme, poiché il minimo movimento le procura spasmi e lamenti. Le accarezzo la fronte ancora insanguinata dopo la rasatura e il furore m'infiamma le vene come lava dell'Etna, senza che io possa farci niente. Alla fine Bracchi si è rivelato per quello che è: non già l'inquisitore magnanimo e riluttante che appariva al mio cospetto, bensì un attore al centro di questo dramma, l'antagonista che si cela dietro le quinte e aspetta l'ultimo istante per balzare fuori, grondante di malvagità e sventura.

Giovanna geme. Ogni respiro le provoca un'agonia che non posso alleviare, tuttavia è riuscita faticosamente a parlare. Mi ha detto che Bracchi è al corrente di tutto. Sa della duchessa. Sa di don Antonio. Conosce tutti i nostri segreti. Solo che la legge gli impone di apprenderli dalle nostre labbra. Ecco allora che il silenzio è il mio unico potere, adesso, il mio unico rifugio dal terrore. Servirà solo a ostacolare la giustizia, non a salvare le donne della mia cerchia, dal momento che gli inquisitori, grazie al libro mastro, riusciranno a estorcere loro l'agognata confessione. Ciò nondimeno, io non parlerò. Giammai avranno la meglio su di me.

Mi sembra di vederlo davanti agli occhi, il notaio, intento a trascrivere ogni parola di senso compiuto che sarà riuscito a cogliere tra le grida strazianti di Giovanna. Avrà annotato anche il dolore? Avrà descritto anche le urla nelle pagine del suo verbale?

«Gli ho detto che abbiamo comprato l'arsenico per realizzare cosmetici, creme sbiancanti per il viso...» Giovanna tossisce e tronca la frase, sfinita da quelle poche parole.

«Sstt. Risparmia le forze per resistere a tutto questo, amica mia», dico a labbra fredde, consapevole del prezzo delle sue bugie. «È un mostro. Bracchi è un demonio. Lo ucciderei con le mie mani per averti ridotto così.» Tremo di rabbia, mentre pronuncio queste parole. «Dovevo essere torturata io al posto tuo. Sono io la responsabile. L'Acqua è opera mia. Era me che dovevano punire.»

Mi viene in mente che forse è proprio me che hanno punito. Forse Bracchi mi conosce bene come dice, ha letto nel mio cuore e compreso che avrei preferito mille volte affrontare la tortura piuttosto che veder soffrire le mie donne. È scaltro più di quanto immaginassi. Ho sottovalutato il Sant'Uffizio dell'Inquisizione.

Giovanna si volta a guardarmi. «Non è opera tua.» Anche lei mi legge nel pensiero e le lacrime le inondano il viso.

«Invece sì! Sono stata io a insegnarvi la ricetta. Sono stata io a dirvi che non ci avrebbero catturate perché le clienti avrebbero tenuto la bocca chiusa! Sono stata io a mostrarvi come si prepara l'Acqua. È solo colpa mia. Non te l'ho mai chiesto, Giovanna. Perché mi hai seguita in questa impresa? Perché sei venuta a Roma con me? Saresti potuta restare a Napoli a fare la levatrice e condurre una vita dignitosa.»

«Ho deciso di restare con te quando sei partita perché tu e Girolama eravate la mia famiglia», dice rauca Giovanna. «Quanto al veleno... ero stanca di assistere al continuo scempio di donne sottomesse e bambini affamati. Ero stanca di sforzarmi invano di prestare aiuto. Non è stato un salto nel vuoto entrare nel tuo mondo, apprendere la tua arte. Conoscevo già le erbe medicinali, e imparare a confezionare l'Acqua è stata una conseguenza naturale. Inoltre sapevo cosa significava essere tradita da un uomo, vedere infrangersi il cuore e le speranze. A diciannove anni avevo già avuto tre mariti e l'unico che avevo scelto mi aveva delusa, tradita e derubata di ogni mio avere. L'Acqua è stata un balsamo anche per me... »

Giovanna respira a fatica. Ha il volto trasfigurato dal dolore, le braccia che pendono molli dalle spalle sul pavimento di terra battuta. Non oso toccarle né tentare di ricomporle. Mi limito a seguire piano il solco di una lacrima lungo il volto pallido della mia amica. Appare bella ai miei occhi, sebbene abbia le iridi opache, il capo calvo e il corpo livido e martoriato. « Sstt, amore mio, non parlare. Risparmia le forze. Non sappiamo cos'altro ci aspetta. »

« Non sentirti in colpa, Giulia. Non ero mai stata libera di camminare sulle mie gambe, finché non ti ho incontrata, capisci? Sapevo cosa stavo facendo e, come te, non ho nessun rimorso, se non quello di aver dato false speranze alle donne che abbiamo soccorso. Abbiamo detto loro che un mondo migliore era possibile. Le abbiamo aiutate a uccidere i loro mariti o amanti perché potessero trovare la libertà che tanto agognavano. Ma illuderle è stato il più crudele degli atti, poiché non esiste libertà per le donne. Noi lottiamo per la dignità, invochiamo rispetto... ma nessuno ci ascolta. »

Guardo la mia amica riappoggiare la testa sul pavimento, esausta.

Girolama, che si è acquattata vicino a noi, rompe il silenzio. « Quando la marchesa saprà che ci hanno catturato, gliela farà pagare. »

« La marchesa? » Sulle prime non capisco a chi si riferisca, ma poi tutto mi appare chiaro. « Oh, intendi i tuoi amici nobili. Puoi dire loro addio! Non salveranno né te né noi.

Non ha amici chi è rinchiuso nelle prigioni dell'Inquisizione. » Mi tornano alla mente le parole che mi riferì tanti anni fa Valentina e il cuore mi sobbalza nel petto. S'indurisce.

« Sì, invece! Non appena sapranno cosa è successo, verranno in nostro aiuto! Ho avvertito i carcerieri di guardarsi le spalle. »

« E loro cos'hanno detto? »

A questa domanda, mia figlia abbassa lo sguardo ardente. « Hanno riso. Sono stupidi e pagheranno per tutti i maltrattamenti. Quando verrà Paolo... » S'interrompe, come se finalmente avesse iniziato ad ascoltarsi.

« Amore mio... »

« Non dite niente, per favore. » Si alza, si avvicina alla parete con il volto colmo d'angoscia. « Verranno a prenderci », dice poi, ma la sua voce vacilla.

Alzo lo sguardo verso l'angolo dove Graziosa raschiava nel lerciume. L'hanno prelevata stamattina e non è ancora tornata dall'interrogatorio. « Dobbiamo pregare che la nostra amica sia ancora viva o che, in caso contrario, sia approdata in un posto migliore di questo. »

Girolama mi rivolge un'occhiata interdetta di fronte al mio malcelato auspicio che Graziosa sia morta. Questa prigione scuote gli animi come, d'inverno, l'acqua del fiume i sassi. Smuove ogni infelicità e paura trattenute dentro. È molto più di una scena teatrale. È un personaggio. È il mondo intero. Un mostro marino che ci stritola tra i suoi tentacoli e ci trascina nel fondo degli abissi.

Al crepuscolo; Graziosa ricompare, riportata nella cella da due carcerieri che grugniscono e imprecano mentre la scaraventano per terra. Io, Girolama e Maria accorriamo verso ciò che rimane di lei: un mucchio di membra rotte e spezzate.

« L'hanno torturata. » La voce di Girolama riflette l'orrore che provo.

Graziosa respira a stento; muove appena le palpebre prima di chiuderle. È in fin di vita.

« Forse non sta soffrendo. Non è più in grado di sentire dolore. Che Dio abbia pietà della sua anima », dice mia figlia, seppur miscredente.

« Hanno fatto questo a una donna anziana e indifesa per avvertirci », intervengo. « Ci stanno inviando un messaggio. Ci stanno mostrando cosa ci faranno se non parliamo, e anche se lo faremo. »

Attraverso le grate del finestrino in cima a una parete della cella, filtrano gli ultimi bagliori del sole e il trambusto del fiume: gli strilli dei barcaioli, le imprecazioni dei passeggeri, lo sciabordio dell'acqua contro la pietra spessa degli argini.

# 55

L'indomani tocca di nuovo a me.

« Potete farmi tutto quello che volete, tanto non confesso », dico con il tono che si userebbe in uno scambio tra conoscenti al mercato o in taverna. « Rompetemi ogni osso del corpo. Strappatemi ogni unghia delle dita. Spogliatemi, picchiatemi, frustatemi pure, se volete, ma non vi dirò mai quello che mi chiedete. Piuttosto morirò. »

Incontro lo sguardo di Bracchi e lui, sfiorato dal rossore, ha la decenza di voltarsi dall'altro lato. Ha una presenza che non riesco a trovare respingente, benché l'idea delle torture che ha inflitto alle mie compagne m'induca a disprezzarlo. In qualche modo, forse per un'eco del mio vecchio intuito, avverto la sua umanità. È interessato a noi. Avrebbe potuto ucciderci molto tempo addietro, se avesse voluto, eppure non lo ha fatto.

« Perché non ci avete arrestate mesi o anni fa, quando le vostre spie ci hanno individuato? Presumo che il moccioso, lo scugnizzo, fosse un vostro inviato. E io sono stata così stupida da aiutarlo. E poi la donna che mi ha avvicinata quando il corpo del duca è stato esposto. Ho riconosciuto il tanfo dell'urina che usano le lavandaie per sbiancare i panni. Anche lei mi aveva seguita, non è così? »

Il tono è ancora una volta quello di una conversazione tra conoscenti, non di un interrogatorio.

Bracchi sorride, scoprendo la dentatura candida in contrasto con la pelle olivastra. « So di voi – o almeno del vostro veleno – da molto tempo, Giulia Siciliana, lo ammetto. La peste ha coperto i vostri traffici, ma non del tutto. Nei confessionali, le donne hanno cominciato a parlare di un liquido in grado di uccidere una persona con sole quattro gocce. I dottori mi hanno riferito di strani decessi di uomini, e uomini soltanto, che avevano un aspetto vitale e radioso, pur giacendo sulla lastra di marmo di un obitorio. È stato allora che ho capito che avevamo un nuovo nemico tra noi, che agiva in modo rapido e furtivo, senza lasciare tracce. Per mesi abbiamo cercato invano questo misterioso omicida e avvelenatore. Finché le mie spie non hanno fiutato la pista.

«Sospettavo che aveste avuto un ruolo nella morte del duca di Ceri, ma non avevo in mano nessuna prova, eccetto la fiaschetta di Acqua della levatrice de Grandis. Così come presentivo che aveste avuto a che fare con la morte del cardinal Maretti. Ma, quando i miei armigeri sono andati per interrogare la prostituta che si fa chiamare Celeste de Luna, hanno scoperto che era svanita nel nulla. Si era dileguata, portando con sé i suoi segreti.»

«Che cosa c'entro io con tutto questo?»

Mi lancia un'occhiata e prosegue come se il mio non fosse stato altro che un piacevole interludio.

«Sempre più preti continuavano a riferirmi di donne che si procuravano il veleno. Sempre più dottori mi scrivevano di strani decessi di uomini che apparivano più in salute di quanto non fossero stati in vita. E io sapevo che, se avessimo trovato voi, saremmo arrivati a capo della vicenda.

«Quando il papa ha messo i suoi informatori alle vostre calcagna, il vento è mutato in nostro favore. D'un tratto le vostre fedeli clienti, Giulia, hanno cessato di essere tali. Naturalmente ci avete condotto da molte di loro, che prima o poi arresteremo, ma ammetto di aver voluto vedere fino a che punto vi sareste spinta, quale limite eravate disposta a superare. Ero il gatto astuto, acquattato in attesa del momento giusto, e voi il topo in cerca di una via di scampo...»

Bracchi s'interrompe per prendere fiato.

La mia testa inizia a girare.

«Forse avrei dovuto agire prima, ma ammetto che osservarvi mi dilettava. Siete diversa da ogni altra donna che ho conosciuto, Giulia.»

Mi volto a guardarlo.

Siamo nella stanza dell'altra volta. Ora il camino è spento, ma la porta è di nuovo aperta, così da lasciarmi libera la visuale sulla corda, sulla carrucola e su molto altro in cui potrei incorrere. Il tavolo è ingombro di carte. Il notaio continua a verbalizzare. Il mio libro mastro giace dispiegato e in bella vista su una pagina coperta di annotazioni che non riesco a decifrare, ma riconosco come scritte di mio pugno. Devo strizzare gli occhi poiché qui, nel retro della prigione, seppur soffusa, la luce è abbagliante in confronto al buio delle celle.

«Perché lo avete fatto?»

Ecco che finalmente le parole si dipanano. Sono colta da una sensazione nuova, come se nulla di tutto ciò stesse accadendo davvero. Forse di nuovo a causa del contrasto tra il calore luminoso della stanza e la fredda oscurità delle segrete.

Se solo potessi, direi che è stata una scelta di libertà, ma equivarrebbe a confessare, perciò mi taccio.

Lui solleva un sopracciglio.

È in piedi, con la schiena appoggiata contro il tavolo e io gli sto di fronte. Basterebbe un passo e potrei avvertire il suo respiro sulla pelle; appena un passo, e potrei toccarlo. Il notaio tossisce. La penna d'oca sfrega sul foglio, poi, terminata la trascrizione, torna il silenzio.

Cosa accadrà adesso?

Mi porterà nella stanza dei tormenti o chiederà ad altri di farlo al suo posto? Come si è comportato con Giovanna e Graziosa? È disposto a sporcarsi le mani o preferisce delegare?

Bracchi si passa le dita tra i folti capelli neri. Ha l'aria indecisa, tormentata, e ne intuisco la causa. Deve interrogarmi, o chiedere ai suoi ufficiali di farmi confessare, ma non riesce ad agire. Forse vede in me una donna, prima che una strega. Non posso esserne certa, perché non parla, tuttavia la interpreto come una piccola vittoria. Solo non so quanto duratura.

« Siete una donna intelligente. Sapete bene che non potevate sperare di continuare per sempre il vostro commercio. Vostra madre è stata condannata a morte con l'accusa di essere una strega e un'avvelenatrice. Per aver ucciso il suo stesso marito con quell'intruglio. Quanto dovevate essere disperata per scegliere di seguire le sue orme? »

D'un tratto l'inquisitore si riscuote e per un istante temo che stia per colpirmi. Invece, gira intorno al tavolo e aggancia lo schienale della sedia.

Mi appare davanti agli occhi il volto di mia madre. Poi la vedo in ginocchio davanti al boia; le enormi mani rossastre intorno al suo collo esile.

Mi sento stordita. Granelli di pulviscolo volteggiano nel tratto d'aria che ci separa.

« Non confesserò, signor inquisitore. Sono tanti i motivi per cui una donna commette gli atti di cui mi accusate, ma non ho alcuna intenzione di riferirveli. I miei segreti rimarranno con me. Non spetta a voi scoprirli. »

Gli lancio uno sguardo di sfida.

Lui batte le palpebre, poi sospira. E io capisco che è arrivata l'ora.

Allunga lo sguardo verso la porta alle mie spalle e ordina: « Fatela entrare ».

# 56

Sulle prime non la riconosco, ma poi quella smorfia la svela ai miei occhi come la moglie del macellaio. Fa il suo ingresso nella stanza, all'apparenza per nulla turbata di dover comparire davanti al Sant'Uffizio dell'Inquisizione.

«Presumo vi conosciate.» È una domanda senza interrogativo.

Mi volto a osservarla. Mi appare stanca, seppur animata da un certo entusiasmo. Poi distolgo lo sguardo. «Non conosco questa donna.»

«Sta mentendo. Lei è la strega che chiamano la Signora della morte, madre della fattucchiera Girolama. È colei che dispensa l'Acqua.»

Torno a guardarla e noto un bagliore nel suo sguardo. «Madonna, vi sbagliate.» La testa pulsa. L'arsura quasi m'impedisce di deglutire.

«Mente spudoratamente!» insiste la donna, di cui ancora mi sfugge il nome. «L'ho vista tante volte a messa, nella chiesa di Santa Maria sopra Minerva. Le amiche mi dicevano di non avvicinarmi perché è una strega e un'avvelenatrice! L'ho vista consegnare la sua pozione malefica a un mucchio di donne. Io non ho abboccato, ma ha cercato di venderla anche a me. Solo che ero troppo spaventata per dirlo.»

Guardo l'inquisitore. Sa bene che è tutto annotato nel libro mastro, sebbene costei non sia citata per nome. Sa altresì che la donna sta mentendo, e spera che io lo aiuti a condannarla ammettendo di averle consegnato il veleno. Ma non lo farò. Non ho passato la vita a proteggere le donne che si sono rivolte a me, seppur sgradevoli, per tradirle, giunta a questo punto. Non parlerò. Neanche quando m'infileranno il cappio al collo. « Non ho niente da dire riguardo a questa donna. Non l'ho mai vista prima. »

Mi chiedo che cosa ci guadagni la moglie del macellaio a denunciarmi. Spera forse che così facendo si mostreranno più clementi nei suoi confronti? Non lo so e non m'importa. La stanchezza, la paura e la fame mi hanno svuotata, consumata dentro come un albero morente.

L'inquisitore riprende a parlare con voce languida, fiduciosa, profondamente calma. « Eppure la donna che ci sta di fronte, e che voi negate di conoscere, sapeva dove tenevate il veleno. È stata in grado di dirci dov'era nascosta la chiave del vostro stipo segreto e cosa vi tenevate nascosto. Nonché di condurci alle fiaschette di Acqua. Come potete negare di conoscerla? »

A quanto pare, la visione non mi aveva ingannata. Ora so perché si era manifestata, durante l'incontro con quella donna. Quando Giovanna è stata arrestata la prima volta, Bracchi, entrato in possesso della pozione, avrebbe potuto sospettare che fosse il veleno che stava cercando, ma non aveva modo di ricollegarlo a me, a noi. Il collegamento lo ha fornito la moglie del macellaio. È stata lei a condurre gli inquisitori alla spezieria, al mio rifugio e, così facendo, a recidere i vincoli della sorellanza. Ha tradito noi tutte, e la visione mi aveva messo in guardia per tempo.

Scuoto la testa, benché ora sia tutto chiaro. Benché ora sappia come sono andate le cose. Ho persino ignorato la visione pur di aiutarla, eppure non provo risentimento nei suoi confronti. Non provo il desiderio di denunciarla e raccontare la verità. Ci basta essere state catturate. Chi può salvarsi, che lo faccia, sia egli colpevole o no.

« Non dirò niente, signor inquisitore. » Risollevo lo sguardo verso il suo.

La bisbetica torna a parlare, ignara di questo balletto tra noi. « Ero una moglie rispettabile e ora sono una vedova addolorata. Lui era un uomo virtuoso, un bravo marito, che mi trattava con i guanti. Non avevo niente di cui lamentarmi, perciò non avevo motivo di ricorrere ai servigi di questa donna.»

Piovono menzogne dalle sue labbra. Ha ucciso il marito e ha distribuito il mio veleno alle sue sorelle perché facessero lo stesso. E adesso sembra un fiume in piena.

«Ho avuto molte proposte di matrimonio da quando mi ha lasciato, ma l'afflizione per la perdita m'impedisce di risposarmi così presto.»

Sembra soddisfatta, persino compiaciuta della propria recita. Mi ricorda Colombina quando ridacchia nascondendosi dietro una mano dopo aver sciorinato bugie.

Guardo il governatore, come per dirgli: *Ascoltate, sappiamo entrambi perché siamo qui. Voi vorreste che concludessi la scena con una confessione, per ottenere un finale coinvolgente e drammatico. Vorreste che questa donna fosse trascinata in prigione insieme con me e le mie compagne. Ebbene, signor inquisitore, sappiate che non vi accontenterò. Da me otterrete soltanto bugie che potrete trascrivere agli atti, ma rimarranno pur sempre bugie.*

Assaporo l'intesa tra noi. Lui vede nella mia mente e io comincio a vedere nella sua. Non gli resta che congedare questa bugiarda, e la prigione stanotte avrà una detenuta in meno.

Bracchi sospira, inarca le sopracciglia, si strofina il mento. Quindi chiama una guardia e fa condurre via la donna, che mi lancia un'occhiata affilata, mentre esce di scena borbottando.

Ma l'inquisitore non ha finito con me. Sento che il culmine del dramma si sta avvicinando. Che il sipario sta per calare. Batte le mani e un uomo entra a passi pesanti. Regge tra le braccia un grosso cane morto che deve essere spirato da giorni, perché ne avverto già l'odore di putrefazione.

Come se fosse il finale, Bracchi prende una caraffina, che riconosco come una delle mie per l'immagine del santo e per il contenuto incolore, benché sia ormai vuota. Dev'essere quella che hanno confiscato a Giovanna prima del suo rilascio, o quella che le hanno sottratto quando l'hanno presa in trappola. O ancora, una che hanno trovato nel mio stipo. Ancora una volta m'interessano poco i dettagli della vicenda. Bracchi la teneva nascosta dietro le pile di documenti. Le sue interminabili cataste di confessioni, prove, vite da recidere per volontà del pontefice.

«Sapete di cosa si tratta, perciò non sprecherò tempo a spiegarvi altro, se non che l'abbiamo trovata addosso a una donna di nome Giovanna de Grandis, quando l'abbiamo attirata nella villa di una nobildonna per arrestarla, dopo averla colta nell'atto di consegnarla.»

E così ha aspettato di far scattare la trappola, prima di esaminare il veleno. Davvero improvvido da parte sua, ma, di nuovo, un dettaglio irrilevante ai miei occhi, se non per il fatto che quell'esitazione ci ha concesso del tempo in più e ci ha probabilmente tenute in vita più a lungo di quanto non m'importi ricordare.

«De Grandis ci ha detto che serviva a curare i rossori. A schiarire l'incarnato. Ma io non le ho creduto. Ne abbiamo somministrate diverse gocce a questo cane, mescolate alla carne del pasto, e lo abbiamo rinchiuso in una delle celle per la durata dell'esperimento. L'indomani l'animale respirava a fatica e aveva rimesso il cibo. Così, gli abbiamo servito un'altra ciotola di carne con una maggiore dose di veleno e, a ogni ispezione, l'animale appariva in preda a un'agonia sempre più atroce. L'ultima volta, ho aperto io stesso la porta della cella e l'ho trovato stecchito, accanto alla ciotola ancora piena. A riprova che la vostra Acqua è mortifera. A riprova che la vostra pozione è letale tanto agli animali quanto agli uomini. Che cosa avete da dire a vostra discolpa?»

Distolgo a fatica lo sguardo dalla creatura morta, con il cuore gonfio di dolore per i tormenti che ha dovuto patire. Ma non cambio intendimento.

«Non ho nulla da dire, signor inquisitore.»

## 57

## ALESSANDRO

*Mia nobile e amatissima madre,*

*l'*interrogatio *ha preso avvio.*

*La rete è stata gettata, le prede sono state catturate e, seppur recalcitranti, sono state finalmente tratte davanti alla giustizia divina. C'è letizia in questo giorno, un principio di vittoria. Sebbene si agitino e si dimenino, le avvelenatrici e le loro clienti stanno cominciando a parlare. Le prove vengono allo scoperto. L'ora del giudizio si avvicina.*

M'interrompo e poso brevemente la penna. Inspiro l'aria di Roma come se mi appartenesse per intero.

*Oggi andrò alla prigione per posare gli occhi sulle streghe che hanno terrorizzato Roma e ascoltare la loro confessione. Mi presenterò sotto mentite spoglie. Le osserverò come un uomo osserva la malvagità femminile. E mi rallegrerò per l'opera del Creatore.*

*Signora madre, tornerò a scrivervi più tardi, dopo che, come Daniele, sarò entrato nella fossa dei leoni. Aspetto che l'angelo di Dio chiuda le fauci delle belve e porti la protezione divina su tutti noi.*

È il tanfo della prigione ad attirare per primo la mia attenzione. Deiezioni, sangue, sudore; un'abominevole miscela di miasmi ammorbanti che mi costringe ad accostare un fazzoletto di seta alle narici, per proteggerle dal fetore. Poi giunge la vista dei detenuti che, dietro le sbarre delle celle, si dimenano con guaiti e latrati bestiali come diavoli tra le fiamme dell'inferno. L'aria è acre, e i loro pianti e gemiti echeggiano per i corridoi.

«State indietro, Santo Padre», dice il governatore Bracchi, che mi precede ad ampie falcate ed è costretto a fermarsi e aspettare, mentre arranco a tentoni sul pavimento scivoloso, trascinando nel lerciume un mantello che non mi appartiene.

Infine, raggiungiamo la tana dei mostri, la cella in cui sono rinchiuse le streghe. Ci sono guardie fuori delle porte e grate alle finestre, ma mi chiedo se bastino ad arginare il loro potere malefico.

Come se mi avesse letto nel pensiero, Bracchi dice: «Non c'è possibilità di fuga, né per una donna comune né per una che faccia uso di magia. Non esiste via d'uscita eccetto questa porta, che è presidiata giorno e notte. Siete ancora intenzionato a recarvi da loro, Santo Padre?»

Mi scruta come se percepisse il senso di terrore che mi ha pervaso in modo così intenso e profondo che per poco non mi volto e fuggo via. Ma sono il rappresentante di Dio sulla terra. Devo farmi coraggio e proseguire.

«Santo Padre?»

«Certo, conducetemi da loro.» Le parole si strozzano in gola. Mi ricopro con il mantello che nasconde il mio abito e, con esso, il mio ruolo e la mia posizione. Non sono preoccupato che mi riconoscano. Devo apparire minuscolo, in lontananza, alla folla che ogni domenica si raccoglie sotto la finestra del Palazzo apostolico. Senza le insegne papali - le vesti liturgiche, la papalina e la croce - sono spogliato di ogni sacralità. Un uomo come tutti gli altri.

Bracchi apre la porta della cella. Una donna giace sulla paglia con la bocca aperta e gli occhi vitrei, tanto da sembrare morta. Un'altra le sta accanto, appoggiata al muro di pietra che trasuda umidità. Respira, ma ha il volto cristallizzato in un'espressione di dolore. La stessa che ho colto sul volto di mia madre, quando era prossima alla morte.

Mentre mi domando come possa Bracchi tollerare la vicinanza con coloro che interroga, si leva uno strepito da un angolo e avvisto una strana creatura, senza dubbio una messaggera del diavolo, che balbetta e si agita, tirandosi i capelli che porta decorati con conchiglie e altri strani ornamenti. Indietreggio, colto dalla repulsione, e un topo mi sguscia tra le gambe.

In piedi, ci sono due donne. Una è calva, l'altra porta una lunga chioma nera. Per un istante restano immobili, mentre ansimo per la pesantezza del mantello e la paura che mi attanaglia, dal momento che mai prima d'ora sono stato così prossimo al maligno. Mai così vicino alle grinfie del demonio. Poi, la donna dai capelli neri sputa sulla paglia immonda e l'altra si volta.

Anche se ha i capelli a chiazze e il cranio macchiato di sangue rappreso, la riconoscerei ovunque.

È lei.

È la donna che mi ha guardato dalla piazza antistante la basilica. Benché tutto qui sia buio e sordido, il colore dei suoi occhi spicca sul suo volto. È uguale a quello del Tirreno. Verde e chiaro come l'acqua di mare.

Il coraggio mi abbandona e inciampo all'indietro.

Quante notti sono stato tormentato dal pensiero di lei, dal pensiero empio e lussurioso di questa donna, dei capelli che le incorniciavano il viso, degli occhi che ora mi fissano. Sono stato stregato. Sono stato sedotto e usato da una megera. La cella prende a ruotare tutt'intorno mentre mi ritraggo.

Vedo il governatore Bracchi voltarsi verso di me.

Mi prende per un braccio, fa segno a un altro ufficiale di imitarlo, e insieme mi allontanano da quel covo di peccato. Forse in preda al delirio, mi sento urlare.

«Il Santo Padre sta male. Chiamate un medico!» ordina l'inquisitore.

# 58

## GIULIA

L'uomo avvolto nel mantello nero aveva un'aria familiare.

È giunto accompagnato da Bracchi. A sua detta, era un cappellano venuto a raccogliere la nostra confessione. Il volto magro e spigoloso, i baffi sottili, il pizzo curato erano visibili nell'oscurità della cella. I nostri sguardi si sono incontrati e mi è parso qualcuno di conosciuto. Forse un nemico.

Il ronzio mi ha investito con forza, come la puntura di mille api, e mi ha trapassato la testa, sebbene non fossi certa di averlo già incontrato. Lui si è ritratto, vinto dallo squallore, ma non solo da quello. Gliel'ho letto negli occhi, anche se si è fermato nella cella per pochi secondi. Ho visto un uomo che era salito in alto. Ho visto un'aquila fendere l'aria, battere le ali e puntare gli artigli per arraffare una preda da un campo. Ma chi era l'aquila e chi la preda?

Quando è crollato, ha sollevato la mano e gli ho visto l'anello. Un anello d'oro fin troppo prezioso per qualsivoglia membro del clero, che recava lo stemma, a me noto, dei sei colli sormontati da una stella.

Mi sono voltata indietro, quando Bracchi e l'ecclesiastico se ne sono andati, poiché ero certa di quello che sarebbe successo. Lo avevo annusato nell'aria. Avevo sentito le penne in fondo alle mie ali piegarsi e poi distendersi per farmi prendere il volo. Sapevo chi era quell'uomo. Dopotutto, i tarocchi mi avevano avvertita. Avevano predetto la sua venuta.

# 59

## ALESSANDRO

*Signora madre,*

*non riesco a mangiare, non riesco a dormire, sono tormentato dal più crudele dei terrori. Quando cerco di riposare, mi appare il vostro volto; o forse è il suo? I vostri occhi, in realtà ora i suoi, mi fissano dallo specchio.*

*Quella donna sfida la mia autorità e quella della Chiesa e dello Stato. Non parlerà. Ogni giorno che rimane viva e si rifiuta di confessare è un altro giorno in cui quella strega infesta la terra, spargendovi un terrore mortale. Bracchi insiste nel voler proseguire, questa volta con i metodi che ha già applicato al resto della cerchia, ma io gli ho ordinato di procedere con l'esecuzione. L'incantesimo deve essere spezzato. La sua morte è l'unico modo per liberarmi.*

*Il Signore mi dia la forza di agire da papa, poiché da uomo non ne sarei capace. Lei mi ha sottratto l'ardimento e la ragione. Ha usato la stregoneria e la magia sulla mia persona. Altrimenti perché patirei tanta pena? Perché proverei un desiderio così bruciante?*

*Il governatore è venuto da me dopo che i medici hanno accertato che fossi integro nel corpo e nello spirito e che fosse stata l'aria malsana della prigione a causare il collasso. Li ho congedati con un gesto della mano e mi sono rivolto all'uomo incaricato di applicare la legge divina. E questo è ciò che mi ha detto.*

*« Giulia Siciliana si rifiuta di parlare. È volontà del Santo Padre che io proceda con metodi più persuasivi? » Bracchi ha vacillato, ho avvertito la sua titubanza. « Abbiamo le confes-*

*sioni di tre di loro: Maria Spinola, Graziosa Farina e Giovanna de Grandis. Abbiamo prove a sufficienza per impiccarle ma, visto che la Siciliana non parla, interrogheremo come prossima imputata sua figlia.» Bracchi mi ha detto tutto questo prostrato ai miei piedi, a capo chino perché non potessi scorgere la sua espressione. « Santo Padre, il diritto romano ci impedisce di eseguire una condanna a morte in assenza di una confessione, a meno che non si deroghi... »*

*Ho annuito. Conosco bene le nostre leggi e so di poterle aggirare tramite un decreto papale. Mi sono alzato, mi sono avvicinato alla finestra e ho guardato i colli di Roma, le basiliche, le campane, i tetti di tegole e gli alberi, il Tevere scintillante che appare e scompare.*

*Sapevo di non poter imporre a Bracchi di smembrare quella donna con i suoi strumenti di tortura. A lungo le ho dato la caccia. Ho pregustato questo momento, la cattura, il processo, con malcelato entusiasmo. E, ora che lei è qui, scopro di non avere il coraggio di agire. Vorrei che fosse uccisa e in fretta. Invece questa debolezza mi coglie di sorpresa. Se ci foste voi accanto a me, signora madre, non esitereste a ordinare che sia indotta a parlare. Eravate una donna di una fede e di una virtù che non venivano scalfite dai semplici impulsi umani. Ma, ahimè, voi non siete qui, né mai potrò riavervi al mio fianco. Perciò mi trovo solo a dover decidere la prossima mossa.*

*Se solo potessi scappare, raggiungere le sponde del fiume, riempirmi le tasche di sassi. Ogni passo nell'acqua mi avvicinerebbe a voi. Ogni passo nel fondo ondulato, nel fango denso, accorcerebbe le distanze. Sarebbe un peccato mortale. Un crimine imperdonabile contro Dio. La nostalgia di un figlio per la propria madre.*

*Con il capo voltato, perché Bracchi non cogliesse la mia indecisione, ho detto: « Le avvelenatrici mostrano uno spirito abominevole, un totale disprezzo della rettitudine e uno spregevole sdegno di tutto ciò che è sacro ».*

*Ho visto il viso di quella donna che si voltava verso di me nella cella; le guance sporche di terra e scavate dalla fame, gli occhi verdi che mi trapassavano il corpo e l'anima, il rifiuto di piegarsi alla mia autorità, la pena di quella veste di iuta e quei piedi nudi in mezzo al freddo, alla polvere, al sudiciume.*

*Ho tratto un respiro e, solo dopo aver pregato, le parole sono tornate da me.*

*« Questa Giulia Siciliana mostra un'ostinazione e una spavalderia che certamente la farebbero resistere alla strappata, tanto da prendersene gioco. Temo che la figlia mostrerà la stessa riluttanza a parlare, ma interrogatela pure, se lo ritenete necessario. Considerata l'enormità dei loro crimini, emetterò un decreto che le esporrà alla consueta pena della forca, pur in mancanza di una confessione. L'importante è che muoiano tutte. »*

*Era quanto dovevo dire. Lei mi ha stregato e per questo deve perire. Allora perché mi è così difficile pronunciare queste parole?*

*Madre mia, a volte vi odio per avermi lasciato da solo.*

# 60

## GIULIA

Quando vengono a prendere Girolama, recupero il mazzo di tarocchi che sono riuscita a portare con me in prigione, nascosto fra le gonne.

Immaginando che me li avrebbero requisiti, li avevo sepolti sotto la paglia fetida, prima che mi spogliassero di tutti gli abiti e mi dessero un sacco di iuta per coprirmi. Aspetto che mia figlia smetta di lanciare invettive - nei confronti di Paolo che non verrà in suo aiuto e dei suoi amici illustri che l'hanno abbandonata -, e cessi di imprecare e dibattersi, dopodiché li interrogo e loro mi parlano come se la conversazione tra noi non si fosse mai interrotta, ma solo distanziata fino a questo momento. Li dispongo a faccia in giù sul pavimento di pietra umida. Ne accarezzo la superficie invecchiata e logora e, come brezza proveniente dagli aranceti di Palermo, loro mi sussurrano e mi chiamano.

Sono colta da stupore quando volto la carta che ho scelto.

Mi aspettavo di vedere lo scheletro della *Morte*, sovrastato dalle sagome nere e volteggianti dei corvi. Invece mi ritrovo davanti una donna dai lunghi capelli color grano, vestita di una semplice tunica azzurra e con il braccio sinistro levato a reggere una stella.

Forse gli spiriti che danzano e saltellano intorno a questi messaggeri si stanno burlando di me. Forse questo luogo ha mandato ai matti anche le carte e prosciugato i loro poteri.

*La Stella* è una carta positiva. Una carta di divinazione, segreti e meraviglia. Simboleggia la luce che supera l'oscurità, l'ascesa verso il cielo, il superamento delle difficoltà per approdare alla speranza e allo splendore. Rappresenta l'allineamento di corpo e mente, l'ottimismo, la fede e la fiducia. Cos'ha a che fare tutto questo con me? Non vedo futuro né vita in questo purgatorio. Eppure la carta mi parla d'intuizione e magia, e assicura che c'è il divino dietro tutto ciò che accade e accadrà.

*La Stella*. Perché proprio lei è venuta a farmi visita in queste ore fatali?

Confusa, raccolgo in fretta le carte quando un carceriere si avvicina con le razioni giornaliere di pane e vino, nessuna delle quali è destinata a me. Ho scoperto infatti che la punizione che mi ha riservato l'inquisitore è la fame, nonché le crudeltà che infligge alle mie amate compagne. Ma ormai il digiuno per me non è più un tormento. La mia mente è leggera, vuota, e trova stranamente conforto nella lettura.

Molte ore più tardi, Girolama viene riportata nella cella e scopro che non le hanno fatto alcun male. Tiene alta la testa rasata, anche se indossa un sacco di iuta al posto delle gonne di seta e cammina scalza.

« Figlio di puttana! Che Dio ti maledica! Demonio, cane rognoso! » Ha un tono squillante e impreca contro il carceriere che, di rimando, si limita a un'occhiata torva, come se anche lui fosse intimidito dalla sua ira.

Non posso fare a meno di corrugare la fronte. Non le ho insegnato a inveire come uno scaricatore di porto, anche se devo ammettere che un po' mi diverte. « Non ti hanno torturata. » Porto una coppa d'acqua alle labbra di Graziosa che sbavano e bisbigliano parole, mentre le sollevo piano la testa. Spezzo un tocco di pane raffermo e lo inzuppo nel liquido per cercare di farglielo ingoiare. « Graziosa, devi mangiare. Riesci a sentirmi, amica mia? Devi mangiare... »

« Lasciala stare. » Giovanna ha ripreso i sensi, benché non riesca ancora a muoversi. « Non c'è nulla che possiamo fare per aiutarla. »

Girolama ha smesso d'imprecare e tutte insieme guardiamo la donna che giace nella terra battuta, con la pelle cianotica e livida, e il respiro appena percettibile. Fuori, un topo di fiume squittisce e un gatto sobbalza.

D'un tratto vado fuori di me. Nessuno ci salverà. Abbiamo aiutato così tante persone in questi anni, ma nessuno verrà ad aiutare noi. Mi sento affranta per mia figlia, per tutte quante. Le umiliazioni, la sporcizia, l'insonnia e il terrore hanno lasciato il segno e mai come adesso sono decisa a morire il più in fretta possibile. Per troppo tempo ho vissuto oberata di segreti, e ora sono stanca. Non resta altro che il vuoto: la visione è stata chiara; e questa volta l'ascolterò.

« Hai confessato? » È Giovanna a parlare, con un filo rauco di voce.

Mia figlia si volta e si affretta ad accarezzare il viso della nostra cara amica. « No, Giovanna. Ho sputato loro in faccia, quando mi hanno rasato il capo. Ho imprecato e combattuto. Si sono dovuti mettere in tre per tenermi testa. » Mi scuce un sorriso. « Ci vuole ben altro che la strappata per farmi parlare, gliel'ho detto chiaro e tondo. »

« Per fortuna ti hanno creduta », replica la nostra amica.

Girolama arrossisce di vergogna quando ripensa alle proprie parole. Graziosa geme e tossisce. Muove le palpebre come se riuscisse a sentirci.

« Sstt, risparmia il fiato. » Le poso piano la testa sulla paglia.

« Quindi nessuna di noi ha parlato », riassume mia figlia, ripresasi dall'imbarazzo. « Vuol dire che non ci impiccheranno. Per legge non possono farlo, in assenza di una confessione! »

Io e Giovanna ci scambiamo un'occhiata, quasi a voler esprimere disappunto per le parole e i gesti sconsiderati di Girolama, come se fossimo nella spezieria del convento. Ma non siamo più lì, adesso. Siamo lontane dagli aromi, dalle erbe, dalle piante, dai rimedi, dalle tinture e dalle essenze. Siamo lontane da casa, dal rifugio, dalla salvezza.

Questa volta parlo a bassa voce. « Ci impiccheranno tutte, figlia mia. Troveranno un modo, non c'è niente da fare. Devi rassegnarti, e come te tutte noi.»

Girolama dischiude le labbra come per scoccare una frecciata, ma poi le richiude, forse persuasa dell'ineluttabilità della fine.

Cala il silenzio. Nelle vicinanze, qualcuno si lamenta. Qualcun altro picchia un oggetto metallico contro le sbarre di una cella. C'è fermento dalle parti del fiume, forse un corteo nuziale che si appresta ai festeggiamenti. Risuonano fischi e grida di gioia sul pelo dell'acqua. Invece noi siamo simili a statue di sale, ora che l'enormità della nostra sventura sta tornando al nido, planando quaggiù dove l'attende la rassegnazione, dove l'attende la Morte.

# 61

Nel corso della notte faccio un sogno.

Ho quattordici anni e sono seduta nei giardini odorosi di lavanda della villa palermitana di Francesco. Il sole brucia. La mia Bibbia giace non letta e avvizzita dal caldo.

Vedo mia madre raggiungermi a piccoli passi canticchiando, e la sua bellezza, come sempre, mi sorprende. Raccoglie una rosa e la sfoglia, mentre si avvicina di pari passo con la sua melodia e i petali cadono languidi sulla ghiaia che scricchiola sotto i piedi.

Prima che possa rivolgerle la parola, la scena muta. Una nave è sul punto di salpare e corro a perdifiato per raggiungerla. Dentro di me, so di dover salire a bordo di quel veliero che punta verso l'orizzonte, altrimenti sarò in grave pericolo. Tuttavia le mie gambe diventano a ogni passo più pesanti, zavorrate dalle gonne intrise d'acqua. Certa di non riuscire ad arrivare al molo in tempo, grido e mi sbraccio, ma nessuno mi sente. Il capitano punta altrove lo sguardo; il sartiame, le cime e le vele concorrono a spingere al largo la nave, lasciandomi abbandonata sulla banchina, tra la nebbia sottile degli spruzzi e il vento che sferza i capelli.

Mi ritrovo nella spezieria del convento, in compagnia di mia madre. Suor Clara fa una smorfia, poi scompare come un fantasma. C'è un alterco. Di nuovo urlo e corro, corro a più non posso.

Appare il volto di Francesco e sono in trappola. Vedo la frusta, poi mia madre, poi il sangue che scorre a fiotti. Mi lamento, ma il peggio deve ancora venire.

Il sogno si trasforma in qualcosa di diverso; un'apparizione forse, il ricordo di un episodio accaduto molti anni addietro. Prende forma in un turbine e mi ritrovo sul punto di entrare furtivamente nella camera di Francesco. È notte e la villa è immersa nel silenzio. Un cane abbaia per strada. Avanzo furtiva, le gonne fruscianti sul pavimento di marmo e il corpo ancora dolorante per le ferite. Mentre la apro, la porta cigola e io mi atterrisco, ma non arriva nessuno. Tra le pieghe delle gonne ho una tasca segreta in cui ho nascosto una caraffina di vetro colma di un liquido che non ha colore né emana odore quando rimuovo il tappo. Si tratta solo di poche gocce, eppure la mano già trema. Guardo verso la porta per paura che il mio patrigno entri all'improvviso, ma non accade nulla.

Ne verso troppo. Il vino ha già assorbito tutto il veleno e non c'è niente che possa fare per rimediare. Tremando, avvolgo con cautela la boccetta in una stoffa di lino e la nascondo di nuovo tra le gonne, badando che non venga a contatto con la pelle. È fatta. Respirando a fatica, mi ritraggo dal vino e dal calice che sono stati apparecchiati per recargli diletto l'indomani. Ogni passo mi allontana dal crimine. Chiudo a chiave la porta della mia stanza e armeggio nel grande baule, avvolgo la caraffina in un'altra pezza di lino, forse un mantello, e la nascondo nel fondo. Con i denti che battono e il cuore che martella, scosto le lenzuola e m'infilo nel letto, incurante di essere ancora vestita.

Ancora in sogno, mi appare il volto del moccioso di strada con la pelle butterata. Ridacchia, con i denti bianchi e il viso sporco, e inizio a pensare di aver sempre saputo che fosse una spia dell'inquisitore. Stavolta mi permette di spalmargli la pomata sulla pelle, ma continua a ghignare e a sibilare: «Strega».

Il fetore che sale dal fiume e il grido improvviso di un rapace notturno mi svegliano dall'incubo e dalle visioni. Mi tiene desta il pensiero che mia madre sia morta per me, per il mio crimine. Il pensiero di essere un'assassina.

# 62

## ALESSANDRO

*Signora madre,*

*è giunta l'ora.*

*Oggi quelle streghe pagheranno per i loro crimini e tutti saranno testimoni della gloria della Chiesa e dello Stato. Respirerò l'aria dell'Urbe, cuore dell'impero di Dio, sapendo di esserne il solo e unico sovrano.*

*Ho ordinato che venga eretto un palco in Campo de' Fiori su cui sarà montato il patibolo, in modo che tutti possano assistere, come a teatro, alla scena finale del dramma. Ho ordinato che gli atti delle indagini siano tenuti sottochiave nelle segrete papali di Castel Sant'Angelo fino a mio ordine contrario, in modo che la formula del veleno non sia divulgata, ma rimanga nascosta e sepolta nel passato.*

*Ho ordinato che le pagine che recano la testimonianza della duchessa non siano numerate, in modo che possano essere espunte dalle trascrizioni del cancelliere e non resti traccia dei suoi rapporti con la stregoneria e il veleno. Allo stesso modo, ho ordinato che non rimanga testimonianza su nessun documento del ruolo avuto da don Antonio in questa tragedia. Suoi parenti mi hanno riferito che è morto a causa delle febbri ed è stato sepolto nel sepolcro di famiglia, dove resterà al riparo dalle ondate e dalle maree della storia. Nessuno può venire a sapere che la Chiesa cattolica accoglie in sé occultisti e criminali.*

*Signora madre, stringo il fazzoletto nella speranza di sentire il vostro profumo, la fragranza floreale di muschio che circonda il vostro ricordo e lo rinnoverà per sempre. Resta ben poco oltre l'odore del tempo e della polvere, ma non cesserò mai di cercare la vostra presenza. Un giorno, quando Dio vorrà liberarmi da questo corpo mortale, finalmente vi rincontrerò alle porte del paradiso.*

*Ora vi lascio, colmo d'amore e riverenza. La candela è accesa. La fiamma danza. Il calore è soffocante mentre siedo da solo pensando a voi e il mio cuore vi anela. Ogni sera prego di ricongiungermi alla vostra persona. Mi sdraio accanto alla bara in attesa sotto il letto e prego Dio che mi prenda con sé.*

*Signora madre, pregherò per le loro anime. Pregherò per la mia. Pregherò affinché il tormento della vostra assenza sia alleviato dall'Onnipotente, poiché non sono più in grado di tollerarlo, non più. Permane il pensiero di voi, ma a tormentarmi è lei, il diavolo che mi ha rubato la pace e che ha quasi fatto crollare il mio regno.*

*Sono passati molti giorni da quando ho espiato con il flagello il desiderio che provo per il suo corpo e la sua anima, ma so che stanotte soccomberò alla sua crudele misericordia. Mi aspetta nel suo cassetto. Il sangue che lo ricopre, bruno e secco, si mischierà al sangue vivo, ma non servirà a molto. Non mi guarirà. Si limiterà a placare il richiamo, il desiderio, l'amore peccaminoso che ancora provo per lei.*

ALESSANDRO

## 63

## GIULIA

*5 luglio 1659*

Vengono a prenderci prima dell'alba. Io sono sveglia, mentre le altre sono ancora in preda a sogni agitati.

I carcerieri ci hanno ordinato di alzarci, vestirci e metterci in cammino. Girolama sostiene Graziosa, mentre io aiuto Giovanna. Maria incespica dietro di noi, canticchiando. Le hanno risparmiato le torture più crudeli, eccetto la sibilla, una serie di cordicelle che stringono intorno alle falangi fino a stritolarle per estorcere la confessione desiderata. La sua mente vaga e peregrina altrove, lontano da questo luogo. Abbiamo provato a chiederle di Celeste de Luna, se avesse rubato l'Acqua per dargliela, però Maria non proferisce niente di sensato, eccetto il nome della figlia morta da lungo tempo. Trilla e canta come un fringuello, così la lasciamo alla sua follia. Nessuna di noi sa cos'abbia riferito alle orecchie degli inquisitori; chi abbia coinvolto, quali segreti abbia svelato, ma neppure questo riveste alcuna importanza. Sarebbe andata a finire così in ogni caso.

Veniamo condotte nella cappella della prigione. È avvolta nel buio, nonostante la presenza di un cero sull'altare. Risuona uno scalpiccio sul pavimento in pietra e, nel voltarci, scorgiamo una fila di uomini incappucciati che avanza verso di noi. Ognuno regge una candela che sembra fluttuare nelle tenebre. Ognuno trascina un lume spettrale che proietta in alto le loro ombre. Hanno il capo chino e, quando si fermano, uno di loro si fa avanti per parlare. «Siamo una confraternita di nobiluomini e, in questa veste, siamo qui per aiutarvi a pentirvi dei vostri peccati e prepararvi a una morte retta. Siamo qui per aiutarvi ad accettare la volontà di Dio. Siamo tutti peccatori. Possa Dio accordarci la sua misericordia.»

Il carceriere che ci sorveglia sghignazza, mentre queste parole suggellano il nostro destino.

«Prepararci a una morte retta?» ripete mia figlia.

Prima che qualcuno possa risponderle, un chiasso improvviso attira la nostra attenzione. Preceduto da un tramestio di zoccoli, appare un cavaliere che brandisce un rotolo simile a una pergamena, poi con fretta inusitata smonta da cavallo e lo consegna all'incappucciato alla testa della confraternita. Questi raccoglie la missiva, fa schioccare il sigillo di ceralacca, apre il rotolo e comincia a leggere. Le parole che declama mi suonano familiari, come se ne avessi composto io stessa le lettere. È un decreto firmato da sua santità papa Alessandro VII.

Dice che siamo state condannate.

Dice che dobbiamo essere condotte al patibolo oggi stesso, a Campo de' Fiori.

Il silenzio che segue viene interrotto da un urlo straziante di mia figlia.

Girolama strepita. Inveisce. Maledice il papa a piena voce. Scaglia insulti contro i tribunali romani, gli ecclesiastici, i farabutti e le sgualdrine che ci hanno tradito. Si avvicina al sedicente nobile e gli urla contro: «Non avete il diritto d'impiccarmi! Non potete giustiziare né me né mia madre, è contro la legge!» Non nomina le altre donne della cerchia ma nessuno, se pure lo nota, decide a buona ragione di commentare. Continua a sfogarsi con l'uomo che, con sublime pazienza, rimane in silenzio, senza fiatare.

Sono sconcertata, oltre che parimenti distrutta. Non è affatto una sorpresa, eppure la consapevolezza di essere viva e un attimo dopo ritrovarmi a salire i gradini del patibolo ed esalare l'ultimo respiro mi ha colpito nel profondo. Dove andranno il nostro fiato, il nostro spirito, la nostra vitalità quando l'atto sarà compiuto? Oh, presto potranno disporre a loro piacimento del nostro corpo, non ho dubbi che lo faranno, ma cosa ne sarà del nostro carattere, della nostra indole, della nostra *essenza*? Questo è il momento della resa dei conti, il momento di riflettere sulla grande domanda della vita, benché abbia avuto lunghe ore notturne per cominciare a interrogarmi. In attesa del verdetto, finora l'ho rimandata, ma ora non mi resta che affrontarla. Vorrei ridere della mia intempestività, ma non c'è nulla di divertente. Vorrei piangere, ma non ne trovo la forza. Perciò resto in uno stato di esistenza sospesa, o di pausa pregnante, se preferite. Resto qui, pur conoscendo l'ora esatta della mia morte. A quanti altri capita questa fortuna?

Giovanna è appoggiata a me, in lacrime. Forse per lei la fine sarà un sollievo, la cessazione di tutti i dolori e le sofferenze. Graziosa è afflosciata per terra, mentre Girolama continua a urlare, scagliando innumerevoli improperi contro la schiera di uomini vestiti di nero e incappucciati, calmi, impassibili. Guardo mia figlia, tuttavia è come se fosse lontana mille miglia. Mi suscita curiosità, ma poco altro. So che è colpa del trauma. So che, quando ne avrò assorbito le scosse, anch'io imprecherò e mi agiterò, ma per ora mi limito a osservare.

Che ne è invece di Maria? Sembra aver capito tutto, perché si strappa i capelli e si agita strepitando. Così lascio Giovanna e vado da lei. Cerco di calmarla, ma la sua angoscia è sempre più fragorosa. Il suo pianto, disperato e vibrante come quello di un neonato.

« Dove sono i miei amici? Dov'è il mio amato Paolo? Perché non mi ha aiutato? » deplora adesso Girolama.

L'uomo alla guida della confraternita la osserva con aria pietosa. È un anziano dall'aspetto distinto, alto di statura e con un pronunciato naso camuso.

« Dov'è la marchesa che mi aveva promesso protezione?

Dove sono i nobili che mi avevano giurato sostegno? Dove? Che siano maledetti! Maledetti! Ero solo un trastullo per mogli annoiate e piccola nobiltà? Un cagnolino da carezzare sulla testa e premiare con un biscotto? »

Silenzio.

Nessuno osa parlare.

Girolama mi guarda e nel suo volto ritrovo la bambina che contorceva i lineamenti e urlava quando desiderava qualcosa che non poteva avere. Mi si spezza il cuore. La stringo tra le braccia. Le annuso i capelli, la pelle, e sento il dolore che m'invade. Non m'importa di morire, ma non riesco a concepire un mondo senza mia figlia. La mia figlia testarda, caparbia, ostinata. Il mio orgoglio e la mia gioia: la mia vita. Ora l'orrore degli eventi assurdi di questi giorni mi appare in tutta la sua evidenza. Stanno mandando a morte la mia amata Girolama e mi accorgo di non poterlo tollerare.

« Ma c'è la luna crescente, un presagio di fortuna », dice in un singhiozzo, cui non so rispondere.

Il cielo si prende gioco di noi, com'è solito fare, e la ruota della *Fortuna* gira, facendoci ricadere in basso.

Passano alcuni secondi prima che il mio lamento diventi intellegibile. Girolama solleva il volto pieno di lacrime verso il mio, poi lo abbassa e scorge nella mia mano il pugnale a forma di crocifisso che rubai al convento tanti anni fa. Lo avevo nascosto sotto la paglia lurida, insieme con i tarocchi. Ha una magnifica forgia e l'impugnatura rivestita in pelle. La lama così sottile che basterebbe un secondo per recidere un collo o un'arteria e sprigionare il sangue denso e pulsante, ponendo fine all'opera che il Sant'Uffizio e i suoi emissari hanno iniziato.

« Come fate ad averlo con voi? Come avete fatto a tenerlo nascosto? » Ci scambiamo un sorriso.

« Nello stesso modo in cui ho nascosto le carte, figlia mia », sogghigno, pensando ai tarocchi sepolti sotto il lerciume della cella. Sapere che non li consulterò mai più mi dà conforto. Hanno detto tutto ciò che dovevano dire. E io ho sentito quello che dovevo sentire.

Interviene un confratello che non aveva ancora parlato. « Ha un pugnale! » grida.

Segue una pausa, poi la confusione.

Un altro confratello avanza e cerca di afferrare l'arma. Graziosa urla, come se avesse capito. Maria ricomincia a cantare e la sua voce si leva oltre il frastuono e diventa sempre più squillante. Girolama mi sorride e io valuto se agire. Se sì, chi colpirò per primo? Trafiggerò il petto dell'uomo e resterò a guardare la sorpresa, la presa di coscienza e poi il terrore nei suoi occhi? Andrò verso mia figlia per salvarla dal cappio? Oppure la punterò su me stessa in un violento atto di vendetta, per eludere la legge, deridere la Santa Sede e privarla del piacere di vedere le mie belle caviglie penzoloni sopra la folla? Non credo di saperlo. Senso di possibilità e pericolo; speranza e rabbia feroce; rivalsa, collera e vendetta: sono tutti qui, riuniti in questo spazio, mentre il tempo scorre.

Esito ancora, poi indietreggio. Gli occhi di Girolama risplendono neri nella luce fioca delle fiammelle tremolanti. Alzo entrambe le mani e lascio cadere il pugnale. Il clangore sembra risuonare attraverso la prigione e diffondersi nei vicoli, lungo gli argini del Tevere, per le piazze e i palazzi, le chiese, le cripte e i conventi.

Circola per la città, non risparmia nessuna stanza, taverna, cantiere o conceria, lavatoio né alloggio della servitù, monastero o macelleria.

Poi non succede più nulla.

Non si muove foglia.

Io e Girolama continuiamo a guardarci negli occhi e mi chiedo se sto facendo la cosa giusta, ma non conosco la risposta.

Maria smette di cantare. Graziosa si placa. Giovanna ci guarda e stranamente comincia a ridere, dapprima piano, poi in modo sempre più fragoroso, tanto che ci giriamo a guardarla. La sua reazione è del tutto incongrua, eppure cova anche dentro di me. È un contagio d'ilarità, un'epidemia interna alla nostra cerchia. Maria è la prossima a contrarla. Comincia a ridere sghignazzando sguaiatamente. Graziosa muove le labbra ma, qualunque cosa stia dicendo, viene sovrastata dalle risa. Girolama si sganascia. È piegata in due, insieme con tutte noi. Con la coda dell'occhio vedo i membri della confraternita guardarsi tra loro, incerti sul da farsi, su come guarirci da questa afflizione.

Ridiamo perché è l'inizio della fine. È tempo che la nostra storia si concluda. Il sipario sta per calare, il pubblico si è zittito, in attesa della battuta finale. Qualcuno dà un calcio al pugnale, che vorticando scivola via. Il carceriere mi afferra. Cerco di mordergli la mano, ma lui è forte e mi agguanta per il collo. Nondimeno continuiamo a ridere, come se le porte dell'inferno che ci si spalancano davanti fossero solo una distrazione momentanea, un mero svago al termine di una lunga giornata. Le inferriate nere cigolano e stridono. Le grida, gli strepiti e le sofferenze dei peccatori che bruciano nelle fiamme sulfuree sono sommersi dalle nostre risa.

Ci prendono da parte una per una, per raccogliere la confessione. Non abbiamo più remore. Nessun interesse a occultare l'atroce natura degli atti che abbiamo compiuto nei torridi postriboli di Roma. Al contrario, ci dilunghiamo nella descrizione dei nostri numerosi crimini - gli avvelenamenti, gli aborti, le divinazioni, gli oracoli, le maledizioni e gli incantesimi -, ma guardandoci bene dal fare un solo nome. Dovranno affaccendarsi a cercarli da soli e, almeno per qualcuna, questo significherà aver salva la vita.

Potremmo passare alla storia come una congrega di streghe malvagie, eppure siamo donne che vivono, respirano e amano, benché i nobiluomini vestiti da monaci e odoranti di sudore, muschio e cuoio pregiato tralascino di annotarlo sulle pergamene, così come trascurano di trascrivere su carta i pensieri, i sogni, le speranze e le visioni che nutriamo. Giunte a questo punto, per loro non siamo altro che un nugolo di prove, un elenco di crimini raccapriccianti, l'uno più nefando dell'altro. Non fanno il minimo accenno alle donne che abbiamo salvato, ai pestaggi che abbiamo sgominato, ai bambini cui abbiamo donato la vita. Nessuna menzione alla pace portata dai nostri rimedi, al sollievo e alla gratitudine provati dalle nostre clienti. No, il nostro operato è sottoposto al vaglio di uomini incappucciati, rappresentanti di una Chiesa che non ci riconosce se non come peccatrici e diavolesse. Tuttavia noi sappiamo chi siamo. I nostri dei ci sussurrano alle orecchie che tutto il nostro agire è stato visto e approvato, e la morte è poca cosa, un passo appena percettibile in un altro regno, e tanto ci basta per ottenere conforto.

Terminata la schietta confessione, è tempo di apporre la firma. Con in pugno la penna d'oca intrisa d'inchiostro, esito quando mi accorgo di non possedere un cognome. Nessuno me lo ha mai dato, dal momento che il mio padre naturale era un mistero per me quanto per mia madre. Lei aveva acquisito quello del marito, di Adamo, ma io non avrei mai potuto fare altrettanto.

« Madonna, dovete firmare o sarete condannata all'inferno. Vi esorto a scrivere il vostro nome, se ne siete capace. » Non c'è nulla d'ingiurioso nelle parole del notaio. Molte donne del mio ceto sono incapaci di scrivere da sole le proprie missive. Non può sapere, il funzionario, che sono cresciuta in una corte dedita alle arti e alla cultura, alle scienze e alla letteratura; che a quattro anni ero già in grado di leggere e a sei di scrivere. Ma cosa posso scarabocchiare ora sotto le righe della sua piccola e ordinata calligrafia?

Ecco che mi sovviene.

In assenza di un padre, non mi resta che ricorrere al nome di mia madre: Teofania.

Per agio e semplicità, poso la penna sulla pergamena e scrivo: *Giulia Tofana.*

Il notaio annuisce e io gli rendo il suo strumento di scrittura: un'appuntita penna di corvo.

È mattina tardi quando tutte quante riceviamo il sacramento. Poi ci tolgono gli indumenti e li sostituiscono con sacchi marchiati da due grosse croci nere. Ci guardiamo a vicenda mentre assumiamo le sembianze delle condannate a morte.

L'ilarità è svanita. Era solo un momento d'isteria passeggero.

Mi è impossibile staccare gli occhi da mia figlia. Ci hanno separate, non possiamo sfiorarci. Non posso sentire la pelle soffice della mano di Girolama né la ruvidezza di quella di Giovanna. Ora Maria geme e scuote la testa. Graziosa impreca e rumoreggia, sebbene le sue parole siano perlopiù incomprensibili. Io e mia figlia non ci stacchiamo gli occhi di dosso. Forse traiamo forza dalla vista reciproca, dalla consapevolezza dell'amore che proviamo l'una per l'altra e di ciò che siamo state vicendevolmente. Le lacrime scendono e non faccio niente per fermarle. Non asciugo il viso imbrattato di sporco mentre ancora sanguinano le ferite che mi rigano il capo.

Non mi curo dell'arrivo del boia, bardato di nero, con il volto coperto. È Graziosa a notarlo per prima e a cominciare a gridare. Non posso correre da lei ad abbracciarla. Un carceriere mi afferra costringendomi ad assistere immobile al suo tormento. Mia figlia sputa e scaglia maledizioni. Con fare solenne e un po' affaticato, per il peso dell'armamentario che trasporta, il boia si ferma davanti a noi e si prepara a passarci il cappio sopra la testa. Graziosa si dimena, ma la tengono ferma. Maria accoglie la fune come fosse una ghirlanda di fiori, la collana ricevuta in dono da un amante. Giovanna accetta il pesante groviglio con il dolce sguardo rivolto a terra, ma urla di dolore quando glielo adagiano intorno al collo. Di tutte noi, è quella che affronta la morte con maggiori dignità e pace. È rassegnata al suo destino di condannata a morte in pubblica piazza. Il mio amore per lei, che conosco da così tanti anni, è traboccante e temo che il suo impeto mi annegherà.

Infine tocca a me.

Il boia fa un cenno e io chino il capo. Ho i piedi scalzi e insanguinati. Le mani, ancora macchiate di tinture, sono ruvide e le unghie spezzate e sporche. La corda è spessa, scabra e così pesante che mi chiedo se ne reggerò il fardello. Tutte quante siamo affamate, deboli, impaurite.

Veniamo messe in fila, guidate e sospinte nella piazza antistante la prigione. Lì ci sono ad attenderci i carri e i buoi che comporranno la nostra raffinata vettura. D'un tratto mi appare il volto di mia madre, pallido e tirato come quando tanti anni addietro fu condotta al Piano della Marina per essere giustiziata. Morì per salvarmi la pelle. Morì a causa mia, ed è il segreto che mi porto dentro da quando ero una quattordicenne incinta. Mia madre avrà sospettato che fui io ad avvelenare il vino di Francesco quella notte. Andò al patibolo da donna innocente, perlomeno di quel crimine.

Ero troppo spaventata per riferirlo agli inquisitori e mia madre troppo coraggiosa e troppo legata a me per denunciarmi. Mi protesse e per un breve periodo serbammo il segreto più oscuro di tutti. Ma dicono che noi peccatrici non possiamo sottrarci alla punizione, per quanto questa sia sproporzionata rispetto alla colpa. Non mi sono mai pentita di averlo ucciso. L'unico rimpianto che mi affligge è la morte di mia madre. L'ho guardata perire sulla forca sapendo che ero stata io a uccidere Francesco. Mi porto dentro questo peso da tutta la vita e finalmente adesso ne sarò liberata.

Mi porto barcollante sul carro di legno. Su quel mezzo che mi traghetterà nel mio ultimo viaggio sarò oltraggiata, vilipesa e condannata. Nel lento tragitto che, attraverso le vie di Roma, mi condurrà sul luogo di morte, sarò messa di fronte alla consapevolezza di essere una donna odiata e temuta. Il carro si avvia, e non faccio in tempo ad aggrapparmi alla sponda che già il primo sputo m'investe. Le persone si raccolgono rumorose, entusiaste e indignate in ugual misura. Mentre ci allontaniamo, con le ruote dei carri sobbalzanti sul selciato, veniamo colpite da zolle di letame e fetidi scarti di verdure marce. Il sole batte sui nostri volti appena bendati e sulle teste calve, come se a sua volta ci scagliasse addosso i suoi dardi. Ciò nonostante mi sorprendo a sorridere. *Manca poco, mamma. Presto vi raggiungerò e conoscerete mia figlia, vostra nipote. Presto vi dirò quanto sono affranta, quanto vi sono grata per avermi dato la vita sacrificando la vostra, anche se entrambe si sono concluse allo stesso modo.* Questo pensiero mi dà conforto e mi avvicina al cuore di mia madre.

Un grande crocifisso avvolto in un drappo nero beccheggia mentre procediamo. L'ho visto prima che ci avvolgessero le bende intorno alle teste rasate. È lo stendardo della confraternita che ci accompagna in questo ultimo viaggio, intonando i canti che convengono a simili occasioni. A più riprese, durante il tragitto, i carri hanno un'esitazione e si ode uno squillo di tromba, seguito dall'enumerazione dei nostri crimini. Siamo le donne che hanno smerciato il veleno che ha ucciso cinquecento mariti, o forse mille! Perlomeno è quello che dicono di noi. E hanno detto tante di quelle cose che ormai ho smesso di ascoltare. Il tempo si trascina. Il caldo aumenta. Cresce il brusio degli spettatori che accorrono sempre più numerosi. Poi, finalmente, ci fermiamo, tutt'intorno cala il silenzio, e intuisco che siamo arrivate, benché non sappia dove.

# 64

## ALESSANDRO

L'afa è soffocante, ma non me ne curo. La folla è fetida, odora di sudore e letame, eppure penso ad altro. Benché il sole cocente batta sul mantello, sono concentrato a scorgere lei, la donna di cui ho firmato la condanna a morte. Vengo urtato e spintonato finché non giungo quasi ai piedi della forca. C'è attesa e frenesia. I venditori di frutta secca esaltano la loro merce, e così fanno i compilatori degli avvisi.

Questa è forse la prima volta che mi mischio al volgo, ma scopro di non essere affatto preoccupato per la mia sicurezza.

Il suono dei tamburi riecheggia dalle strade laterali. Il passaggio repentino di un drappello mi fa incespicare. Quando alzo il capo, scorgo il grande crocifisso oscillare sopra la selva di teste e incombere sempre più vicino, tanto che devo combattere il bisogno improvviso di riparare in fretta nella quiete del Vaticano. Ho scelto una porta di servizio per uscire dall'intrico di stanze e anditi degli appartamenti papali. A quest'ora avranno già notato la mia assenza e saranno sulle mie tracce. Eppure, per qualche strano motivo, non me ne curo. Tornerò, ma non prima di aver assistito a ciò che ho implorato più di ogni altra cosa.

I carri si sono fermati e assisto in silenzio al rincorrersi di grida e imprecazioni, preghiere e suppliche.

Scorgo il capo calvo, la veste di iuta, il cappio, la benda che le ricopre gli occhi. Nel vederla ritta sul carro, pronta a essere scortata fino al patibolo, le lacrime prendono a scorrere silenziose e incessanti sul mio volto. Questa immagine di lei mi accompagnerà fino all'ultimo respiro, dal momento che sono stato io stesso a condannarla a morte.

# 65

## GIULIA

Il respiro si strozza in gola.

Una mano maschile afferra la mia e mi aiuta a scendere. Sento che sto per svenire, quando un urlo in mezzo alle grida di giubilo e scherno mi trafigge un timpano.

Ci facciamo strada attraverso la folla. La benda mi copre gli occhi ma, quando raggiungo i gradini del patibolo, il palco sul quale io e la mia sorellanza troveremo la morte, nell'alzare il capo mi libero lo sguardo della striscia di stoffa nera. Mi si stringe lo stomaco, ma non porto l'attenzione sul boia, bensì su un bagliore nel cielo. Guardo senza fiato l'astro che brilla su di me e le mie amate avvelenatrici. Forse è uno scherzo della mente, una luminosa illusione, ma lo vedo. *La* vedo. Una donna dai capelli ondulati e dagli occhi profondi, verdi come il mare dopo la tempesta. Con in mano una stella a otto punte.

Mia madre è venuta a prendermi per condurmi a casa.

# EPILOGO

*Ella, esortando il popolo a pregare*
*Dio per li falli suoi, salì la scala.*
*Non so se allor potesse astrologare,*
*se havea sorte benigna, o Stella mala,*
*arte o modo non ha d'indovinare.*

Francesco Ascione

## Resoconto dal patibolo
## messo a stampa il 6 luglio 1659

### *L'abominevole avvelenatrice di Palermo e la sua malefica cerchia!*

*In questo sesto giorno di luglio dell'anno del Signore 1659 rendiamo nota una turpe storia di tradimento, stregoneria e sortilegio! Cinque donne accusate e processate per viricidio ed eresia sono state giudicate colpevoli e condannate per aver assassinato a sangue freddo numerosi uomini della Città eterna di Roma per mezzo della loro maledetta Acqua priva di sapore e di odore.*

*Qui, nel cuore della Chiesa cattolica, nella più sacra delle città, sede di sua santità papa Alessandro VII, fu ordita una tela d'inganni e magia, entro la quale una pozione mortifera fu fabbricata e dispensata a mogli e concubine affinché mutilassero e uccidessero mariti e altri uomini che Dio aveva posto sopra di loro. I sepolcri di Roma traboccano delle vittime della loro bevanda velenosa: uomini spirati senza contrarre febbri, bensì esibendo l'aspetto rubicondo e salubre di quando erano ancora in vita.*

*È bene sapere che la mostruosa strega di nome Giulia Tofana, la cui madre fu giustiziata per il medesimo crimine nel 1633 a Palermo, per grazia del Sant'Uffizio dell'Inquisizione, non era sola a trafficare con il diavolo e con la sua schiera di angeli oscuri, spiriti e demoni. Altre donne condividevano la scena con lei, nell'ultimo atto di un dramma che ha contemplato l'assassinio di molti uomini giusti e rispettabili, compreso il duca. Con lei c'erano: Giovanna de Grandis, sor-*

*dida strega; Graziosa Farina, infida fattucchiera; Maria Spinola, turpe tentatrice; e Girolama « la Strologa », sgualdrina del diavolo, che invocando innumerevoli creature oscure era arrivata a predire persino la morte del papa. Tutte e cinque hanno porto il collo al cappio e la loro esecrabile cerchia di avvelenatrici ha ricevuto la pena che meritava, così che l'intera Italia ormai è salva dal terrore che costoro incutevano nel cuore degli uomini timorati di Dio.*

*I terribili crimini della Siciliana sono finiti là dove erano iniziati: sul patibolo. Ed è stato formulato un antidoto a base di succo di limone e aceto, così che il veleno è stato sconfitto e la scia di omicidi è stata interrotta. Per ordine di sua santità il papa, il corpo della Siciliana non è stato sepolto nel sepolcro con quelli delle streghe sataniche, bensì trasportato nel convento dove si era rifugiata per tentare di sottrarsi alla sacra giustizia.*

*Alessandro VII ha dato ordine agli armigeri di assolvere ai doveri divini deponendo le temute spoglie della strega Tofana nel luogo in cui le era stato offerto benevolo rifugio, indi lì è stato trasportato, avvolto in teli insanguinati e maneggiato con grave cautela per timore che ancora fosse manovrata dal diavolo. A ulteriore prova della sua stregoneria, con il cader dei teli, agli occhi dei presenti il cadavere è apparso ghignante.*

*Ecco quanto riportano coloro che hanno assistito al grande e terribile evento. Possano quelle maledette contorcersi all'inferno. Roma è salva e il sacro ordine di Dio è stato ripristinato.*

# NOTA DELL'AUTRICE

Questo romanzo è basato su una leggenda che ha per protagonista Giulia Tofana, una donna che, nel XVII secolo, avrebbe avvelenato migliaia di uomini tra Palermo, Napoli e Roma. Alcuni dei personaggi narrati sono figure storiche realmente esistite, ma i loro tratti sono frutto della mia immaginazione, così come molti degli eventi in cui sono inseriti.

Di seguito ho elencato i libri che mi sono stati d'aiuto nel corso della scrittura. Sono debitrice agli studiosi che hanno condotto approfondite ricerche sul periodo storico e su alcuni eventi e personaggi da me citati. In particolare, al professor Craig A. Monson, il cui saggio *The Black Widows of the Eternal City* ha rappresentato un'eccellente risorsa per reperire gli atti del processo subito dalla famigerata Girolama Spana, che costituisce il cuore oscuro di questo romanzo. Essenziale per le mie ricerche è stato il saggio *Aqua Tofana: Slow Poisoning and Husband-Killing in 17$^{th}$ Century Italy* dello storico e docente della Cambridge University Mike Dash, che offre un inquadramento della leggenda italiana di Tofana e del suo infido veleno. L'articolo della storica palermitana Giovanna Fiume, « Cursing, Poisoning and Feminine Morality. The Case of the 'Vinegar Hag' in Late Eighteenth-Century Palermo », ha ispirato il personaggio di Graziosa Farina, mentre nel saggio « Palermo's Past Public Executions and their Lingering Memory », apparso in *The Hurt(ful) Body* (ed. by Tomas Macsotay, Cornelis van der Haven and Karel Vanhaesebrouck) di Maria Pia Di Bella, ho trovato una dettagliata descrizione delle pubbliche esecuzioni di assassini, avvelenatori e criminali dell'epoca.

Grazie a Ketta Grazia per la traduzione degli ostici testi antichi e a tutto il personale dell'Archivio di Stato e della Biblioteca comunale di Palermo.

Non si ha certezza che quella di Giulia Tofana sia una figura realmente esistita, ma, come spesso capita quando si ha a che fare con storie di questa portata, la sua leggenda è giunta fino a noi. Questo è il mio racconto della figura di Giulia, una donna che visse, amò e morì in un'epoca in cui le donne non erano libere di fare o essere ciò che desideravano, riuscendo comunque a tracciare la sua strada. Con questo romanzo ho voluto celebrarne la forza e l'indipendenza, oltre che ricordare le vessazioni e i soprusi che dovette subire.

# BIBLIOGRAFIA

Addington Symonds, John, *A Short History of the Renaissance in Italy*, Lecturable, 2013.

Ademollo, Alessandro, *I misteri dell'acqua tofana*, Tipografia dell'Opinione, Roma, 1881.

Alessi, Gaetano, *Notizie piacevoli e curiose ossia aneddoti dilettevoli ed eruditi ecc.*, 1776-1883.

Anon, « Tofana, The Italian Poisoner », in *The Chambers Journal*, 12 aprile 1890, pp. 246-248.

Aretino, Pietro, *Dialogo. Nel quale la Nanna insegna alla figlia Pippa l'arte della puttaneria (1536).* (Si veda *Ragionamento e Dialogo*, a cura di P. Procaccioli, Garzanti, Milano, 1984.)

Assini, Adriana, *Giulia Tofana. Gli amori, i veleni*, Scrittura & Scritture, Napoli, 2017.

Baronti, Giancarlo, « Donne e veleni. Conflitti di genere nella letteratura di piazza », in *Studi di tradizioni popolari: passato e presente*, a cura di G. Baronti e D. Parbuono, Morlacchi Editore, Perugia, 2012.

Browning, Robert, *The Ring and the Book. The Works of Robert Browning*, Houghton Mifflin, Boston (MA), 1899.

Celati, Alessandra, « Contra Medicos: Physicians Facing the Inquisition in Sixteenth-Century Venice », in *Early Science and Medicine*, 23, 2018, pp. 72-91.

Coby, Michael, *The Poison Path Herbal: Baneful Herbs, Medicinal Nightshades & Ritual Entheogens*, Park Street Press, Rochester (VT), 2021.

Culpeper, Nicholas, *Culpeper's Complete Herbal*, Wordsworth Editions Ltd, London, 1995.

Dash, Mike, « Aqua Tofana », in *Toxicology in the Middle Ages and Renaissance*, ed. by Philip Wexler, Academic Press, London, 2017.
Dash, Mike, « Aqua Tofana: Slow Poisoning and Husband-Killing in 17th Century Italy », in www. mikedashhistory.com, 2015.
Davis, Natalie Z., *Storie d'archivio. Racconti di omicidio e domande di grazia nella Francia del Cinquecento*, Einaudi, Torino, 1992.
Defoe, Daniel, *A Journal of the Plague Year*, E. Nutt, J. Roberts, A. Dodd, J. Graves, London, 1722. (Si veda *Diario dell'anno della peste*, trad. it. di G. De Rigo, Mondadori, Milano, 2000.)
Di Bella, Maria Pia, « Palermo's Past Public Executions and Their Lingering Memory », in *The Hurt(ful) Body: Performing and Beholding Pain, 1600-1800*, ed. by Tomas Macsotay, Cornelis Van Der Haven and Karel Vanhaesebrouck, Manchester University Press, Manchester, 2017, pp. 248-272.
Fiume, Giovanna, « Cursing, Poisoning and Feminine Morality. The Case of the 'Vinegar Hag' in Late Eighteenth Century Palermo », in *Social Anthropology*, Issue 2, June 1996, pp. 117-132.
Frieda, Leonie, *The Deadly Sisterhood: A Story of Women, Power and Intrigue in the Italian Renaissance*, Weidenfeld & Nicolson, London, 2012.
Gentilcore, David, « Charlatans, Mountebanks and Other Similar People: The Regulation and Role of Itinerant Practitioners in Early Modern Italy », in *Social History*, vol. 20, no. 3, 1995, pp. 297-314.
Harper, Elizabeth, « The Cult of the Beheaded », in *Image Journal*, 102, Centre for Religious Humanism, 2019.
Hartland, Edwin Sidney, « The Cult of Executed Criminals at Palermo », in *Folk-Lore: A Quarterly Review of Myth, Tradition, Institution and Custom*, vol. 21, no. 2, Taylor & Francis, 1910, pp. 168-179.

Herman, Eleanor, *The Royal Art of Poison*, Duckworth, London, 2019.

Hubbard, Ben, *Poison: The History of Potions, Powders and Murderous Practitioners*, Welbeck Publishing, London, 2019.

Kramer, Heinrich, Sprenger, Jacob, *Malleus Maleficarum*, 1486.

Masson, Georgina, *Courtesans of the Italian Renaissance*, Martin Secker & Warburg Ltd, London, 1975.

Masson, Georgina, *The Companion Guide to Rome*, Companion Guides, 2009.

Monson, Craig A., *The Black Widows of the Eternal City*, University of Michigan Press, Ann Arbor (MI), 2020.

Monson, Craig A., *Nuns Behaving Badly: Tales of Music, Magic, Art & Arson in the Convents of Italy*, University of Chicago Press, Chicago (IL), 2010.

Pallavicino, Pietro Sforza, *Della Vita di Alessandro VII. Libri Cinque*, a cura di Pietro Giordani, vol. 2, Fratelli Giachetti, Prato, 1840.

Parascandola, John, *The King of Poisons: A History of Arsenic*, Potomac Books, Washington DC, 2012.

Park, Katharine, « Managing Childbirth and Fertility in Medieval Europe », in *Reproduction: Antiquity to the Present Day*, ed. by Nick Hopwood, Rebecca Flemming and Lauren Kassell, Cambridge University Press, Cambridge (MA), 2020.

Park, Katharine, « Country Medicine in the City Marketplace: Snakehandlers as Itinerant Healers », in *Renaissance Studies*, vol. 15, no. 2, 2001, p. 117.

Polverini Fosi, Irene, *La giustizia del papa. Sudditi e tribunali dello Stato pontificio nell'età moderna*, Laterza, Roma-Bari, 2007.

Ray, Meredith K., *Daughters of Alchemy: Women and Scientific Culture in Early Modern Italy*, Harvard University Press, Cambridge (MA), 2015.

Rogers, Mary, Tinagli, Paola, *Women in Italy 1350-1650:*

*Ideals and Realities: A Sourcebook*, Manchester University Press, Manchester, 2006.

Rouhier, Louis, *Ordini, diligenze e ripari fatti con universal beneficio dalla paterna pietà di N.S. PP. Alessandro VII et emin.-mo cardinale della S. congr.ne della sanità per liberare la città di Roma dal contagio*, Giovanni Giacomo De Rossi, Roma, 1657.

Salomone-Marino, Salvatore, « L'Acqua Tofana », in *Nuove effemeridi siciliane. Studi storici, letterari, bibliografici in appendice alla biblioteca storica e letteraria di Sicilia*, a cura di V. di Giovanni, G. Pitre e S. Salomene-Marino, vol. 12, pp. 285-294, L. Pedone Lauriel, Palermo, 1881.

Slack, Paul, *Plague: A Very Short Introduction*, Oxford University Press, Oxford, 2012.

Somerset, Anne, *The Affair of the Poisons: Murder, Infanticide and Satanism at the Court of Louis XIV*, Weidenfeld & Nicolson, London, 2003.

Strocchia, Sharon T., « The Nun Apothecaries of Renaissance Florence: Marketing Medicines in the Convent », in *Renaissance Studies*, vol. 25, no. 5, pp. 627-647.

Strocchia, Sharon T., *Forgotten Healers: Women and the Pursuit of Health in Late Renaissance Italy*, Harvard University Press, Cambridge (MA), 2020.

Stuart, David, *Dangerous Garden: The Quest for Plants to Change our Lives*, Harvard University Press, Cambridge (MA), 2004.

Wood Mollenaeur, Lynn, *Strange Revelations: Magic, Poison, and Sacrilege in Louis XIV's France*, University of Pennsylvania Press, University Park (PA), 2006.

Zamparrone, Baldassare, *Compendio di diversi successi in Palermo dall'anno 1632*.

# RINGRAZIAMENTI

Questo libro è dedicato a ogni donna che sa cosa si prova quando un uomo gira la chiave nella serratura.

È dedicato alla rabbia delle donne e alla loro capacità di rialzarsi, alla loro forza e alle loro fragilità. È un'ode al coraggio, alla perdita e alla libertà.

Grazie a Jane, la mia agente della Graham Maw Christie, che mi ha incoraggiato a scrivere dal momento in cui questo libro era solo un'idea in nuce fino a quando non è diventato un romanzo compiuto.

Alle mie editor Alice Rodgers, Olamide Olatunji-Bello e Imogen Nelson della Transworld, Penguin Random House, per la dedizione, i suggerimenti e per aver riconosciuto in Giulia una donna della nostra epoca, oltre che una figura del passato.

A tutta la squadra di Transworld, da Chloë Rose dell'ufficio stampa, a Melissa Kelly dell'ufficio marketing, a Catherine Wood, Beth Wood, Lucy Beresford-Knox e Rachael Sharples dell'ufficio diritti, ai grafici Andrew Davis e Marianne Issa El-Khoury per aver traghettato la mia storia nel mondo.

Sono infinitamente grata alla Society of Authors per aver sostenuto la mia ricerca con un Authors' Foundation Award. Per una madre single e con problemi di salute come me, è stata un'opportunità unica poter viaggiare e consultare gli archivi di Palermo e di Roma.

Grazie alle numerose persone che mi hanno aiutato a reperire e a tradurre i testi antichi, rendendo così possibile la realizzazione di questo libro. Tra gli altri, e in particolare, grazie a Ketta Grazia e Pema Sanders; al professor Andrew King, docente di English Literature and Literary Studies presso la University of Greenwich; a Giovanna Fiume, storica e autrice; a Jayne Francis; a Fanny del Sant'Agostino a Palermo; e al personale degli archivi e della Biblioteca comunale di Palermo. Grazie alla mia guida romana Rob Miller per avermi intrattenuto fino a tarda sera con i suoi racconti; e all'avvelenatore Michael Coby per le sue (finora innocue) istruzioni. Grazie a Josie Humber di The Novelry, per aver letto la prima stesura di questo romanzo e averne messo in luce le zone oscure.

Grazie a Sabrina Broadbent per avermi insegnato a «scrivere per scene» nel corso «Writing a Novel» della Faber Academy. A Miriam Nevill, Emma Zacharia e alle altre persone che con i suggerimenti, le critiche e la padronanza dei ferri del mestiere continuano a essermi di enorme aiuto.

Grazie a Elena per il suo caffè italiano forte al punto giusto, per il tenace incoraggiamento e le traduzioni all'impronta.

Grazie al mio compagno e a mio figlio per tutto quanto.

Ci sono donne che si rifiutano di farsi da parte,
che osano sfidare le regole della società.
Donne che puntano al cielo.

Un diabolico omaggio ai classici del giallo,
tra enigmi letterari e sfide ai lettori.

Germania, primi anni ’30. Una giovane dell’alta borghesia è costretta a prendere in mano il proprio destino, tra eventi drammatici, scelte pericolose e un futuro incerto.

GRAFICA VENETA
CARBON NEUTRAL

Fabbricato da Grafica Veneta S.p.A.
con un processo di stampa e rilegatura certificato 100% carbon neutral
in accordo con PAS 2060 BSI

PEFC
PEFC/18-31-226
Certificato PEFC
Questo prodotto è realizzato con materia prima da foreste gestite in maniera sostenibile e da fonti controllate
www.pefc.it

Fotocomposizione Editype S.r.l.
Agrate Brianza (MB)

Finito di stampare
nel mese di febbraio 2025
per conto della Casa Editrice Nord s.u.r.l.
da Grafica Veneta S.p.A. di Trebaseleghe (PD)
Printed in Italy